世界史とつなげて学べ 超日本史

茂木 誠

KADOKAWA

はじめに

「世界史」「日本史」をタイトルにつけた本が売れているそうです。歴史教科書を読み直す、というような本が書店では平積みされ、社会人向けの歴史講座も盛況です。歴史の学び直しがいま、一大ムーブメントになっているのです。

告白しますが、筆者は大学で考古学と日本史を専攻し、日本史教師をめざしていたのです。修士課程を修了する年に地元の私立高校で「世界史講師なら採用する」といわれ、応募してしまったことから、まさかの世界史講師としての人生が始まってしまいました。

その後、大学受験予備校で世界史を教えはじめ、世界史の視点で書きはじめたニュース解説のブログが出版社の目にとまり、社会人向けの世界史本を書く仕事が舞い込むようになりました。「世界史から見た日本史、みたいな本を書きませんか」と編集者から企画をいただいたとき、「面白そうだが、やっかいだなぁ」と思いました。日本史に関しては四半世紀近いブランクがあり、ほとんど一から勉強し直す必要があったからです。

日本史マニアの読者層は厚く、日本史本の出版数は世界史本の比ではありません。しかし、世界史の目線で日本史を俯瞰できるような著作は、ほとんどありません。これは、日本史専攻で世界史を教えてきた茂木誠という突然変異体《ミュータント》だからできることかもしれない、と開き直りました。

あらためて勉強し直してみると、この国の歴史はじつに特異なもので、中国文明でもなければ西洋文明でもなく、サミュエル・ハンティントンが『文明の衝突』（集英社）で的確に評したように「日本文明」としかいいようのないものであることを、再認識しました。

最新の分子生物学の成果によれば、日本人に受け継がれる縄文人のＤＮＡは、中国人・韓国人よりもチベット人に近く、アジアの最古層に属することがわかりました（第1章）。

源平の騒乱とは、海賊衆を軍事力とし、宋との貿易拡大を求めるグローバリストの平氏政権と、関東武士（＝開拓農民）を軍事力とするナショナリストの鎌倉幕府との戦いでした。平氏を壇ノ浦で滅ぼし、モンゴル軍の侵攻を撃退した鎌倉幕府は、東アジアの国際通貨だった宋銭の大量流入によって崩壊しました（第7章・第8章）。

キリストの愛を説いたイエズス会宣教師は、日本をカトリック化したあと、日本人の傭兵を動員して中国（明）を征服することをスペイン国王に進言していました。これが豊臣秀吉の朝鮮出兵にも影響を与えた可能性があります（第11章）。

これらの新しい発見や視点は、歴史教科書には載っていません。そもそも歴史教科書には、一貫した歴史観すらないのです。

日本の歴史学界では明治以来、「日本史（国史）」「東洋史＝ほぼ中国史」「西洋史」の縦割りが続き、タコツボ的専門分野に閉じこもって、人的交流もほとんどない状態が続いてきました。

敗戦後に「高校世界史」を新設したとき、東洋史学者と西洋史学者が執筆を分担したため、「各国史の寄せ集めとしての世界史」なる怪物《キマイラ》が出現しました。そして、この怪物のなかには祖国である日本が存在しないという、奇っ怪な事態が出現したのです。

その一方、「高校日本史」の教科書は、重厚な日本史研究の成果を盛り込んだ結果、重箱の隅をつつくような法令や土地制度の記述が延々と続く無味乾燥なものとなりました。これでは東アジアや世界のダイナミックな動きのなかで、ざっくり日本史を摑むことは困難です。

「国際化」の美名のもとに、一九九二年度からの学習指導要領改訂で「高校世界史」が必修とされ、「高校日本史」が選択とされた結果、日本史をきちんと学べない高校生が量産されました。英語に習熟し、外国人とコミュニケーションできたとしても、"What is Japan?"と問われて何も答えられないという、笑えない事態になってしまったのです。

ようやく事態の深刻さに気づいた文部科学省は、二〇二〇年度からの学習指導要領改訂で、近現代の日本史と世界史を統合した「総合歴史」なる科目を新設し、必修とすることを決めました（実施は二〇二二年度以降）。このこと自体は評価すべきですが、学界のタコツボ状態は変わっていません。今度は「世界史と日本史の寄せ集めとしての総合歴史」という怪物が出現するのではと危惧します。

「自分は何者なのか?」ということは、鏡に映ったいまの自分を見つめるだけではわかりません。過去の自分と比較し、さらには他者とのかかわり、他者との比較のなかで、初めて自画像は相対化されるのです。

同様に、「われわれは何者か?」という根本的な問いに答えるためには、日本史を世界史(人類史)の一部として位置づけ、祖先が世界とどうかかわってきたのか、ということを理解する必要があるでしょう。

本書はその最初の大胆かつ稚拙な試みであり、この試みが成功しているかどうかは、賢明なる読者の判断に委ねたいと思います。

もくじ

はじめに 1

第1章 そもそも日本人はどこから来たのか？ 11

大陸から日本列島への民族移動は存在したか 12
大正～昭和時代に過熱した「日本人起源論争」 15
「Y染色体」と「ミトコンドリアDNA」 22
DNAが解き明かした日本人の起源とは 28
縄文人と平和的に共存していた弥生人 33

第2章 神話と遺跡が語る日本国家の成り立ち 39

「縄文の王権」は存在しなかったのか 40
「国譲り神話」が語る弥生への平和的移行 43
卑弥呼と同じ時代を生きた天皇は？ 48
「神武東征」神話の謎を解き明かす 55
「三種の神器」の八咫鏡が見つかった！ 59
放浪の皇子と草薙剣をめぐる伝説 64

第3章 巨大古墳の時代と「東アジア版民族大移動」 73

東の漢帝国、西のローマ帝国の崩壊 74
中華帝国崩壊後の朝鮮半島情勢 77
歴史教科書から消された「三韓征伐」とは 82
国際的なモニュメントだった巨大古墳群 87

第4章 白村江の敗戦から「日本国」の独立へ 93

継体天皇の即位と朝鮮半島情勢との関連 94
新羅と北陸地方はつながっていた！ 97
なぜ『日本書紀』は蘇我馬子を逆賊にするのか 101
「瀬戸際外交」を担った馬子・太子政権 104
蘇我氏を倒し、百済に援軍を送った中大兄皇子 110
壬申の乱は、唐と新羅の代理戦争だった 113

第5章 大唐帝国から見た「東方の大国」日本 119

もくじ

日本の国号問題は、なぜうやむやになったのか 120
二百年間、日本に朝貢を続けた渤海の狙い 124
唐の宮廷で、新羅と席次を争った日本 128
幻に終わった奈良時代の「新羅遠征計画」 130

第6章 動乱の中国から離れて国風文化が開花した 135
平安時代の地方は「無政府状態」だった 136
「毒をもって毒を制す」に失敗した唐帝国 141
唐帝国崩壊後、再び動乱に陥った東アジア 144
遣唐使の廃止、そして国風文化の確立へ 148

第7章 日本史を東アジア史から分かつ「武士の登場」 153
「武士」とは武装した開拓農民である 154
なぜ名門出身の平将門は関東にいたのか 157
「ミイラとりがミイラ」になった藤原純友 164
博多に襲来した「刀伊」の正体とは 167

海賊衆に支えられて力をつけた伊勢平氏 173

第8章
シーパワー平氏政権 vs ランドパワー鎌倉幕府 177

「国家社会主義」から「市場経済体制」へ 178
グローバリスト清盛と南宋の平和外交 182
「次は日本を攻める。一〇万の兵を編制せよ」 187
わずか一日の戦闘で終わった文永の役 190
旧南宋軍を棄民にした日本遠征の結末 198

第9章
国際商業資本が支えた室町グローバリスト政権 203

鎌倉幕府は経済失政によって滅んだ 204
沈没船が教えてくれる日元貿易の実態 207
明の洪武帝はなぜ「海禁令」を出したのか 210
最強のグローバリスト・足利義満の勝利 214
無国籍の海上勢力「倭寇」の台頭 220

もくじ

第10章 ポルトガル産の硝石を求めた戦国大名たち 225

マルコ・ポーロ「ジパング」の情報源とは 226
石見銀山を押さえた大内氏の盛衰 232
驚くべき速さで伝わった鉄砲技術 236
火薬の原料＝硝石輸入の窓口となった堺 241
ポルトガルの「勢力圏」とされていた日本 245
日本人奴隷貿易に加担したキリシタン大名たち 250

第11章 豊臣秀吉の伴天連追放令と朝鮮出兵 255

九州が「フィリピン化」した可能性 256
日本への軍事侵攻を働きかけたのは誰か 262
「日本征服は不可能」と結論づけたスペイン 265
サン・フェリペ号事件と二六聖人の殉教 269
秀吉以前にも明国征服計画は存在した 271
朝鮮出兵中、マニラにも服属を求めた秀吉 276

第12章

「鎖国」を成立させた幕府の圧倒的な軍事力 287

徳川幕府の誕生とオランダの台頭 288
大砲の進化が世界の歴史を変えた 291
日本史上初の大砲撃戦だった大坂の陣 296
海賊停止令と朱印船貿易の真実 303
日本人傭兵が東南アジア史を動かす 307
なぜ島原の乱にポルトガルは不介入だったか 317
「鎖国」という重武装中立のシステム 329

終章

徳川の平和、そして明治維新を可能にしたもの 331

江戸の花火——大砲技術の平和利用 332
ロンドンの花火——戦争の継続と技術革新 335
なぜ日本は独立した文明を維持できたのか 340

おわりに 342

第1章

そもそも日本人は
どこから来たのか？

大陸から日本列島への民族移動は存在したか

「日本人はどこから来たのか？」

心ときめくテーマです。

愛知県、伊勢湾の入り口をふさぐように伸びる伊良子《いらこ》岬。この浜辺で椰子《やし》の実を見つけた民俗学者の柳田國男は、古代中国で通貨として使われた子安貝《こやすがい》を求める中国南部沿岸の人々が、椰子の実を運ぶ黒潮に乗って南西諸島へ渡来し、稲作技術を伝えたのであろうと論じました（『海上の道』岩波文庫）。

柳田國男からこの話を聞いた島崎藤村は、「椰子の実」という詩を書きます（『落梅集』）。のちに曲がつけられ、日本人に親しまれています。

名も知らぬ　遠き島より　流れ寄る　椰子の実一つ

故郷《ふるさと》の　岸を離れて　汝《なれ》はそも　波に幾月《いくつき》

それぞれの民族には、それぞれの建国神話があります。ユダヤ人はとてつもなく古い歴史をもつ民族ですが、エジプトで長く迫害されたあと、預言者モーセに率いられて「出《しゅっ》エジプト」を決行し、その後、パレスチナの先住民を征服して建国したという「民族創生の物語」(『旧約聖書』「出エジプト記」)を語り継いできました。

ハンガリーを建国したマジャール人は、もともと南ロシア(ウクライナ)にいた遊牧民です。敵対するトルコ系民族に追われてヨーロッパへ大移動をしますが、族長アールパードを、トゥルリという光り輝く鳥が道案内をしたという建国神話をもちます。

日本神話では、九州から大和へ向かう「神武《じんむ》東征」の際に、八《や》咫烏《たがらす》が道案内をした、あるいは敵の長髄彦《ながすねひこ》と戦う神武天皇の杖に、黄金の鳶《とび》がとまって敵の目をくらませた、といわれています。

月岡芳年《よしとし》「大日本名将鑑 神武天皇」

(都立中央図書館特別文庫蔵)

『古事記』『日本書紀』の建国神話によれば、天津《あまつ》神《かみ》の一族が、神の住む「高天原《たかまがはら》」から九州に「降臨」し、神武天皇が東征して、日本列島（葦原中国《あしはらのなかつくに》）の各地に住む土着勢力である国津《くにつ》神《かみ》と戦い、支配権を譲られる、という物語になっています。

神話が何らかの史実の反映であると仮定すれば、そこでは明らかに「支配民族の交代」があったように思えます。「高天原」を神話どおりに「天界」と解釈すれば、「天津神は宇宙人」となってしまいますが、仮に「大陸」のどこかとすれば、この物語は、大陸から日本列島への民族移動を意味していると解釈できます。

こうした神話の解釈は、話としてはじつに面白いのですが、ただの妄想といわれれば、それまでです。東洋史学者の江上波夫（一九〇六～二〇〇二年）は、「満洲の騎馬民族が朝鮮半島経由で九州に侵入し、大和の地に王権を建てた。神武東征神話は、その反映である」という「騎馬民族征服王朝説」を唱えて侃々諤々《かんかんがくがく》の議論となりましたが、その後の考古学研究の結果に

高天原から降臨する様子を描いた「天孫降臨」（神宮徴古館蔵）

より、現在では、ほぼ否定されています。

・大陸から日本列島への民族移動があったのか?
・あったとするなら、どこから、どれくらいの規模で行なわれたのか?
・それは平和的な移住だったのか? 難民だったのか? あるいは征服だったのか?

文字のない時代に関するこれらの謎を解明するためには、歴史学(文献史学)以外の方法が必要です。

化石人骨を研究する形質人類学、石器や土器などの遺物や住居址《じゅうきょし》などの遺跡を研究する考古学、生物学や医学の領域も総動員した地道な研究が、いまも続けられています。

大正~昭和時代に過熱した「日本人起源論争」

子が親に似る(遺伝する)のは、親の身体の「設計図」を子が受け継ぐからです。

この設計図のことを「遺伝子」といいます。その存在に気づいたのが「メンデルの法則」で有名なグレゴール・ヨハン・メンデル（一八二二〜一八八四年）でした。彼はオーストリアの修道士で、修道院の畑で育てていたエンドウ豆の交配実験から、遺伝情報を記録した何らかの物質が、交配によって子孫に伝わるという仮説を発表しました（一八六五年）。しかしメンデルは、この物質がどこにあるのかを突き止めることはできませんでした。

メンデルの業績は、「修道士の趣味の研究」として、学界では無視されました。

同じころ、スイスの生理・生化学者であるヨハネス・フリードリヒ・ミーシャ（一八四四〜一八九五年）は、近所の病院に通って患者の膿《うみ》で汚れたガーゼを集めるという、あまり楽しくない作業に没頭していました。膿というのは、じつは白血球の死骸の塊です。彼の研究テーマは「白血球の核は、どんな物質からできているのか」というものでした。

ミーシャが一八六九年に発見した正体不明の有機化合物は、のちにＤＮＡ（デオキシリボ核酸）と命名されます。

その後、ドイツの細胞学者であるヴァルター・フレミング（一八四三〜一九〇五年）は、細胞分裂のときにだけ細胞内に現れる数十個の棒状の組織があることを発表します（一八八二年）。染料でよく染まることから「染色体」と名づけられたこの組織ですが、その機能については、長いあいだ謎のままでした。

後述しますが、この遺伝子と染色体、DNAの関係が明らかになるのは、二十世紀に入ってからです。

十九世紀後半は、医学や生物学の分野で重大な発見が相次ぎました。ミーシャがDNAを発見した十年前には、生物学のみならず、ヨーロッパの思想界全体を揺るがす発表がありました。

チャールズ・ダーウィン(一八〇九~一八八二年)が『種の起源』(一八五九年)で、「進化論」を提唱したのです。

イギリスの生物学者であるダーウィンは、南米ペルー沖の太平洋上に浮かぶガラパゴス諸島のゾウガメを研究していました。ガラパゴスでは、島ごとにカメのかたちが異なります。餌となる草の少ない島ではカメの首が極端に長く、カメは木の葉を食べていることにダーウィンは気づきます。

「かつて一つの島だったガラパゴスには一種類のゾウガメがいた。海面上昇によってカメたちは生き別れとなり、それぞれの島で世代を重ねるうちに徐々にかたちを変えていった。かたちを変えるのは突然変異という偶然によるものだったが、環境に適した個体だけが多くの子孫を残すことができた(適者生存、自然淘汰)のだろう」。ダーウィンはこう考えたのです。

「神が世界を創造したときから、すべての生物は現在と同じかたちをしていた」というのが、キリスト教の『聖書』に基づく当時の常識でした。ダーウィンは教会から激しく攻撃されましたが、その後の古生物学や人類学の発見が、進化論の正しさを補強していったのです。

ダーウィンが『種の起源』を発表したのは、一八五九年十一月二十四日。その三日前、はるか極東に位置する日本の江戸で、吉田松陰（一八三〇〜一八五九年）という若き思想家が斬首刑に処されました（旧暦十月二十七日）。いわゆる安政《あんせい》の大獄《たいごく》です。

六年前、マシュー・ペリーの浦賀来航（一八五三年）という大事件に遭遇した松陰は、アメリカへの渡航を企てて逮捕され、倒幕運動の思想的指導者と見なされたのです。

この松陰が開いた松下村塾《しょうかそんじゅく》で学んだ弟子たち──高杉晋作や伊藤博文、山縣有朋らの努力により、日本は明治維新を成し遂げます。

明治初期には、欧米の人類学や考古学の研究者が、「お雇い外国人」として日本に招かれました。開校まもない東京大学でダーウィンの進化論を初めて講義したのは、縄文時代の存在を明らかにした大森貝塚（東京都）の発掘で有名なアメリカ人、エドワード・モース（一八三八〜一九二五年）です。そこで「日本人起源論」は初めて神話の世界から解放され、科学的検証を受けるようになったのです。

そののち、石器や土器の研究（考古学）によって、いまも私たちが学校で教わる時代区分が確定しました。

旧石器（先土器）時代……打製石器の時代。土器はまだない。
↓
縄文時代……………縄文土器と磨製石器の時代。
↓
弥生時代……………弥生土器と磨製石器の時代。水田耕作の普及。

さらに人骨の研究（形質人類学）が、日本人起源論を活性化させました。

北海道のアイヌの民話には、コロボックルという不思議な民族が登場します。コロボックルとは「蕗《ふき》の下の人」という意味で、身体が小さく、竪穴住居に住み、石器や土器を使い（アイヌはすでに鉄器を使っていました）、たくみに姿を隠しながら、アイヌと交易を続けたというのです。あるとき、その正体を確かめようとしたアイヌの若者がコロボックルの女性を捕らえたことから、彼らは憤って北方へ去ってしまった、という伝承です。

東京大学に人類学教室を開いた坪井正五郎《しょうごろう》（一八六三〜一九一三年）は、コロボックルを石器時代人の末裔《まつえい》であると考えました。

樺太から千島にかけての民族学的調査を行なった人類学者の鳥居龍蔵（一八七〇〜一九五三年）

は、当時、日本領だった北千島に住むアイヌが、最近まで竪穴住居に暮らしていたことを確認し、「コロボックルは旧石器時代人ではなく、北千島のアイヌである」と結論づけました。

そして鳥居は、アイヌを除く日本人の起源について、石器時代（縄文時代）と金属器時代（弥生時代）の二度にわたって、北東アジアの民族が列島に渡り、混血したものである、と結論づけたのです。

鳥居はまた、日本人と朝鮮人は同系統の民族であるという立場（日鮮同祖論）から、日本による韓国併合を「正しきこと」と考えました。当時は、日本が大陸へと領土を広げていく時代でした。文化人類学が帝国主義を支える学問として利用されたのは、各国共通です。

森鷗外の妹婿《むこ》だった解剖学者の小金井良精《よしきよ》（一八五九〜一九四四年）は、「石器時代人はアイヌであり、弥生人＝日本人に征服された」と考えました。アイヌ＝先住民説は広く流布したようで、いまでも漠然とそう考えている人は少なくないようです。

大正から昭和期になると、日本人起源論争はさらに過熱します。

京都大学の病理学者である清野《きよの》謙次《けんじ》（一八八五〜一九五五年）は、縄文人と現代日本人、現代アイヌの人骨を比較研究しました。その結果、「アイヌを日本人が征服したのではない。単一の先住民である原日本人が、周辺民族との混血によってアイヌと日本人とに分かれたのだ」と結論します。これを「混血説」といいます。

この混血説を真っ向から否定したのが、東京大学の人類学者である長谷部言人《はせべことんど》(一八八二〜一九六九年)でした。一般に、縄文人(石器時代人)の人骨は、顎《あご》も大腿部もがっしりしており、すらっとした弥生人以降の日本人との骨格の違いは明らかです。

長谷部はこの骨格の差について、狩猟採集生活から水田耕作へ、木の実を主食とした時代から、米を主食とする時代へ、という生活環境の変化に適応したもので、混血によるものではない、と考えました。これを「変形説」といいます。

長谷部説(「変形説」)が正しければ、縄文時代から現代まで、日本列島にはずっと同じ民族が暮らしていたわけで、「民族交代はなかった」ということになります。

江戸時代において、白米を食べていた大名の人骨は顎が細く、固い玄米や雑穀を主食にしていた庶民の人骨は、顎ががっしりしています。あるいは第二次世界大戦中から戦後の食糧難の時代に成長期を過ごした世代に比べて、高度成長期以降の豊かな時代に育った日本人の背が急速に高くなったことは、誰もが認めるところでしょう。

ところが一九八〇年代以降、再び「混血説」が有力になります。

東京大学の人類学者である埴原和郎《はにわらかずろう》(一九二七〜二〇〇四年)は、歯の特徴から性別・年齢を割り出す方法を確立しました。埴原は、縄文人と弥生人、アジア諸地域の人骨の歯のデータをコンピュータ処理した結果から、「東南アジア起源の縄文人の上に、北東アジア起源の弥生人が渡来して混血した結果、弥生系の強い影響を受けた本土日本人と、縄文系の影響が残った琉球人、アイヌという三つのグループが生まれた。一〇〇万人以上の弥生人が渡来した可能性がある」と考えました。これを「二重構造モデル」といいます。

「縄文人と弥生人は顎のかたちが違う」「歯のかたちが違う」という事実を説明する理論として、環境による「変形説」、異民族の渡来による「混血説」のどちらも成り立つわけで、これでは水掛け論です。

何か決定的な証拠はないものでしょうか？

そこで登場するのが、先に述べたＤＮＡの解析なのです。

「Ｙ染色体」と「ミトコンドリアＤＮＡ」

少し話を戻しましょう。メンデルが考えた遺伝子の姿と所在が明らかになるのは、二十世紀に入ってからです。

一九一〇年代、アメリカの遺伝学者であるトーマス・ハント・モーガン（一八六六〜一九四五年）は、ハエが飛び交う研究室で、ショウジョウバエの突然変異の実験を繰り返していました。

ショウジョウバエの目は赤ですが、突然変異で白い目のショウジョウバエも出現します。ところが、白目のショウジョウバエは必ずオスなのです。

オスかメスかの性差を決めるのは染色体であることは、そのときまでにはわかっていました。そこで「遺伝情報を伝えているのは染色体である」とモーガンは見抜きました。

「三毛猫のほとんどがメスである」というのも、これと同じ理由です。

染色体は、「タンパク質」と「DNA」から構成されています。このタンパク質を破壊しても遺伝形質は受け継がれることがわかり、DNAこそが遺伝物質であることがわかってきました。しかし、DNAを構成するのは、たった四種類の有機化合物。このいわば「四つの文字」で、複雑な遺伝情報をどうやって表記しているのか？

一九五三年、ジェームズ・ワトソンとフランシス・クリック（一九一六〜二〇〇四年）は、その四種類の塩基を「らせん階段」のように積み上げたヒモが、二本絡まっているという「二重らせんモデル」を発表しました。彼らは「遺伝物質とは何か？」というメンデル以来の疑問に対し、最終解答を示したのです。この発見により、モーリス・ウィルキンス（一九一六〜二〇〇四年）とともに一九六二年、三人はノーベル生理学・医学賞を受賞しました。

ヒトの細胞の中心にある核をパカッと開くと、そのなかには四六個の染色体が入っています。染色体の一つひとつはDNAのヒモ（「二重らせん」）でできていて、絡まらないように上手に巻き取られています。つまり一つの核のなかに、四六本のDNAが収められているのです。一本のDNAの長さは、二メートルもあります。

奇妙なことに、髪の毛の細胞も、内臓の細胞も、筋肉の細胞も、まったく同じDNAをもっています。人体を構成している六〇兆個の細胞が、すべて同じDNAのコピーをもっているのです。どの細胞も全身の「設計図」をもともと有しているのですが、実際に細胞をつくるときには、特定のパーツだけが発現するようになっています。

二〇一二年にノーベル生理学・医学賞を受賞した京都大学iPS細胞研究所の山中伸弥教授は、皮膚の細胞を遺伝子操作することで、人体のいかなる部分もつくり出せるというiPS細胞研究の第一人者です。

卵子や精子といった生殖細胞の核にも、DNAは格納されています。ただし、卵子も精子もDNAは四六本ではなく、その半分の二三本です。卵子と精子が出会い、卵子が受精したときに、両方の遺伝子の半分ずつを組み合わせ、新たなDNAを設計して子供をつくります。だからこそ子が親に似るのです。

さて、この生殖細胞に突然変異が起こると、親とは少し違った性質をもつ子供が生まれます。

ヒトとチンパンジーのDNAは、なんと九八％以上が同じです。わずか二％弱の差によって、これほどの違いが生じているのです。七百万年前のアフリカで、ヒトとチンパンジーとを分ける突然変異が起こり、それが固定されました。そのきっかけは何だったのかは、いまだにわかっていません。

その後、さらにささいな突然変異の積み重ねによって、ヒトはさまざまに姿を変えてきました。猿人↓原人↓旧人（ネアンデルタール人）↓現生人類（ホモサピエンス）という「人類の進化」です。

われわれ現生人類がネアンデルタール人から進化したのか、あるいはネアンデルタール人は絶滅し、現生人類は別系統なのかという論争も、ＤＮＡ解析によって終止符が打たれました。

われわれ現生人類とネアンデルタール人は別系統であるのに対して、白人（コーカソイド）、黒人（ネグロイド）、アジア人（モンゴロイド）などの「人種」の違いはささいなものだったのです。現生人類の共通祖先は、七万年前以降にアフリカを出てアジアとヨーロッパに広がり、環境に応じてそれぞれ進化したことがわかってきました。

さらには、ネアンデルタール人が絶滅するまでの最後の一万年間、現生人類とネアンデルタール人が共存し、混血が行なわれたことも明らかになりました。われわれのＤＮＡの二％は、ネアンデルタール人から受け継いだものなのです。

なぜそんなことがわかったのか？　そうした人類の系譜を知るための最強ツールが、「Ｙ

染色体」と「ミトコンドリアＤＮＡ」です。

「Ｙ染色体」から説明しましょう。

先に説明した細胞の核に格納されている四六個（つまり二三セット）の染色体のうち、男女の性差を決定する性染色体は、二個（一セット）あります。

女性（メス）はＸＸ、男性（オス）はＸＹの性染色体をもちます。子供は両親から一つずつの性染色体を受け継ぐわけですから、

母親のＸと父親のＸを受け継げば、女の子（ＸＸ）
母親のＸと父親のＹを受け継げば、男の子（ＸＹ）

となります。Ｙ染色体は、男性だけが受け継ぐのです。

血友病は血液が固まりにくい遺伝病で、ささいな怪我が命取りになります。現在は血液凝固成分を投与することで治療ができますが、かつては不治の病でした。

血友病を引き起こすのは、Ｘ染色体の八番目か九番目の遺伝子です。

繰り返しますが、男性は母親からＸ染色体、父親からＹ染色体を受け継ぎます。父親のＸ

染色体は受け継ぎませんので、父親が血友病でも男の子に影響はありません。逆に母親が血友病の因子をもっていると、男の子は50％の確率で発症します。

ところが、女性は両親からX染色体を一つずつ受け継ぎます。だから父親のX染色体が血友病の因子をもっていても、母親のX染色体が正常ならば、発症することは稀です。しかし、保因者（キャリア）になることには変わりありません。

十九世紀イギリスの黄金時代を象徴するヴィクトリア女王（一八一九～一九〇一年）は、じつは血友病の保因者でした。女王自身は女性ですから発症せず、染色体変異に気づかないまま、子供たちに欧州各地の王族と婚姻関係を結ばせ、血友病のX染色体を拡散してしま

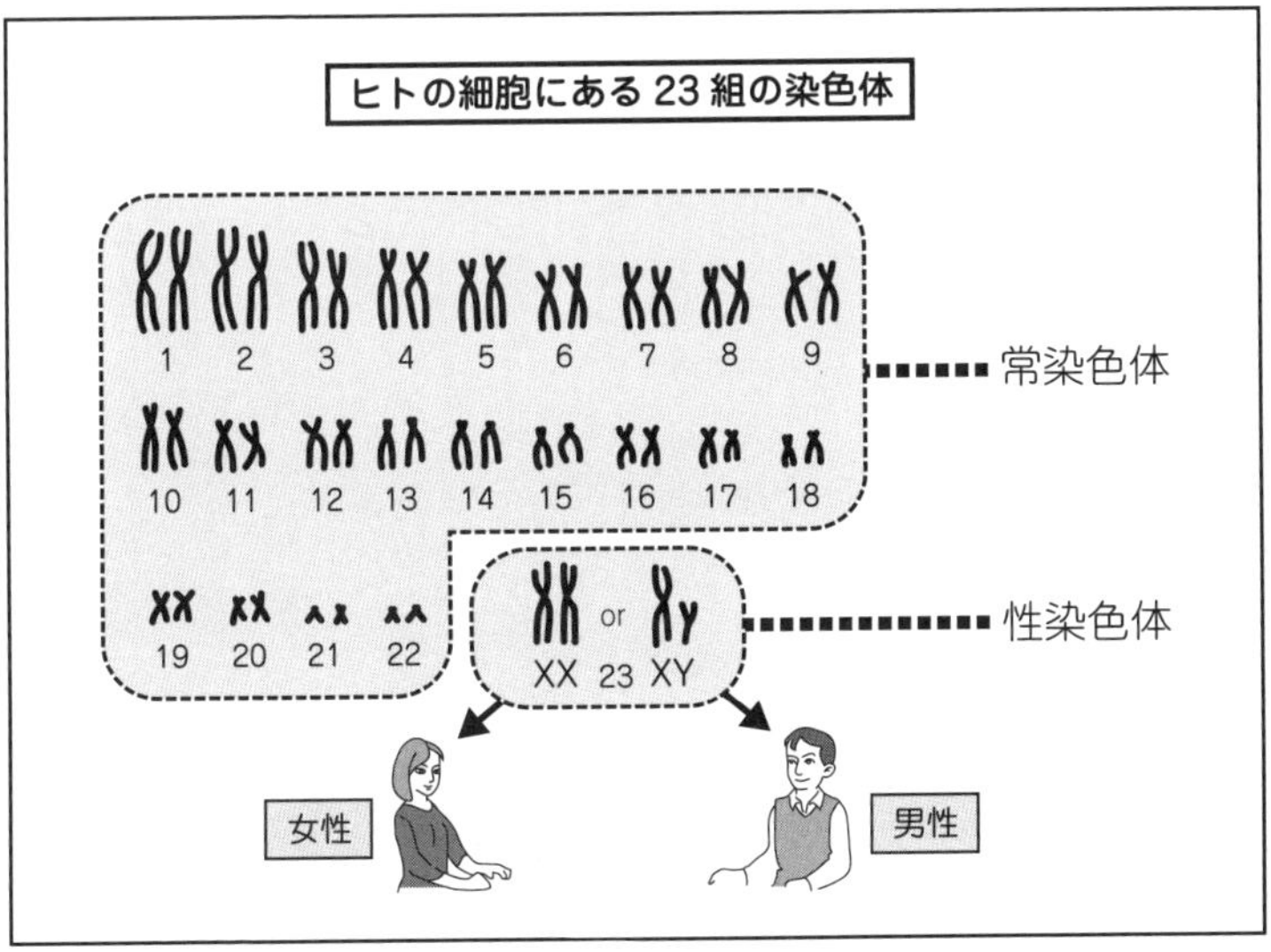

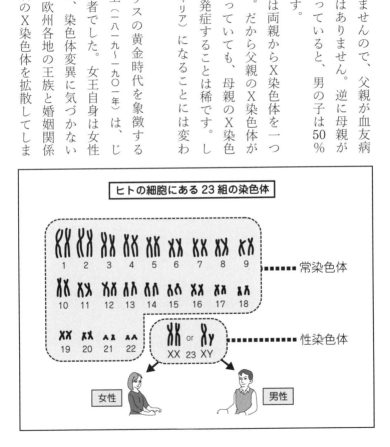

います。

四男レオポルド王子は三十歳のときに足を滑らせて転び、頭を打って脳内出血で死亡。孫娘アレクサンドラ王女は、ロシアのニコライ二世に嫁いだため、皇太子であるアレクセイが発症。王子を祈禱《きとう》で治せるという怪僧ラスプーチンをのさばらせました。ロシア革命でロマノフ王朝があっけなく崩壊したのも、アレクセイの健康問題があったからです。

退位したニコライ二世は息子の看病に専念するつもりでしたが、ウラジミール・レーニン率いる共産党の命令で、一家全員が射殺されてしまいました。

さて、血友病を引き起こすのはX染色体ですが、Y染色体のほうは、父親から息子へと受け継がれます。これを遡っていけば、父方の祖先がどこから来たかがわかるのです。何十代、何百代前まで遡っても、そのDNAが残っていれば、特定の個人を祖先として判別できるのです。

DNAが解き明かした日本人の起源とは

それでは、母方の祖先はどうやって調べるのか?

X染色体は両親から受け継がれますので、祖先の数はねずみ算式に増えていき、十代前には約一〇〇〇人、二十代前には約二〇九万人になってしまいます。これでは、祖先探しはとても不可能です。

ならば、母親から子に受け継がれるDNAはないのか? じつはあるのです。それが「ミトコンドリアDNA」です。

ミトコンドリアは細胞のなかに浮かぶ数千個のつぶつぶで、そのなかで糖や脂肪をエネルギーに変える作業を日夜、続けています。いわば、細胞の発電機です。運動をすると身体が熱くなるのは、ミトコンドリアの活動が活発になるからです。

生命の誕生からまもないころ、単細胞生物だったわれわれは、小さなバクテリアを細胞内に取り込み、糖を与える代わりにエネルギーをつくらせるという共生関係を結んだのです。このバクテリアが、ミトコンドリアの祖先です。

しかし、もともと「異物」であったせいか、精子のミトコンドリアは卵子が受精したあと、卵子のなかで解体されてしまいます。卵子のミトコンドリアだけが、次世代に受け継がれるのです。つまり、われわれの細胞内のミトコンドリアは、すべて母親から受け継いでいるのです。

このミトコンドリアDNAを遡っていけば、母系の祖先がどこから来たのかが特定できるわけです。

長さが二メートルもある染色体ＤＮＡに対して、ミトコンドリアＤＮＡはドーナツ形をしているので壊れにくく、解析が容易という利点があります。

このミトコンドリアＤＮＡの鑑定が本格化し、「分子人類学」という新たな学問が爆発的に発展するのは、一九九〇年代以降のことでした。

遺伝子上には、進化の過程で起こった突然変異の痕跡が、ノイズのように記録されています。つまりＤＮＡのサンプルを並べたとき、ノイズの少ないほうがより古い、ということになります。こうして古いものから新しいものへとサンプルを並べ、同じ変異をもつサンプルをＡ～Ｚにグループ分けしていくと、系統樹のような図をつくることができます。それぞれのグループのことを「ハプログループ」と呼びます。「ハプロ」はギリシア語で「単一の」という意味で、片親から受け継いだＤＮＡに

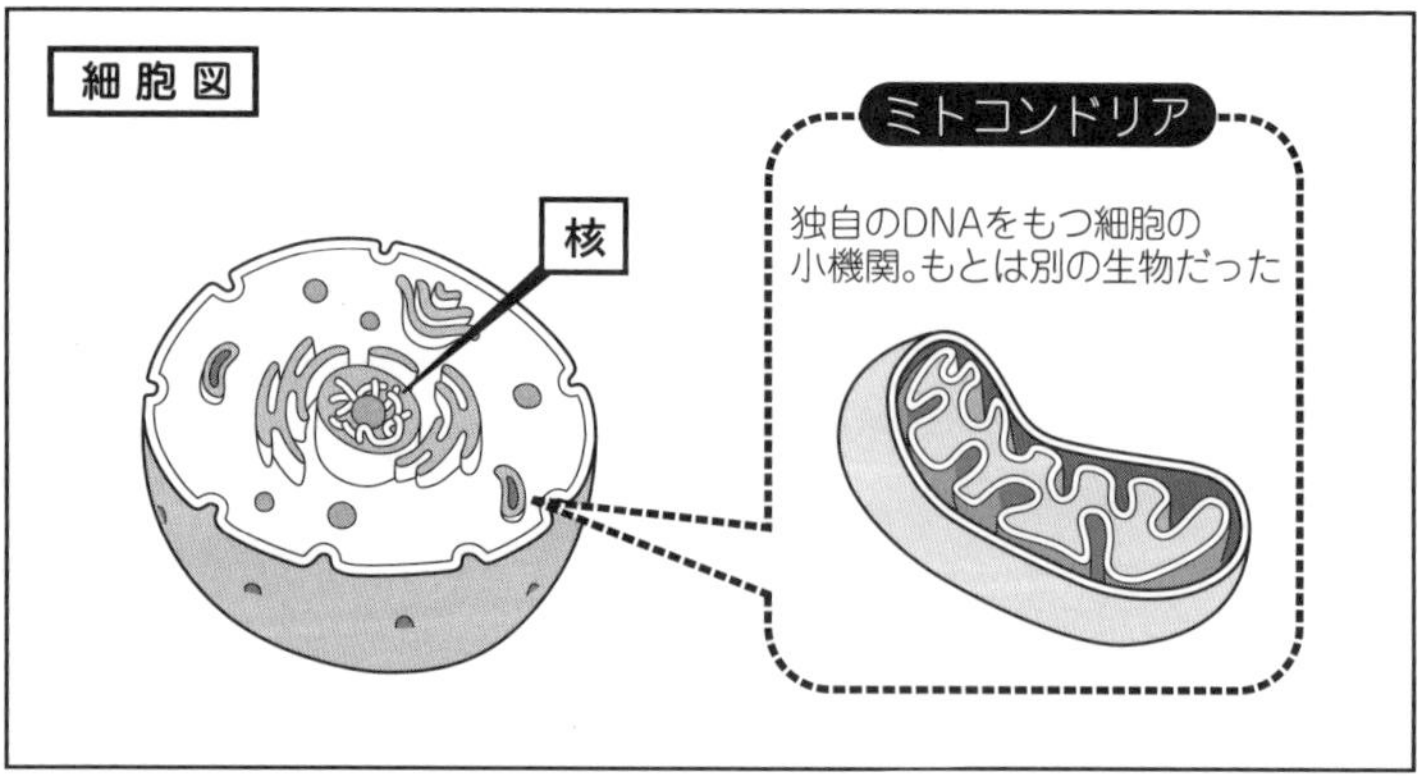

よる分類を指します。

そこで最も古いタイプがグループL（L0〜L2）で、これはすべてアフリカに存在します。現生人類の故郷がアフリカにあることが、DNAからも確認できたのです。

米カリフォルニア大学のアラン・ウィルソン（一九三四〜一九九一年）は、現生人類の共通祖先にあたる女性が、十六万年前のアフリカにいたことを突き止め、『旧約聖書』に出てくる最初の女性の名を借りて、「ミトコンドリア・イヴ」と名づけました。

「エデンの園《その》」は、アフリカにあったのです。

その後、七万年前にアフリカを出た現生人類には、二つのグループが存在しました。グループNはインド以西のユーラシアへ、グループMは東アジアへと拡散します。Mがさらに枝分かれしたのがDというタイプです。中国南部で生まれ、北東アジア（中国北部、朝鮮、日本）人のDNAの約四割を占めます。

沖縄に近いフィリピンや台湾の先住民ではグループBの割合が多く、日本列島とは、際立った対照を示しています。沖縄やアイヌの人々はDが最も多く、本土日本人とよく似ています。

縄文人の祖先であるDは、従来いわれていたように東南アジアから島伝いにやってきたのではなく、氷河時代に地続きだったシベリア方面から日本列島（当時は日本半島）に渡ってきたのです。

また、現代の日本人のグループを比較してみると、縄文系のD系統が約四〇%、このあとに説明する弥生系のO系統が約五〇%となります。これは、両者が混血した姿を示しています。

縄文人と大陸から渡来した弥生人の混血が、現代の日本人であるという「混血説」が、DNA研究によって証明されたわけです。

筆者も自分のミトコンドリアDNAを解析してもらい、中国南部起源のハプログループDであることがわかりました。母方の祖先をたどっていくと、呉《ご》とか越《えつ》とか呼ばれた長江下流域の人々に行き着いたのです。

母系のミトコンドリアDNAから見るか

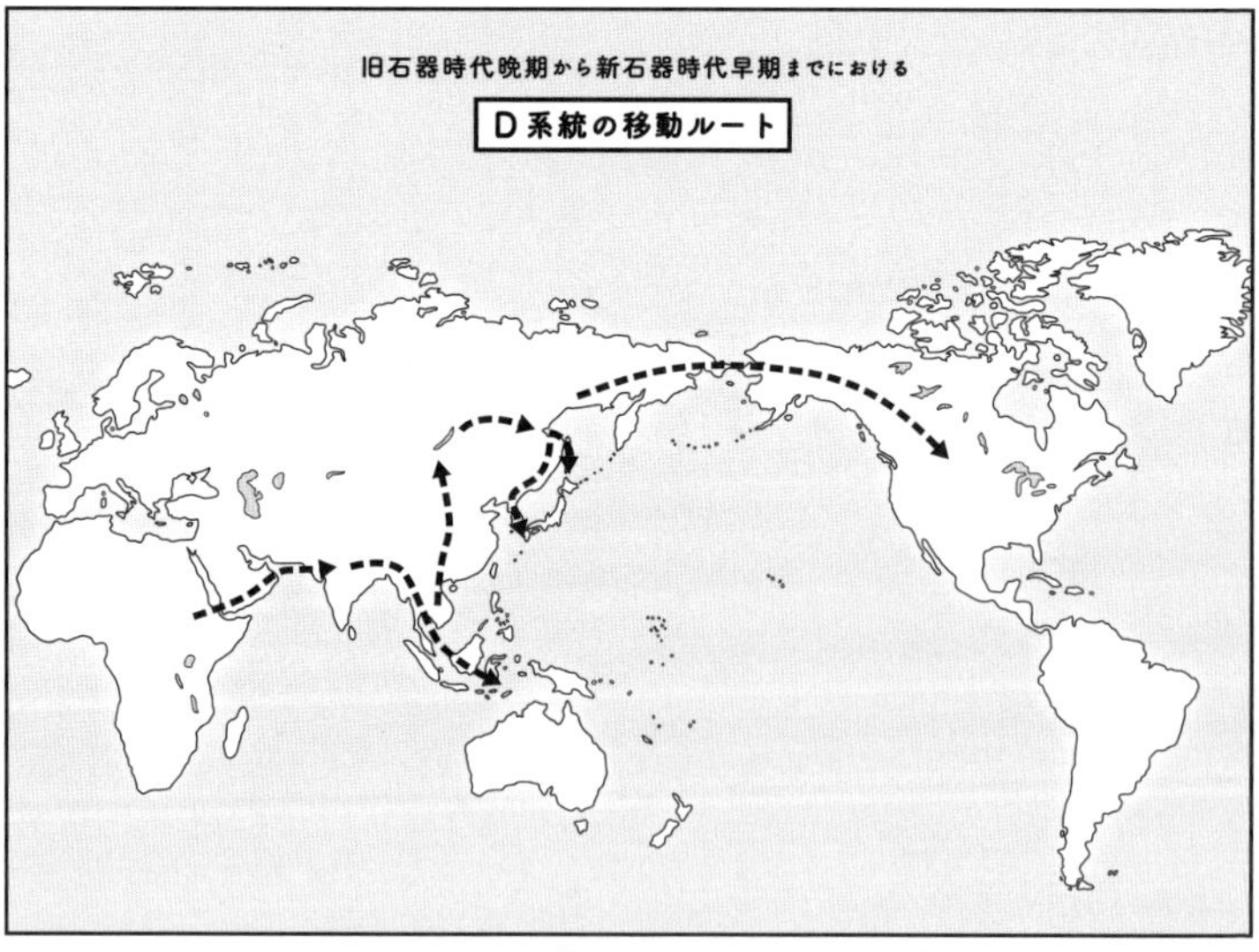

『DNAでたどる日本人10万年の旅』(崎谷満著、昭和堂)より一部抜粋

ぎり、

1. 日本人は「北東アジア人」の一つである。

2. アイヌ人、本土日本人、沖縄人は同じ系統に属す。

ということになります。

アイヌに特徴的なのは、東アジア人にはないグループYが二割を占めることです。Yはカムチャツカ半島や東シベリアの先住民に特有のタイプです。五~十世紀に樺太・千島・北海道の北岸で漁労生活を営んでいたオホーツク文化の女性たちが、アイヌに伝えたDNAかもしれません。だとすれば、アイヌとは縄文人とオホーツク人との混血であるということになります。コロボックル神話は、オホーツク人との交流の記憶かもしれません。

縄文人と平和的に共存していた弥生人

次に、先にご説明した、男系男子に継承されるY染色体の広がりを見てみましょう。

細胞の核に含まれるY染色体のDNAは壊れやすく、古い人骨ではバラバラのかたちで検出されるため、いまのところ解析方法が確立されていません。したがってY染色体のデータは、現代人から解析したものに限られます。

そのY染色体の系統図が完成したのは、二〇〇二年です。

現生人類共通の祖先である「Y染色体アダム」は、約九万年前のアフリカに存在していました。先ほど見た十六万年前の「ミトコンドリア・イヴ」よりも、かなり新しいことになります。それがアフリカを出たのは七万年前、ミトコンドリアDNAから推定された「出アフリカ」の時期と、ほぼ同じです。

Y染色体もミトコンドリアDNAと同じく、AからRまでのハプログループに分類されます。ミトコンドリアDNAが特定地域に特定のグループが固まっているのに対し、Y染色体の分布はかなり錯綜《さくそう》しています。

これは、戦争や征服の勝者となった男性が、敗者の女性に子供をつくらせた結果、Y染色体が拡散したものと解釈できるでしょう。

英オックスフォード大学が二〇〇四年に行なった調査によれば、中央アジアから中国北部にかけて一六〇〇万人が共有する特有のY染色体があり、その共通の祖先は、十三世紀の大征服者であるチンギス・ハンだという結論が出ました（『アダムの呪い』ブライアン・サイクス著、ヴィレッジブックス)。当時のモンゴル人は被征服民の男を殺し、女性を略奪品として扱っていましたから、チンギス一族のY染色体が広範な地域に拡散した可能性は十分にあります。

あるいは南米ペルーにおける先住民インディオのY染色体を調査した結果、九五%がヨーロッパ人のものである、という驚くべき結果も出ています。スペイン人フランシスコ・ピサロによるインカ帝国征服(一五三二年)により、インカの男たちが大量に殺され、スペイン人のY染色体がインカの女性たちに伝わったのです。

こうした過酷な生存競争の結果、特定のY染色体が拡散し、多くのY染色体が絶滅に追いやられ、乱れた系統図になりました。そしてこの乱れは、石器時代にではなく、比較的新しい時代に起こったのです。

東アジアで圧倒的なのは、黄河文明に源をもつ漢民族のO3で、北部中国人では約五〇%、韓国人では約四〇%に達します。中国南部から東南アジアにかけて分布するO2は、越人と呼ばれた長江文明の末裔と考えられます。

日本人では北方漢民族系のO3(約三〇%)、越人系のO2(約三〇%)が拮抗していますが、最も多いのはD2(約四〇%)です。D2は中国人、韓国人にはほとんど現れませんので、D2が縄文人、O2が弥生人と考えれば説明がつきます(二〇一五年のY染色体系統図改定によって、O2はO1bへ、O3はO2へ、D2はD1bへと改称されました。混乱を避けるため、ここでは旧称を用います)。

驚くべきことに、はるか彼方のチベット人や、インド洋のアンダマン諸島民には、縄文人と同じD2が高い頻度で現れます。アンダマン島民は、日本人とはかけ離れた容姿をしています。じつは、顔かたちや皮膚の色を決定する遺伝子は、Y染色体には含まれていません。Y染色体はあくまでも、父系を遡るためのマーカーなのです。

つまり、「もともと東アジアに広く分布していたのがD2だった。漢民族（O3）の圧力によって、長江流域の越人（O2）が東南アジアや日本列島に押しやられ、山岳地帯のチベット高原と離島のアンダマン諸島、日本列島にD2が残った」と考えれば、説明がつきます。

ここまできて、もう一つ疑問が湧きます。それでは、縄文から弥生への交代は、征服だったのか？　それとも、平和的な移民だったのか？

征服の場合、先に見たチンギス・ハンの例や、スペイン人の中南米征服の例のように、征服民族のY染色体が先住民のY染色体を圧倒します。また、侵入経路に征服民族のY染色体が濃く残ることになるでしょう。

しかし日本人の場合、先住民にあたるD2（縄文系）が四〇％も残っています。また、大陸からの侵入経路にあたる九州と関東を比較しても、O2とD2の割合に大きな違いはありません。つまり、O2（弥生系）の日本列島侵入はゆっくりした、穏やかなものだったと推定されます。

ミトコンドリアDNAの調査に戻れば、現代日本人は、縄文人と弥生人の中間のパターンを示していました。弥生人は男だけがやってきたのではなく、女性も多く、縄文系の男たちと通婚していたのです。

さらに面白いのは、現在でも平野部ではO2(弥生系)のY染色体が多く、山間部ではD2(縄文系)が多いという調査結果が存在することです。ここからわかるのは、縄文系人が山地に住み、平地の弥生人と共存していた、ということです。

Y染色体のハプログループの分布は、言語の分布と重なる場合が多いのが特徴です。中南米のインディオがスペイン語を話しているように、征服民の言語を被征服民が受容することが多いからです。

日本の場合、漢語(中国語)が入ってくる以前の「やまとことば」が本来の日本語です。言語学者の大野晋《すすむ》(一九一九～二〇〇八年)は、「やまとことば」は南インドのタミル語とポリネシア系の縄文語との混成言語である、と提起して論争を引き起こしました(『日本語の起源』岩波新書)。この問題には深入りしませんが、日本語が多くの漢語を単語として採用しながら、根幹において「やまとことば」を維持してきたことは、大陸国家の征服を一度も受けず、Y染色体D2を維持してきたことと通じます。

諸民族が興亡を繰り返したユーラシア大陸から見れば、東シナ海と日本海によって守られた日本列島は、いわば「最後の避難所」だったといえるでしょう。石器時代に北方から渡来した人々が豊かな縄文文化を育んだうえに、鉄器をもった弥生人が移民というかたちで徐々に浸透していき、お互いを排斥するのではなく、融和して日本人を形成したと思われます。

こうした歴史が、和を尊び、外来文化の受容につねに積極的である日本人の気質に影響していることは、間違いありません。このことは、日本神話からも明らかになります。

第2章

神話と遺跡が語る日本国家の成り立ち

「縄文の王権」は存在しなかったのか

弥生時代は重要です。この時代に、日本国家のプロトタイプ（原型）が形成されたからです。日本には、縄文時代から畑に蒔く稲（陸稲《おかぼ》）が栽培されていましたが、水田に植える水稲《すいとう》が伝来するのは、弥生時代からです。

世界で初めて稲作技術が確立したのは、紀元前五〇〇〇年ごろの長江流域でした。畔《あぜ》をつくって田に水を張り、草取りをして、稲が成長すると水を抜き……という一連の技術が日本列島に伝わったということは、その技術を有した人の移動が起こった証拠になります。

かつて弥生時代の始まりは、紀元前三〇〇年ごろである、と教えられていました。ところが二〇〇三年、国立歴史民俗博物館が、福岡や佐賀の遺跡で出土した土器の放射線炭素年代測定の結果から、北部九州への水稲耕作伝来は、紀元前一〇〇〇年ごろの縄文時代晩期である、という驚くべき発表を行ないました。

紀元前一〇〇〇年ごろといえば大陸では、漢字の原初形態である甲骨文字で知られる殷《いん》王朝が衰え、「牧野《ぼくや》の戦い」（紀元前一〇四六年）で殷を滅ぼした周王朝が、黄河流域を統一した時期です。この王朝交代に伴う民族移動の余波が、遠く日本列島にまで及んだ可能性はあるでしょう。

殷を滅ぼしたのは、周の武王。武王の祖父である季歴《きれき》には、太伯《たいはく》と虞仲《ぐちゅう》という二人の兄がいましたが、末っ子の季歴に王位を継がせたいという父の意を受けて彼らは後継を譲り、長江流域の先住民のなかに身を投じて断髪文身《だんぱつぶんしん》し、呉の国の王となったという伝承があります（司馬遷『史記』）。

断髪とは髪を短く切ること、文身とは、身体に入れ墨を入れることです。長江流域では越人と総称される稲作農民が住んでいましたが、彼らの習慣が断髪文身でした。この習慣は海洋アジア諸民族に共通していて、当時の日本列島の習俗や地理を記した中国の歴史書『魏志《ぎし》』倭人伝が伝える倭人の習慣も断髪文身すると伝え、『魏略』という歴史書には、「倭人はみずから太伯の子孫と称している」とあります。少なくとも倭人＝弥生人が、そうした文化圏に属していたことは間違いありません。

初期の稲作遺跡は九州北部に集中していますが、その起源については、朝鮮半島説と長江下流域説がありました。この論争に終止符を打ったのは、稲のＤＮＡ研究です。ここでも威力を発揮したのは、ＤＮＡ解析だったのです。

・縄文時代前期に、九州南端から台湾北東に位置する南西諸島経由で、熱帯ジャポニカ米（陸稲）が伝来した。
・縄文時代晩期に、長江下流域から温帯ジャポニカ米（水稲）が伝来した。
・日本の温帯ジャポニカ米がもつＲＭ１－ｂ遺伝子は、長江下流域に存在するが、朝鮮半島には存在しない。よって水稲は、長江下流域から直接伝来した。

（『ＤＮＡが語る稲作文明 起源と展開』佐藤洋一郎著、ＮＨＫブックスより）

紀元前十世紀以降、長江下流域の呉人や越人が、戦乱から逃れて難民となり、東シナ海に漕ぎ出して、日本列島に流れ着いたのでしょう。彼らの技術を縄文人が取り入れ、混血も進んで弥生人が生まれた、ということが考えられます。

その後、東日本への水稲の普及はさらに遅れ、弥生時代中期以降となります。

「瑞穂《みずほ》の国」という言葉どおり、米づくりがその後の日本文化の基層となったことは明らかですが、一万年以上続いた狩猟採集・畑作の縄文文化に比べれば、弥生以降の米文化の歴史は、わずか三千年なのです。

現在、勤労感謝の日と呼ばれている祝日（十一月二十三日）は、かつては新嘗祭《にいなめ》と呼ばれる祭日で、稲作の収穫祭でした。現在でも皇居では、白装束に身を包んだ天皇が、その年の初穂を神々に捧げてともにいただくという儀式を行ないます。

日本神話には、「稲」「穂」の字を名前の一部にもつ神々がたくさん登場します。皇室を中心とする権力が稲作儀礼を重視し、稲作にかかわる神話をもつことは、その起源が稲作伝来と密接に関係することを示唆しています。皇室は、いわば「弥生の王権」といえるでしょう。

それでは、その稲作の伝来以前、日本列島に政治権力はなかったのか？「弥生の王権」の前に「縄文の王権」は存在しなかったのか？　この謎について、本章では神話の世界に手掛かりを求めてみたいと思います。

「国譲り神話」が語る弥生への平和的移行

日本固有の民族宗教である神道。

一九四五（昭和二十）年の敗戦後、連合国軍最高司令官総司令部（GHQ）によって「軍国主義の象徴」として神話教育が禁止され、一九五一（昭和二十六）年にサンフランシスコ講和条約によって占領体制から独立したあとも、神話は迷信だとする進歩史観論者が、歴史学界・教育学界の中心を占めてきました。そのために、文部科学省検定歴史教科書のほとんどでは神話が無視され、現代日本人の多くは日本神話を学校で学ぶ機会がありません。もちろん、神話を事実と混同するのは論外ですが、神話を神話として理解し、そこに込められた民族意識を知ることは、無意味なことではないのです。

前章でも一部触れましたが、まずは基本的なところから確認していきましょう。

神道は、インドのヒンドゥー教や中国の道教と同じく、自然を神々として祀《まつ》る多神教です。『古事記』『日本書紀』（合わせて『記紀《きき》』といいます）の建国神話では、神々は右図のように二つの体系に分かれています。『記紀』の神話を朝鮮の建国神話と比較してみると、面白いことがわかります。朝鮮で現存する最古の歴史書『三国史記』（十二世紀に成立）を見てみましょう。

『記紀』の神々の体系

天《あま》津《つ》神《かみ》　天上界

天上界、つまり高天原から降臨した神々。その中心が伊勢神宮に祀られている天照大神《アマテラスオオミカミ》。その子孫として神武天皇が現れ、神武天皇は九州から大和へ東征する。

国《くに》津《つ》神《かみ》　日本列島

日本列島、つまり葦原中国の土着の神々。その中心が、出雲大社に祀られている大国主《オオクニヌシ》。

高句麗《こうくり》の建国神話

川の神の娘が太陽神に愛されて懐妊し、卵を産んだ。卵から生まれた少年・朱蒙《しゆもう》（チュモン）は、弓の名手となった。朱蒙を恐れた扶余《ふよ》族の人々から暗殺されかかった朱蒙は鴨緑江《おうりよくこう》流域に逃れ、高句麗を建てた。

百済《くだら》の建国神話

高句麗の建国者である朱蒙の息子の温祚《おんそ》（オンジョ）が、兄弟間の争いを避けて南下し、漢江《ハンガン》の南に百済を建てた。

新羅《しらぎ》の建国神話

ひさご（ひょうたん）ほどの大きさの卵から生まれた少年・赫居世《かくきよせい》（ヒョッコセ）が村人によって王に立てられ、海を渡ってきた倭人がこれを補佐した。

「最初の王が、異界からやってきた」という設定は日本神話と同じです。新羅についてはあとで検討しますが、高句麗と百済の建国神話は明らかに同系統で、満洲方面にいた狩猟民の扶余族が南下して建国した征服王朝だったことを示唆しています。

ところが日本神話では、征服者＝天津神がやってくる以前に、日本列島の土着の王権＝国津神がすでに存在していて、その中心が出雲のオオクニヌシなのです。

縄文時代末期には、青森県の三内丸山《さんないまるやま》遺跡に見られるような国家の原初形態が、日本列島各地に生まれていました。こうした土着の王権（その中心が出雲）が国津神となり、稲作文化とともに大陸から渡来した弥生人の王権が天津神となって、それぞれ神格化されたと考えれば、納得がいきます。

また前章で議論した、縄文王権から弥生王権への移行が、軍事征服ではなく平和的な移住によるものだったという仮説も、神話から裏づけることができます。それが『記紀』にある「国譲り神話」です。

「国譲り神話」では、アマテラスがオオクニヌシに使者を送り、葦原中国（日本列島）の統治権を譲れ、と要求します。

オオクニヌシは使者を手なずけるなどして抵抗しますが、ついに抗しきれなくなって交換条件を出します。

「国は譲ろう。その代わりに私を大きな社《やしろ》に祀ってください」

アマテラスはこれを受け入れ、出雲大社を造営した、という話です。

それでは、皇室を中心とする「弥生の王権」が列島を統一する以前、つまり縄文時代の日本列島をオオクニヌシの王権はどうやって統治したのか？

神話は何も語ってくれませんが、考古学である程度のことはわかります。

筑紫《ちくし》（福岡）、出雲（島根）、吉備《きび》（岡山）、越《こし》（石川・富山・新潟）、大和（奈良）、毛野《けの》（群馬・栃木）などの地方に有力な豪族がいたことが、青銅器の出土や古墳の分布から推定されます。

一九八四（昭和五十九）年から始まった発掘調査では、出雲大社の近くの荒神谷《こうじんだに》遺跡（出雲市）で、おびただしい数の銅剣が発見されました。それまで日本全土で発見された銅剣の総数を超える三五八本の銅剣が、一カ所から発見されたのです。

その十二年後の一九九六（平成八）年には、隣の

復元された掘立柱建物と大型の竪穴式住居　三内丸山遺跡（青森県観光連盟提供）

雲南市の加茂岩倉《かもいわくら》遺跡で三九個の銅鐸《どうたく》が出土しました。こちらも一カ所から出土した銅鐸の数では過去最多です。

古代出雲に大規模な青銅器工場があったことは間違いないでしょう。

中国の歴史書『魏志』倭人伝に出てくる邪馬台国もそうした地方政権の一つでしたが、それが筑紫の王権なのか、大和の王権なのか、論争には決着がついていません。

卑弥呼と同じ時代を生きた天皇は？

列島各地に生まれた地方政権が、いつ、どのように統合されたのか。その重大なヒントを与えてくれるのが、奈良県飛鳥地方の纒向《まきむく》遺跡です。

大和盆地（奈良盆地）の東南の縁を南に伸びる「山の辺の道」は、三輪山の麓にたどり着き

荒神谷遺跡の銅剣（荒神谷遺跡博物館提供）

ます。その周囲に点在する帆立貝のかたちをした五つの前方後円墳は、二世紀末〜三世紀前半（卑弥呼の時代）に築かれました。

二〇一六年に近隣の橿原市の瀬田遺跡で発見された墳墓（二世紀中ごろ）は、小さな突出部を備えた円墳で、前方後円墳の起源と考えられています。同時代の出雲地方では、四隅が突出した独特の方形墓がつくられました。これはヤマト国家とは別の王権があった証拠となります。

纒向遺跡の特徴は、日本列島各地の土器が大量に出土することです。出雲から、越から、吉備から、交易品、あるいは貢物を収めた土器が、ここ大和に運ばれてきたという明確な証拠でしょう。のちの日本国家の原型となるようなセンターが、三輪山の麓にあったということです。

とくに注目されるのは、筑紫の土器が出現するのが、最も新しい時期だということです。つまり、大和を中心として出雲や吉備を包括する国家連合が先に形成され、そこに北九州の政権が最後に加わったらしい、ということです。

纒向遺跡（桜井市教育委員会蔵）

纒向遺跡を見下ろす大神《おおみわ》神社は、大和の国で最も格式の高い「一の宮」です。普通の神社は、お賽銭《さいせん》を受ける拝殿の奥に、御神体を祀る本殿があります。ところが大神神社には、拝殿だけがあって本殿がありません。なぜなら三輪山そのものを御神体として祀っているからです。自然崇拝として始まった神道の最も古い形態が、ここには残っています。

三輪山には登山道があり、小学生でも山頂まで登れます。麓《ふもと》の社務所で名前を記し、神主さんから注意を受けます。「一木一草、小石一つ持ち帰ることも、写真撮影もできません」。山中で何を見たかもいっさい、語ることはできません。山そのものが御神体だからです。筆者も登らせていただき、何を見たかは申せませんが、神々の存在を身近に感じました。

この大神神社を創建したのは第十代崇神《すじん》天皇である、と『日本書紀』にはあります。崇神天皇の和風諡号《しごう》（帝王や貴人の死後に奉る、生前の事績への評価に基づく名）は「はつくにしらすすめらみこと」。「初めて国を治めた天皇」という意味です。

神話上は、神武天皇が最初の天皇とされているのに対し、崇神天皇は実在した最初の天皇ともいわれ、『古事記』に記す崩御の年である戊寅年《つちのえとら》は、西暦二五八年、あるいは三一八年と推定されています。おおよそ、紀元三世紀（弥生時代後期）の人物といえるでしょう。邪馬台国女王の卑弥呼が魏に使いを送ったのが二三九年ですから、卑弥呼と崇神天皇は、同じ時代を生きたことになります。

コラム 天皇のお名前

東アジアには人を本名（諱《いみな》）で呼ぶのを避け、肩書や居住地で呼ぶ習慣がある。会社の上司を本名では呼ばず、「部長」「課長」などと呼ぶのも、その名残だ。在位中の君主に対しては「陛下」、死後はその業績を示す諡号（諡《おくりな》＝贈り名）で呼ぶ。漢の武帝（本名・劉徹《りゅうてつ》）は、大規模な軍事遠征で領土を拡大したので「武帝」という諡号を贈られた。

日本の天皇も、在位中は「御門《みかど》」「お上」と呼び、死後は業績を称える諡号で呼んだ。初めは「はつくにしらすすめらみこと」のようなやまとことばの和風諡号が贈られたが、奈良時代の学者である淡海三船《おうみのみふね》が神武天皇に遡って、漢字二文字の漢風諡号を定めた。

明治維新後は年号を諡号とする（一世一元）。明治天皇、大正天皇、昭和天皇はいずれも諡号であり、亡くなられた天皇への贈り名である。現在の天皇に対しては「今上《きんじょう》陛下」と呼ぶのが正しく、「〇〇（年号）天皇」と呼ぶのは非礼である。

邪馬台国が大和の王権だとすれば、崇神天皇は卑弥呼の近親者ということになり（奈良大学元学長の水野正好説）、邪馬台国が北九州の王権だとすれば、崇神天皇と卑弥呼は同時代のライバルということになります（皇學館大学元学長の田中卓《たかし》説）。

纒向古墳群でいちばん大きいのが箸墓《はしはか》古墳です。三味線のバチのかたちをした見事な前方後円墳で、『日本書紀』は、崇神天皇の大叔母（祖父の妹）で、巫女《みこ》でもあった百襲《ももそ》姫《ひめ》の墓と伝えています。邪馬台国大和説の立場から、卑弥呼を百襲姫、卑弥呼の弟を崇神天皇とし、箸墓古墳を卑弥呼の墓と見なす学者もいますが、この問題には深入りしません。

さて、その崇神天皇が祀った三輪山の神は、大物主《オオモノヌシ》といい、『日本書紀』によれば、出雲神社で祀られている大国主《オオクニヌシ》の別名です。

つまり、「実在するとされる初代天皇の崇神が、都の聖地である三輪山にオオクニヌシを祀った」ということになります。

いま一度確認しましょう。皇室の祖先神（皇祖神《こうそしん》）は、高天原の神々を率いる太陽神のアマ

箸墓古墳（時事通信フォト）

テラスでした。

一方のオオクニヌシは、アマテラスに敗れて国譲りをした国津神のリーダー。征服者が敗者を神として祀るというのは、不思議な話ではないでしょうか。

その答えは、『日本書紀』の記述にあります。

> 五年、国内に疫病多く、民の死亡するもの、半ば以上に及ぶほどであった。
> 六年、百姓の流離《りゅうり》するもの、或いは反逆するものあり、その勢いは徳を以て治めようとしても難しかった。それで朝夕天神地祇にお祈りをした。これより先、天照大《あまてらすおおみ》神《かみ》・倭大国魂《やまとのおおくにたま》の二神を、天皇の御殿の内にお祀りした。ところがその神の勢いを畏れ、共に住むには不安があった。そこで天照大神を豊鍬入姫命《とよすきいりびめのみこと》に託し、大和の笠縫《かさぬいの》邑《むら》に祀った。よって堅固《けんご》な石の神籬《ひもろぎ》（神の降臨される場所）を造った。また日本大国魂神《やまとおおくにたまのかみ》は、渟《ぬ》名《な》城入姫命《きいりびめのみこと》に預けて祀られた。ところが渟名城入姫命は、髪が落ち体が痩《や》せてお祀りすることができなかった。
>
> （『全現代語訳日本書紀 上』講談社学術文庫）

このあとの『日本書紀』の記述では、天皇の夢にオオモノヌシが現れて、疫病は自分の仕業であること、自分の血を引く大田《おおた》田根《たね》子《こ》の手によって祀られれば収まると告げます。そこで大田田根子が探し出され、彼を祭主に据えて三輪山にオオモノヌシを祀ると、たちまち疫病は収まり平安を取り戻しました。

では、もう一方のアマテラスはどうなったのでしょうか。『日本書紀』の次の第十一代垂《すい》仁《にん》天皇二十五年の記述です。

三月十日、天照大神を豊耜入姫命《とよすきいりびめのみこと》からはなして、倭姫命《やまとひめのみこと》に託された。倭姫命は大神を鎮座申し上げるところを探して、宇陀《うだ》の篠幡《ささはた》に行った。さらに引返して近江国に入り、美濃をめぐって伊勢国に至った。そのとき天照大神は、倭姫命に教えていわれるのに、「伊勢国はしきりに浪の打ち寄せる、傍国《かたくに》（中心ではないが）の美しい国である。この国に居りたいと思う」と。そこで大神のことばのままに、その祠を伊勢国に立てられた。（同右）

ここで、伊勢神宮の創建神話とつながるのです。

もしアマテラスを祀る集団が暴力的に大和を征服したなら、このようなことは起こらないのではないでしょうか。先住民の神（国津神）であるオオクニヌシを祀る三輪山の大神神社を、きっと破壊していたはずです。

「神武東征」神話の謎を解き明かす

それでは、第1章でも触れた「神武東征」の神話はどうなるのか？
「神武東征」と聞いても、？？？という読者がほとんどだと思いますので、簡単に説明しましょう。

オオクニヌシに「国譲り」を認めさせたアマテラスが、孫のニニギに八咫鏡と八尺瓊《やさかにの》勾玉《まがたま》を授け、高天原から九州の高千穂《たかちほ》に降臨させた（天孫降臨《てんそんこうりん》）。

←

ニニギの曾《ひ》孫である神武天皇《カムヤマトイワレビコ》は、「東のほうに良い土地があり、青い山が取り巻いている。そのなかに天の磐舟《いわふね》に乗って、とび降ってきた者がある」と聞いて、そのとび降ってきた者は、饒速日《にぎはやひ》という者であろう。そこに行って都をつくるにかぎるといって、軍勢を率いて瀬戸内海を東へ進んだ。

←

神武の軍勢が難波《なにわ》（大阪）に上陸すると、大和の豪族であった長髄彦が、全軍を率いて戦いを挑んでくる。

↓
「東方（朝日）に向かって攻めるのは、天の理に反する」と考えた神武天皇は、熊野（紀伊半島南部）を経由して大和に入る。その軍勢を先導したのが、八咫烏だった。

↓
そこで再び長髄彦が立ちはだかり、「われらは先に天から降臨したニギハヤヒの神に仕えてきた。その土地をなぜ奪うのか?」と神武天皇に問いかける。

↓
「証拠を見せろ」と神武が問うと、長髄彦はニギハヤヒの矢と矢立を見せて、なおも抵抗を続ける。

↓
ここでニギハヤヒが登場。神武に従わない長髄彦を殺したあと、大和を神武に明け渡す。ようやく神武は橿原宮《かしはらのみや》で即位する。

簡単にいえば、「国譲りパート2」のような話です。

ここで重要な役割をするニギハヤヒは、物部《もののべ》氏の祖先神です。

「もののべ」は、武士部《もののふべ》と語源が一緒で、軍事集団を意味します。天皇家に仕えた物部氏は、軍事と祭祀を担当する最有力氏族でしたが、のちに蘇我氏や藤原氏と争い、歴史の表舞台から消えていきます。

物部氏の起源神話についての記述がある『先代旧事本紀《せんだいくじほんぎ》』という書物では、アマテラスの孫であるニニギの降臨に先行して、天神御祖《あまつかみみおや》がニギハヤヒを地上に降臨させ、王権のシンボルとして十種神宝《とくさのかんだから》を授けたと伝えています。

日本最古の神社として知られる奈良県の石上神宮《いそのかみ》は、この十種神宝を御神体として祀り、物部氏の武器庫としても使われていました。

アマテラスが孫のニニギに授けた「三種の神器」を祀る伊勢神宮（八咫鏡）や、熱田《あつた》神宮（草薙剣《くさなぎのつるぎ》）とパラレルな関係です。

三種の神器……アマテラス↓天孫ニニギ↓神武↓皇室
十種神宝……天神御祖↓ニギハヤヒ↓物部氏

少し複雑になってしまったので、ここまでの話を簡単にまとめておきましょう。

・弥生時代、日本列島各地に王権が成立した。
・出雲の王権はその中心的な地位にあり、大量の銅剣を製造する技術をもち、オオクニヌシを祀っていた。
・その一方、ヤマトの三輪山の山麓には、ニギハヤヒを祀る物部氏の王権があり、これを中心にヤマト国家連合が形成されていた。
・北九州の王権（神武王権）が移動し、ヤマト国家連合への合流を試みた（「神武東征」）。
・そのとき、ヤマト国家連合の内部で対立が起こり、神武王権との合流を拒絶する勢力（長髄彦）が滅ぼされた。
・三世紀に崇神天皇が即位し、神武王権とニギハヤヒ王権との統合が完成した。そこで物部氏は、皇室に仕える最有力氏族となった。

国立遺伝学研究所の斎藤成也《なるや》氏による現代日本人のDNA研究によれば、出雲出身者のDNAは東北出身者のDNAに近く、関東出身者のDNAは、むしろ大陸出身者に近いという結果が出ました。東北人と出雲人が縄文系の遺伝子を多く受け継いでいることが証明されたのです。

この研究結果は、出雲のオオクニヌシが「縄文の王権」だったという仮説を補強するものになると思います。

「三種の神器」の八咫鏡が見つかった！

二〇一九年、約二百年ぶりに譲位の儀式が行なわれます。その中心となるのは、皇位継承のシンボルである「三種の神器」の新天皇への授受となります。

アマテラスが地上に降臨するニニギに授けたとされる八咫鏡を祀る伊勢神宮の建築は、塗装をしない白木造り、礎石を置かない掘立柱《ほったてばしら》、瓦《かわら》を用いない茅葺《かやぶき》屋根という、弥生時代の高床式建築そのままです。当然、腐食が進むので、定期的に建て替えなければなりません。

二〇一三年には二十年ごとに行なわれる神殿の建て替え――式年遷宮《しきねんせんぐう》が行なわれました。八年がかり、総工費五五〇億円という大事業です。本殿が建っている隣の敷地に、まったく同じものを再建するのです。

出雲大社も、二〇一三年が大遷宮でした（こちらは六十年ごと）。

たとえばエルサレムのソロモン神殿（紀元前十世紀創建、現在は壁面のみ残る）、アテネのパルテノン神殿（紀元前五世紀再建）、メッカのカーバ神殿（創建年代不明）は、いずれも石造りであるため二千年以上の昔の姿を残していますが、その建築技法は現代にまで伝わっていません。伊勢神宮は「築二十年」にすぎませんが、建築技法は二千年以上継承されています。これが日本文明の特色です。

こうして二十年ごとに新築される伊勢神宮において、唯一、創建当時のまま保存されてきたとされるものが、御神体である八咫鏡です。八尺瓊勾玉・草薙剣とともに「三種の神器」の一つですが、建国神話には、この鏡が何度も登場します。

1. 太陽神アマテラスが、弟神であるスサノオの粗暴な振る舞いにショックを受け、「天《あめ》の岩戸」に隠れると、世界が闇に包まれた（皆既日食の神話化か？）。困り果てた神々は一計を案じ、岩戸の前で宴会を開く。様子を見ようと岩戸を少し開いたアマテラスに鏡を向け、自らの姿に興味をもたせて岩戸から引き出した。

2. アマテラスが天孫ニニギを降臨させるとき、自らの分身として鏡を授けた。『日本書紀』には、「吾が児、此の宝鏡《たからのかがみ》を視まさむこと、当《まさ》に吾を視るがごとくすべし」（わが子よ、この鏡を見るときには、私を見るつもりでご覧なさい）という記述がある。

3. 橿原宮で即位した初代神武天皇以来、歴代天皇はこの鏡を祀ってきた。

4. 崇神天皇六年、「皇居でお側に祀るのは畏れ多い」として、もう一つの三種の神器である草薙剣とともに、大和の笠縫邑に、神籬《ひもろぎ》（神霊の依《よ》り代《しろ》となる施設。四方に青竹や榊《さかき》をめぐらし、中央に幣《ぬさ》を取りつけた榊を立てる）を建てて祀った。

5. 崇神天皇の息子の垂仁天皇二十五年、その第四皇女の倭姫《やまとひめ》がアマテラスを祀る場所を探し求め、伊勢の国にたどりついたとき、アマテラスの啓示がくだってここに神宮を建設し、鏡を祀った。

その後、歴代天皇は、皇女を斎王《さいおう》として伊勢神宮に遣わし、八咫鏡を祀りました。天武天皇は壬申《じんしん》の乱（六七二年）のとき、伊勢神宮に向

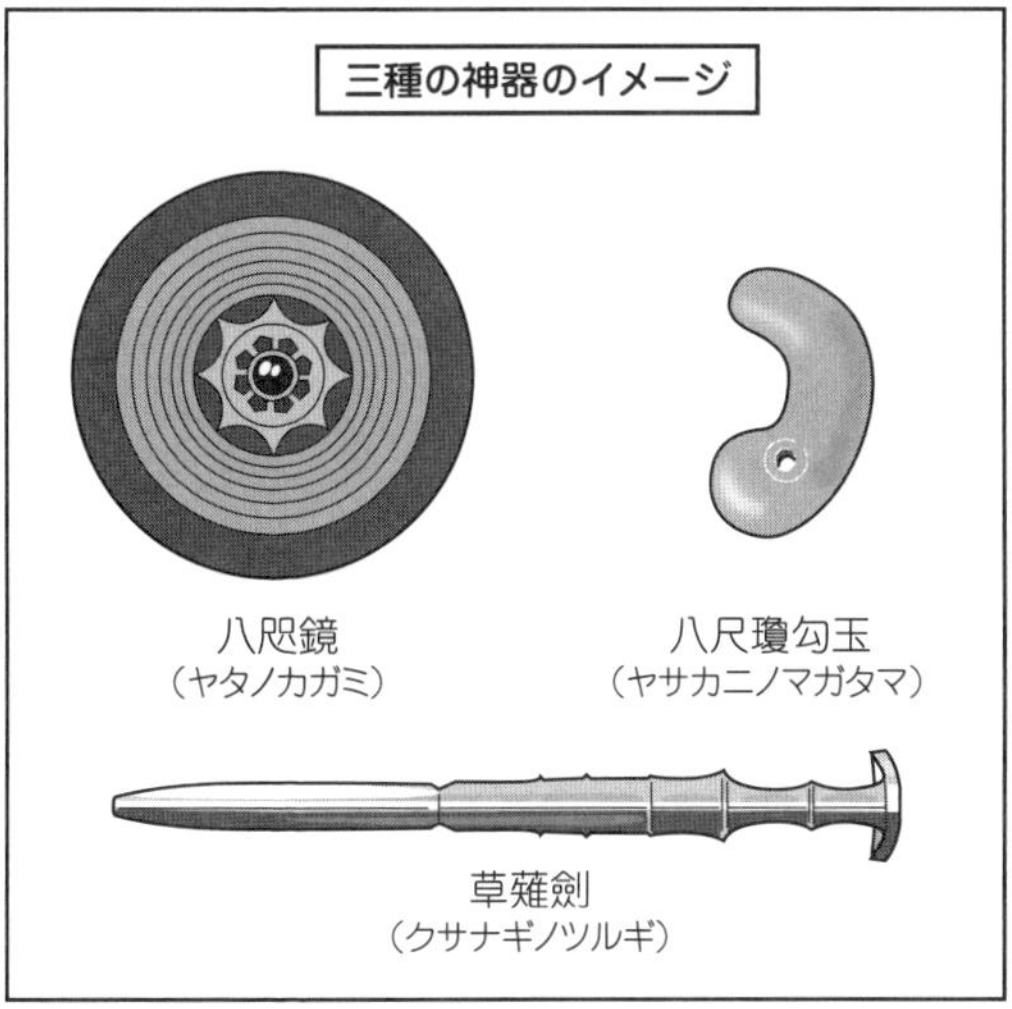

かって勝利を祈願しています。この時代に伊勢神宮は皇祖神を祀る特別な神社としての地位を確立し、次の持統天皇のときに最初の式年遷宮が行なわれています（六八八年）。

ちなみに三種の神器のうち、八咫鏡は先に述べたように伊勢神宮、草薙剣は愛知県の熱田神宮にあるとされ、宮中には模造品（形代《かたしろ》）が祀られています。八尺瓊勾玉だけは、宮中にあるものがオリジナルだといわれます。

時代はくだって平安時代、三度に及ぶ宮中の火災で八咫鏡は損傷を受けます。さらに平安末期、源頼朝に追われた平家は、幼帝の安徳天皇を擁し、宮中の三種の神器を持ち出して西国へと逃走します。一一八五（元暦二）年の壇ノ浦の戦いに敗れたとき、幼帝とともに神器は海中へ没します。鏡と勾玉は回収され、剣は行方不明になりますが、これはもともと宮中にあった模造品といわれ、現在の剣は第八十四代順徳天皇の即位のとき（一二一〇年）、伊勢神宮から献上されたものです。

伊勢神宮のオリジナルの鏡は原型を保っているものと思われますが、明治初年に神宮を参拝した明治天皇がご覧になったといわれるあとは、誰も実物を見た人はいません。

第一回東京オリンピック（一九六四年）の翌年、福岡県の農家がミカンの木を植えようと穴を掘ったところ、銅鏡の破片が大量に発見されました。

平原《ひらばる》遺跡の発見です。

発掘調査の結果、弥生時代（三世紀初頭）の王墓が現れました。『魏志』倭人伝に出てくる「伊都国《いと》」の王墓のようです。

遺骨は残っていませんでしたが、副葬品には装身具が多く、剣などの武器が出なかったことから、被葬者は女王か、女性祭祀長と推定されます。また王墓の東（日の出の方角）に、推定高さ二〇メートルもの円柱が立てられたとされる直径七〇センチメートルの柱穴が発見され、人為的に割られたともされる大量の鏡が出土しました。

このなかに、巨大な銅鏡が発見されました。

同時期の銅鏡は中国から伝わった漢鏡《かんきょう》が多く、直径一〇センチメートル程度の手鏡サイズでした。しかし、平原遺跡から出た四〇面のうち五面の内行花文鏡《ないこうかもんきょう》は、直径四六・五センチメートルの大型の銅鏡で、実用品とは思えず、これ自体が祭器として使われたようです。

平原遺跡の発掘調査者であった考古学者の原田大六（一九一七〜一九八五年）氏は、この大きさに注目しました。

四六・五センチメートルは漢代の単位で二尺《しゃく》。また、円周の長さの四分の一を咫《あた》といいます。

平原遺跡から出土した内行花文鏡（文化庁保管、伊都国歴史博物館提供）

直径×円周率＝円周なので、直径一尺の銅鏡の円周は四咫。直径二尺（四六・五センチメートル）の銅鏡の円周は八咫。

「八《や》咫《あたの》鏡」→「八《や》咫《たの》鏡」

これこそ伊勢神宮の御神体、三種の神器と同じものである、と原田氏は推論したのです。内行花文鏡はその後、ヤマト王権の都があった奈良の古墳（下池山《したいけやま》古墳、桜井茶臼山《ちゃうすやま》古墳）でも発見されています。

放浪の皇子と草薙剣をめぐる伝説

次に草薙剣です。草薙剣はスサノオがヤマタノオロチという大蛇を切り殺したとき、その尾から出てきたと伝えられますが、流《る》浪《ろう》の王子がドラゴン（龍・大蛇）を倒すという伝説は、世界中に数多く存在します。

古代インドの『リグ・ヴェーダ』には、巨大な身体で七つの大河をふさぎ、世界に旱魃《かんばつ》をもたらすヴリトラという龍が出てきます。雷神インドラがこれに挑みますが敗北を重ね、太陽神ヴィシュヌの仲介で和解します。

和解の条件は、「石にも、鉄にも、木にも、乾いたものにも、湿ったものにもヴリトラは傷つかない。昼も、夜も、ヴリトラを攻めてはならぬ」というものでした。しかしインドラは、聖者の骨から聖なる武器であるヴァジュラ（金剛杵《こんごうしょ》）をつくり出し、夕暮れ時にヴリトラを倒します。大雨が降り、大地は潤います。これは乾季と雨季を擬人化したものでしょう。ヴァジュラは密教の法具として日本にも伝わっています。

ギリシア神話では、主神ゼウスが人間の女に産ませた勇壮無比の英雄ヘラクレスが、自らの犯した罪を償うための試練の一つとして、沼地に住む九頭の大蛇ヒュドラーと戦います。

ヒュドラーの首を切っても、その切り口から二本の首が生えてくるので手に負えません。そこでヘラクレスは、従者にたいまつをもたせて切り口を焼かせ、最後に残った一首は不死だったので岩の下敷きにして、これを倒し

ヴァジュラ（金剛杵）

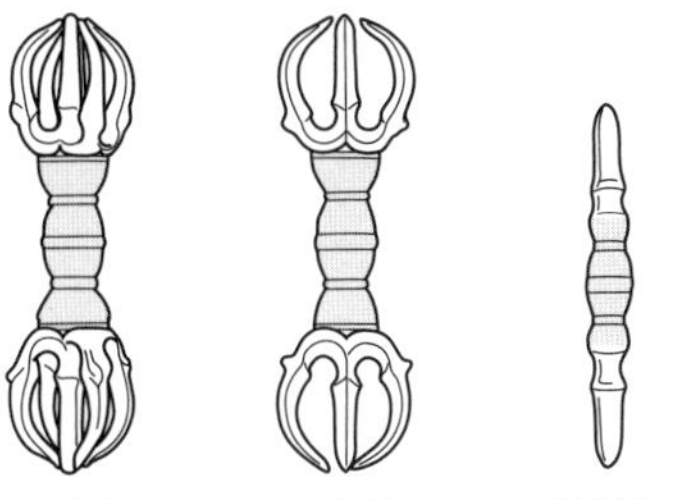

五鈷杵　三鈷杵　独鈷杵

ます。ヒュドラーは天に昇ってウミヘビ座になりました。

ヘラクレスはヒュドラーの猛毒の血を自分の矢に塗ってさらに強力な戦士となりますが、あとで自分もこの毒によって死ぬことになります。

リヒャルト・ワーグナーの楽劇『ニーベルングの指輪』は、北欧神話をもとにつくられた話で、流浪の勇者であるジークムントが、妹の助けと聖剣バルムンクの加護で敵を倒します。そのあと、戦死したジークムントの遺児のジークフリートが鍛冶屋《かじ》に養育されて聖剣を受け継ぎ、龍ファフナーを倒して財宝を手に入れます。

このとき龍の血を浴びたジークフリートは不死身となります。しかし背中に菩提樹の葉が張りついて、そこだけは血を浴びなかったために唯一の弱点となり、それが原因で死ぬことになります。

キリスト教の聖人伝を集めた『レゲンダ・アウレア（黄金伝説）』では、小アジアに龍が出現し、羊を食いつくしたあと、王の娘を生贄《いけにえ》に要求します。通りがかった聖ゲオルギウスが、口を開いた龍の喉に槍を突き立ててこれを倒し、人々をキリスト教に改宗させます。その後、キリスト教を嫌う皇帝に捕まっても改宗を拒否した聖ゲオルギウスは、「溶かした鉛釜ゆでの刑」を受けても死なず、最後は斬首されました。

彼の象徴は赤色十字旗で、白地に赤い十字の図案「セント・ジョージ・クロス（聖ゲオルギウス十字)」はいまでも、イングランド国旗やグルジア(ジョージア)国旗に使われており、聖ゲオルギウスの姿はロシアの国章で使われています。

日本神話では、太陽神アマテラスの弟であるスサノオが、乱暴狼藉《ろうぜき》の度が過ぎたために神々によって高天原から追放され、出雲の国に降臨します。ここでも出雲が出てきました。アマテラス(伊勢神宮)とオオクニヌシ(出雲大社)は、光と影のように対になっているのです。中世以降、出雲大社がスサノオを祀っていた時期もあります。

出雲に降りたスサノオは、悲嘆にくれる老夫婦と一人の娘(クシナダ姫)に出会います。聞けば、夫婦には八人の娘がいたが、ヤマタノオロチという八つの頭、八つの尾の大蛇に毎年一人ずつ食われ、今年はクシナダ姫の番になったので泣いているという。

スサノオは大きな瓶《かめ》を八つ用意させて酒をなみなみと注ぎ、オロチを待ちます。出現したオロチは八つの頭を瓶に突っ込んでぐびぐびと飲み干し、酔いつぶれます。スサノオは八束《やつか》の剣でオロチを切り刻み、殺します。

このときオロチの尾に当たった剣が刃こぼれしたのでよく見ると、尾のなかから新たな剣が出現します。これこそが天叢雲剣《あめのむらくものつるぎ》——またの名が草薙剣なのです。スサノオはこれを姉アマテラスに献上し、三種の神器の一つとなります。

三種の神器のうち、鏡と勾玉は高天原起源の宝物であることは説明しましたが、この剣だけは出雲製なのです。

ここで思い出すのは、荒神谷遺跡の銅剣でしょう。オオクニヌシを祀っていた出雲王国の王権のシンボルだった聖剣を、ヤマト王国による出雲併合（神話では「国譲り」の物語）の結果、ヤマト王権が継承したものかもしれません。

ヤマタノオロチについては、出雲王国と抗争していた越国の象徴だという説、あるいは大河の氾濫の象徴だという説があります。

弥生時代の日本列島には、青銅器と鉄器がほぼ同時に伝わりました。実用に勝るのは鉄器ですので、青銅器は主に祭器として使われ、銅剣、銅鐸、銅鉾《ほこ》などの優れた青銅器文化を開花させました。

草薙剣については、スサノオの剣を刃こぼれさせたことから、青銅器ではなく鉄器であるという説があります。しかし『記紀』には、草薙剣が鉄剣だったという記述はありません。鉄器はメンテナンスしないと錆びてボロボロになるという、宝物としては致命的な欠陥があります。誰も見てはならず、触ることもできない神器としては、銅剣のほうがふさわしい気

日本武尊（神宮徴古館蔵）

がします。

初めは宮中に置かれた三種の神器でしたが、鏡と剣は崇神天皇のときに宮中から離され、垂仁天皇のときに伊勢神宮に祀られたのは、先に見たとおりです。その後、草薙剣は「別行動」をとります。

第十二代景行《けいこう》天皇は、皇子のヤマトタケルを「東国の蝦夷《えみし》を従わせよ」と東国平定に遣わします。途中、伊勢神宮に参拝したヤマトタケルに、倭姫は草薙剣を授けます。相模国《さがみのくに》では「荒ぶる神」による火攻めにあいますが、宝剣で草を払って脱出（これが「草薙」の語源となります）。陸奥国《むつのくに》（東北地方）まで平定して帰国の途につきます。

伊勢の手前の尾張国《おわりのくに》に至ったとき、ヤマトタケルはミヤズ姫と結婚しますが、ここで油断しました。草薙剣を姫に預けたまま伊吹山に登り、大蛇に化身した山の神の怒りを招いて病を得て、急死してしまいます。

やまとは　国のまほろば　たたなづく　青垣
（ヤマトは格別な国　重なる青垣のような）
山ごもれる　やまとしうるはし

（山々に囲まれた　ヤマトは美しい）

ヤマトタケルの辞世の歌、望郷の歌です。
流浪の王子と聖剣というモチーフが、ここでも繰り返されているのがわかります。ミヤズ姫が夫の形見となった草薙剣を祀ったのが、熱田神宮の始まりです。このときなぜ、剣を伊勢神宮に戻さなかったのかは謎です。

時はくだって七世紀、朝鮮半島では唐・新羅連合軍による百済滅亡という大事件があり、亡命百済人たちの要請を受けた天智天皇は出兵を決断しますが、白村江《はくすきのえ》の戦い（六六三年）で唐・新羅連合軍に大敗します（第4章参照）。その五年後、草薙剣が盗まれるという、とんでもない事件が起こります。

新羅王族の末裔を自称する道行《どうぎょう》という僧侶が熱田神宮に参拝し、社殿内部に侵入して草薙剣を盗み出し、新羅への逃亡をはかったのです。ところが途中で暴風にあい、神罰を恐れて剣を手放し、逮捕されます。おそらくヤマト国家の攪乱を狙った新羅の工作員でしょう。

草薙剣はこのあと、再び宮中で祀られることになります。天智天皇の死後には、皇位継承をめぐって天智天皇の皇子である大友《おおともの》皇子と皇弟である大海人《おおあまの》皇子が争い（壬申の乱）、勝利した大海人皇子が天武天皇として即位します。天智天皇と天武天皇はじつは兄弟ではないという説もありますが、ここでは深入りしません。

この天武天皇が亡くなったとき、草薙剣の祟りと噂されたのです。

このため剣は熱田神宮に戻され、宮中では形代（模造品）が祀られます。先にも見たように、壇ノ浦の戦いで海中に没した草薙剣は、形代のほうといわれます。

さらに時代はくだって江戸時代、熱田神宮の神官四〜五人が、御神体の草薙剣を盗み見た、という記録があります（江戸時代の垂加《すいか》神道学者である玉木正英〔一六七一〜一七三六年〕が記した『玉籤集《ぎょくせんしゅう》裏書』による）。それによれば、

・五尺（約一・五メートル）ほどの木箱のなかに朱が敷き詰められ、石の箱があった。
・石の箱のなかも朱が敷き詰められ、樟《くすのき》の箱があった。
・樟の箱のなかに御神体があった。
・御神体は長さ二尺七〜八寸（八〇センチメートルあまり）の剣だった。
・刃先が菖蒲《しょうぶ》の葉のようで、中ほどは厚みがあった。

・全体が白く、錆はなかった。

考古学者の後藤守一《しゅいち》（一八八八〜一九六〇年）は「錆はなかった」との記録から、銅剣であろうと推定しています。

二〇一三年は、熱田神宮の創建千九百年祭。伊勢の式年遷宮（二十年ごと）、出雲の大遷宮（六十年ごと）も重なる、歴史的な年でした。筆者も伊勢と熱田に参拝し、身の引き締まる思いがしました。

伊勢神宮では、まもなく取り壊される苔むした古いお宮と、輝くような白木のお宮が並び建つ威容を拝見し、古代ギリシアのヘラクレイトスの思想を思い出しました。「万物は流転するが、その本質は永遠である」――。まさにそれが、日本文明の本質なのかもしれません。

第3章

巨大古墳の時代と「東アジア版民族大移動」

東の漢帝国、西のローマ帝国の崩壊

弥生時代、地球上には二つの大帝国が存在しました。東の漢帝国と、西のローマ帝国です。しかし、地中海の大半にまで領土を拡大したローマ帝国は、軍団の維持のために商業活動への増税を行なった結果、経済活動が萎縮し、財政も悪化する、という悪循環に陥りました。徴兵による常備軍の保持も困難になった四世紀末、中央アジアからアジア系の遊牧民であるフン人が襲来します。

北欧の森に住んでいた金髪に青い目のゲルマン人は、フン人の襲来を受けてパニックに陥りました。そこで武装難民というかたちで国境のライン川・ドナウ川を突破して、ローマ帝国領内になだれ込んだのです（三七五年）。

民族大移動の始まりです。

ローマ帝国を実質的に最後に治めた皇帝テオドシウス一世は、その遺言で帝国を二分し、大混乱に陥っている西半分を切り捨てました。西ローマ帝国領にはゲルマン諸国家が割拠し、軍団もゲルマン人傭兵に頼るようになり、やがて、傭兵隊長オドアケルの謀反によって皇帝ロムルスは追放されて、西ローマ帝国は滅びてしまいます（四七六年）。首都ローマはゲルマン人に何度も略奪され、廃墟となります。

その後、ゲルマン諸部族の抗争を制したフランク人が、ローマ人と融合して西ヨーロッパを統一します。フランク王国のカール大帝が「西ローマ皇帝」として戴冠したのは八〇〇年。このカールの帝国が孫の代に相続法に従い、西フランク王国、中フランク王国、東フランク王国の三つに分かれ、それぞれのちのフランス、イタリア、ドイツになります。

その一方、ギリシアを中心とする東ローマ帝国はゲルマン人の侵入を排除し、ビザンティン文化を発展させました。

東アジアに目をやると、秦の始皇帝が築いた万里の長城を挟んで、モンゴル高原を中心に中央ユーラシア東部に一大勢力を築いた遊牧民の匈奴《きょうど》と、漢帝国（後漢）との戦いが続いていました。漢に降伏した匈奴の呼韓邪単于《こかんやぜんう》に対して、漢の元帝は王昭君《おうしょうくん》というお妃を嫁がせることで懐柔しました（紀元前三三年）。この事件をもとにして、元の時代、『漢宮秋《かんきゅうしゅう》』という中国演劇（元曲）の傑作が生まれます。

ところが、漢との和解をめぐって匈奴は南北に分裂。南匈奴は漢に服属しましたが、北匈奴はこれを拒否して西に去り、その消息は二世紀に途絶えました。

その一世紀後、ローマ帝国の記録にフン人の名前が登場します。

「匈奴」は現代中国語で「ションヌ（Xiong-nu）」。古代中国語の読み方は諸説ありますが、東京大学の東洋史学者である白鳥庫吉《しらとりくらきち》（一八六五～一九四二年）の「フンナ（Hun-na）」説をとれば、フン＝（北）匈奴説が成り立ちます。

それでは、いったん漢に服属した南匈奴は、その後、どうなったのか？

漢帝国もローマ帝国と同じく財政難から増税に走ったため、疲弊した農民の心を捉えた新興宗教の太平道の信者を中心に「黄巾の乱」（一八四年）が起こりました。乱は平定されましたが、後漢は滅亡します。

その後、曹操《そうそう》・劉備《りゅうび》・孫権《そんけん》の『三国志』の時代を通じて、各地の軍閥は遊牧民を傭兵として雇いました。その軍閥の一つである司馬氏が再統一を果たして晋（西晋）を建てますが、政治が乱れ、傭兵として長城以南に移住していた南匈奴が晋の都の洛陽を攻め落として、皇族と官僚、数万人の市民を虐殺します。

この事件を永嘉《えいか》の乱（三〇七～三一六年）といいます。秦の始皇帝に始まる古代中華帝国は、ここでいったん滅んだのです。

永嘉の乱では大量の難民が発生し、生き残った晋の皇子が長江流域の江南地方に逃れ、東晋を建てました（三一七年）。このあと江南では漢人王朝が続いて中華文明を維持したので、これを南朝と呼びます。

その一方、もう一つの中国農耕文明の発祥地である黄河流域では、モンゴル系の匈奴、羯《けつ》、鮮卑《せんぴ》、チベット系の氐《てい》、羌《きょう》の五族による「五胡《ごこ》の抗争」を制した鮮卑族が、漢人と混血して北魏を建国します。のちの隋・唐帝国を建てたのは、この混血民族です。

ヨーロッパがゲルマン人の移動によって民族大移動の暗黒時代に入ったように、東アジアも魏晋南北朝と呼ばれる暗黒時代に入ったといえます。この「東アジア版民族大移動」が、朝鮮半島や日本列島に影響しないはずがありません。

中華帝国崩壊後の朝鮮半島情勢

漢代の朝鮮半島北部は、楽浪郡が統治していました。いまの平壌《ピョンヤン》付近にあった中華帝国の植民地です。北九州の倭人は、この楽浪郡を通じて後漢に朝貢していました。

その返礼として、光武帝から授与されたといわれる「漢委倭國王」という印文の金印が、江戸時代、福岡県志賀島《しかのしま》で発見されています。

金印（福岡市博物館蔵）

匈奴の大反乱で中華帝国が崩壊すると、満洲の森林地帯では狩猟民族の扶余族が高句麗を建国し、楽浪郡を攻め滅ぼします（三一三年）。

高句麗騎馬軍団の南下という非常事態を受けて、朝鮮半島南部では、韓人朝鮮民族の部族

コラム 「皇帝」と「王」の違い

中国では「戦国七雄」という七人の王が争い、秦王が他の六人を倒して「皇帝」と称した。最初の皇帝なので始皇帝という。これ以後、「王」は皇帝の臣下を意味するようになり、皇帝の息子たちも「〇〇王」と呼ぶ。

東アジアにおいて圧倒的な力を保持する中華帝国の皇帝に対し、周辺弱小民族の首長は「臣下の礼」をとり、定期的に貢物を贈ることを「朝貢」、その返礼として中華皇帝から「王」や「将軍」の称号を与えられることを「冊封《さくほう》」という。こうした中華帝国を中心とする国際秩序（冊封体制）は漢代に始まり、十九世紀末の日清戦争で清が敗北するまで、約二千年間続いた。

連合国家の統一が進みます。

黄海側の馬韓五四カ国を統一したのが百済、日本海側の辰韓一二カ国を統一したのが新羅です。半島南端の対馬海峡沿いは弁韓（のちの加羅《から》、『日本書紀』では「任那《みまな》」）といい、砂鉄の産地であったため、百済・新羅・倭国がここを争奪します。

現在でいえばだいたい、満洲から北朝鮮にかけてが騎馬民族の高句麗、韓国の西半分が百済、東半分が新羅と考えてください。これを朝鮮三国時代といいます。

古代朝鮮史で厄介なのは、同時代の史料が残っていないことです。朝鮮最古の歴史書は『三国史記』ですが、その成立は十二世紀の高麗時代（日本の平安末期）。そこには「紀元前一世紀に百済・新羅が建国した」と書かれていますが、神話・伝説の類でしょう。『後漢書』（五世紀）、『宋書《そうじょ》』（五世紀末）、『日本書紀』（七世紀）など外国の史書の記録からわかることは、百済・新羅の成立は、高句麗が南下した四世紀だということです。

『日本書紀』で百済との外交関係が最初に出てくる記事は、

神功《じんぐう》皇后五十二年、百済の肖古《しょうこ》王《おう》が七枝刀《ななつさやのたち》を献上した

という部分です。

百済第十三代の近肖古王《きんしょうこおう》（在位三四六～三七五年）の名は中国の史書にも出てくるので、実在が確認できる最初の百済王です。肖古王という人物は二人いて（もう一人は第五代）、あとのほうには「近」をつけます。

近肖古王は高句麗との激戦を続ける一方で、中国江南の東晋に朝貢し、倭国に七支刀を贈って、東晋・倭国・百済同盟を結び、また、初めて漢字を採用します。この王が倭国に、漢文の『論語』と『千字文《せんじもん》』を贈り、学者・王仁《わに》を派遣して読み方を伝えた、という記事が

コラム　「百済」「新羅」の読み方

「百済」は朝鮮語では「ペクチェ」、日本語では「くだら」という。古代中国語の「パクツァン→クタン→クタラ」説、朝鮮語の「クン（偉大な）＋ナラ（国）→クンタラ→クタラ」説があり、定説はない。

「新羅」は朝鮮語では「シルラ」、日本語では「しらぎ」という。「茨城」を「いばらき」と読むように、「新羅城」を「しらぎ」と読んだようだ。

『日本書紀』にあります。

もちろん、楽浪郡に朝貢使節を送った「漢委倭国」の時代から漢字の読み書きができる人はいたはずですが、ヤマト国家が漢字で公文書をつくりはじめたのがこのときだ、ということでしょう。

七支刀は、第2章で見た奈良県天理市の石上神宮に宝物として伝わる鉄剣です。こういう現物がちゃんと残っているのが日本のすごいところで、江戸時代に錆を落として銘文が解読されました。表面には、東晋の泰（太）和四（三六九）年に「戦いを退ける聖剣」としてつくられたことが刻まれ、裏面には「百済王は倭王のために特別に造った」と、百済王が七支刀を倭王への贈り物としたことが刻まれています。

問題は、七支刀を受け取った倭王が誰か、ということです。「倭王」は大陸側の呼び名であって、「ヤマトのオオキミ」「ヤマトのスメラミコト」が正しい称号です。オオキミは「偉大な方」、「スメラミコト」は「統治する方」を意味します。

三世紀に奈良盆地の東南の三輪山の麓で、崇神天皇が王権を樹立したことは前章で説明しました。この「三輪王朝」は、次の景行天皇の皇子であるヤマトタケルの東征というかたち

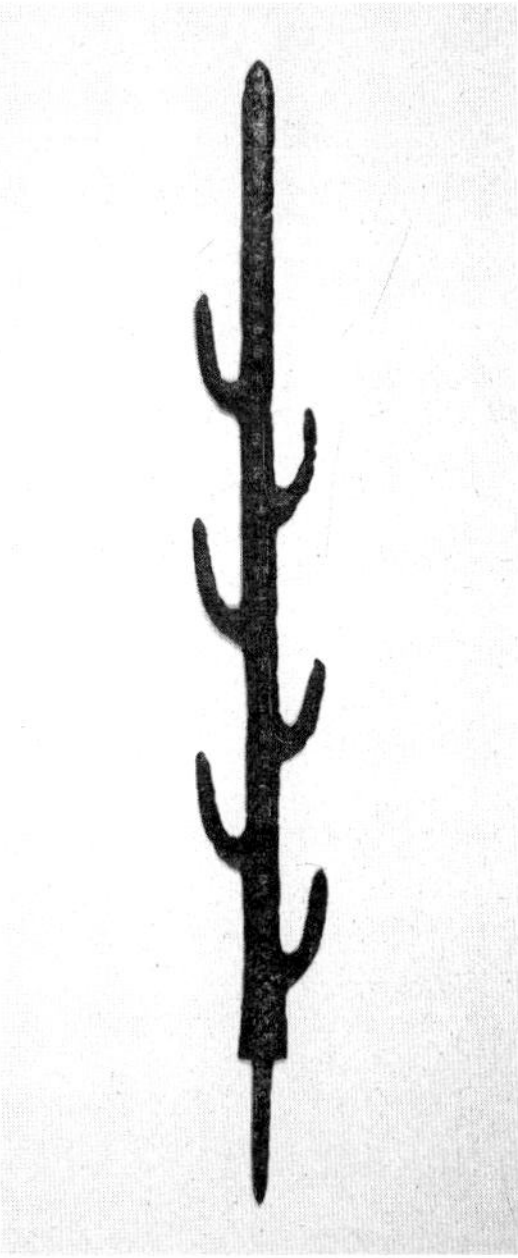
七支刀（表）（石上神宮蔵）

で、関東地方の平定を行なったとされます。三種の神器の草薙剣を手にしたヤマトタケルの冒険。流浪の王子が悲劇的な死を迎えるという物語は、中世ドイツのジークフリート伝説に似ていることも先に述べましたが、これを歴史的事実と考えるのは難しいでしょう。

ヤマトタケルの父である景行天皇、弟の成務《せいむ》天皇、息子の仲哀《ちゅうあい》天皇の三代は、ヤマトタケル伝説と、その次に出てくる神功皇后《じんぐうこうごう》伝説のおまけのような扱いを受けています。三人とも和風諡号に「たらし」という部分をもち、これは『記紀』が書かれた七世紀に使われた名であることから、この三代は、「三輪王朝」と次の「河内王朝」（九六ページのコラム参照）をつなぐための創作ではないかという学説もあります。

七支刀を受け取った倭王の候補者

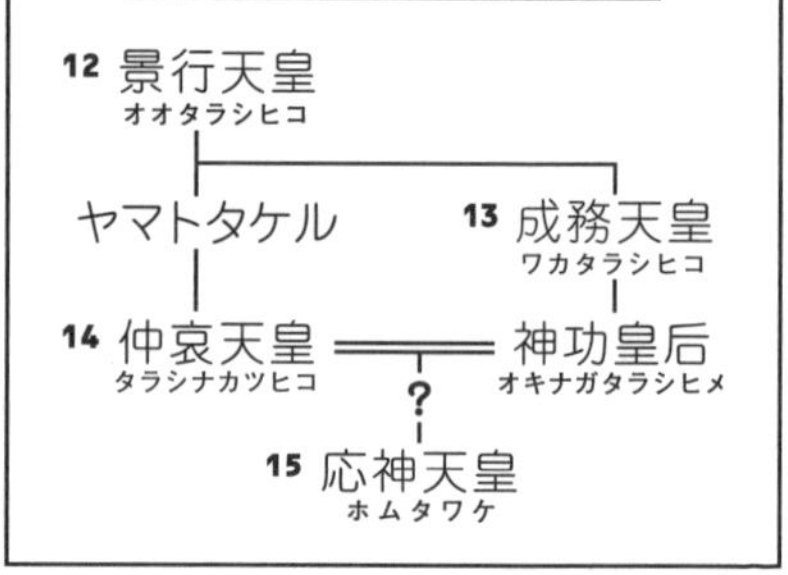

歴史教科書から消された「三韓征伐」とは

神功皇后と側近の武内宿禰《たけしうちのすくね》については、戦前の教育では「三韓征伐」の英雄として賞賛され、お札の肖像にもなり、子供でも知っている有名人でした。その反動で戦後教育では、「朝鮮侵略の象徴」「架空の人物」として抹殺され、歴史教科書では一言も触れられていません。

知らなければ批判のしようもないので、まず「三韓征伐」を説明します。

神功皇后は夫の仲哀天皇とともに、九州の異民族である熊襲《くまそ》の征討に向かいます。筑紫（福岡県）の橿日宮《かしひのみや》に滞在中、住吉大神《すみよしのおおかみ》（航海の神）の神託がくだります。

「熊襲の背後に新羅あり。西海を渡り、新羅を討て」

「西海の向こうには何も見えぬ」と出兵を拒否した仲哀天皇が神罰を受けて急死したあと、神功皇后と武内宿禰が大軍を率いて渡海し、新羅を威圧。新羅王は戦わずして臣従します。

神功皇后はお腹に子を宿していましたが、出陣のあいだは石を帯で巻きつけてお腹を冷やし、出産を三カ月遅らせて筑紫に戻り、応神《おうじん》天皇を産みます。お腹のなかで即位が約束されていたので、応神天皇を「胎中天皇《はらのうちにましますすめらみこと》」ともいいます。

10円紙幣に描かれた神功皇后（三菱東京ＵＦＪ銀行貨幣資料館蔵）

「石で冷やして出産を三カ月遅らせる」というのは医学的にありえない話ですので、応神天皇の父は仲哀天皇ではない、ということでしょう。父親が誰であれ、ここで崇神天皇に始まる「三輪王朝」に代わって応神天皇に始まる「河内王朝」が成立したという見方があります。

もし神功皇后が架空の人物だとしても、当時のヤマト国家が朝鮮半島南部に出兵したことを示す同時代の記録があります。

中国吉林省集安市に建つ、広開土王（好太王）の碑です。当時、ここは高句麗の都である丸都《がんと》があったところで、広開土王（三七四〜四一二年）は、百済に対して劣勢に陥っていた高句麗を再興し、その領土を大きく拡大した王です。

息子の長寿王が父の功績を称えて漢文で刻ませた碑文には、こうあります。

「大日本史略図会 第十五代 神功皇后」（山口県立萩美術館・浦上記念館蔵）

百残・新羅は、旧是《もと》れ属民にして、由来朝貢す。而《しか》るに倭は、辛卯の年を以て来りて海を渡り、百残・□□・新羅を破り、以て臣民と為す

（『三国史記』倭人伝）

（百済と新羅とは、もとこれは（高句麗の）属民であって、もとから朝貢していたのである。しかるに倭は、辛卯の年（三九一年）に、海を渡って来て、百済・□□・新羅を破って、臣民としてしまった）

三七二年の百済の七支刀献上の約二十年後、倭国が半島へ出兵した、という文章です。

広開土王の碑文については、和光大学教授の李進熙《イジンヒ》（一九二九〜二〇一二年）が、日本陸軍による碑文改竄《かいざん》説を唱えて論争になりました。その後、発見された古い時代の碑文の拓本から、日本軍の改竄説は完全に否定されました。

韓国・北朝鮮の学界では「高句麗軍が海を渡って倭を破った」という解釈が支持されていますが、日本側には高句麗軍が襲来したという記録も、考古学的証拠もありません。とすれば、半島南部にいた倭人が高句麗軍を迎え撃ったことになります。

広開土王の碑（アールクリエイション／アフロ）

もう一つの記録は、中国の正史『宋書』倭国伝です。「倭の五王」が朝貢し、宋最後の第八代順帝から冊封を受けたという記事です。

そこには倭王武《ぶ》が、南朝宋の順帝に提出した上表文（四七八年）が載せられています。この倭王武は、応神天皇の曾孫である雄略天皇だと考えられています。

昔から祖先はみずから甲冑を身にまとい、山川を跋渉《ばっしょう》し、ほっとするひまさえなかった。東は毛人を征すること、五十五国。西は衆夷《しゅうい》を服すること、六十六国。渡って海北を平らげること、九十五国。

（『宋書』倭国伝）

「東の毛人」は関東の蝦夷、「西の衆夷」は九州の熊襲、「海北」は朝鮮半島南部と考えるのが自然でしょう。宋の順帝は倭王武に対し、以下の称号を与えました。

使持節都督《しじせっととく》倭・新羅・任那・加羅・秦韓・慕韓六国諸軍事、安東《アンドン》大将軍、倭国王

「使持節都督◯◯諸軍事」は、◯◯を管轄する軍政長官。「安東大将軍」も宋の軍人の称号です。

国際的なモニュメントだった巨大古墳群

時代はくだりますが、半島南部に倭人が住んでいた考古学的な証拠としては、韓国の南西部で前方後円墳が発見されています。五世紀末の雄略天皇時代から六世紀初頭にかけての小型前方後円墳が十数基発見されているのです。百済領だったこの地域に、倭人の有力者が存在した裏づけにもなるものでしょう。

当時、朝鮮海峡に国境はなく、倭人は自由に往来していたのです。応神天皇の時代には、大量の渡来人(政治難民)を受け入れ、彼らの技術などをもとにして、さかんに土木事業を行なっていました。

応神十六(二八五)年、「秦の始皇帝の子孫」弓月君《ゆづきのきみ》の一族が渡来 → 秦氏《はたうじ》

応神二十(二八九)年、「後漢の霊帝の子孫」阿知使主《あちのおみ》の一族が渡来 → 東漢氏《やまとのあやうじ》

秦氏も東漢氏も、漢人系の渡来氏族です。大陸の戦乱を避けて、朝鮮半島経由で日本列島に移住した政治難民だったようです。

山城国(京都府)の太秦《うずまさ》を本拠地とした秦氏は、養蚕や土木技術に優れ、淀川の治水工事を

行なったといわれます。秦河勝《はたのかわかつ》は聖徳太子（廏戸皇子《うまやどのみこ》）に側近として仕え、桓武《かんむ》天皇が平安京を建設する際には、秦氏が広大な土地と資材を提供しています。

中国では、「大秦《だいしん》」はローマ帝国、「大秦寺」はキリスト教会を意味します。ローマ帝国で迫害されたネストリウス派キリスト教徒が、ペルシア経由で中国の唐王朝に流れ込んでいるのです。秦氏の祖先は、ネストリウス派キリスト教徒だった可能性もあります。

一方で東漢氏は、織物業と製鉄業、軍事に優れていました。その子孫には蘇我氏と結んで崇峻《すしゅん》天皇を暗殺した東漢駒《やまとのあやのこま》や、征夷大将軍《せいいたいしょうぐん》となった坂上田村麻呂《さかのうえのたむらまろ》がいます。

当時の大阪平野は淀川の水が溜まった河内湖《かわちこ》で、人の住める場所ではありませんでした。応神天皇の次の仁徳天皇の時代に秦氏は上町《うえまち》台地の北端、のちの大坂城のすぐ北を東西に横断する運河を開削し、沼地の排水に成功して大阪平野の干拓が可能になったのです。このときの運河が、現在の淀川下流です。当時の技術の高さがうかがえます。

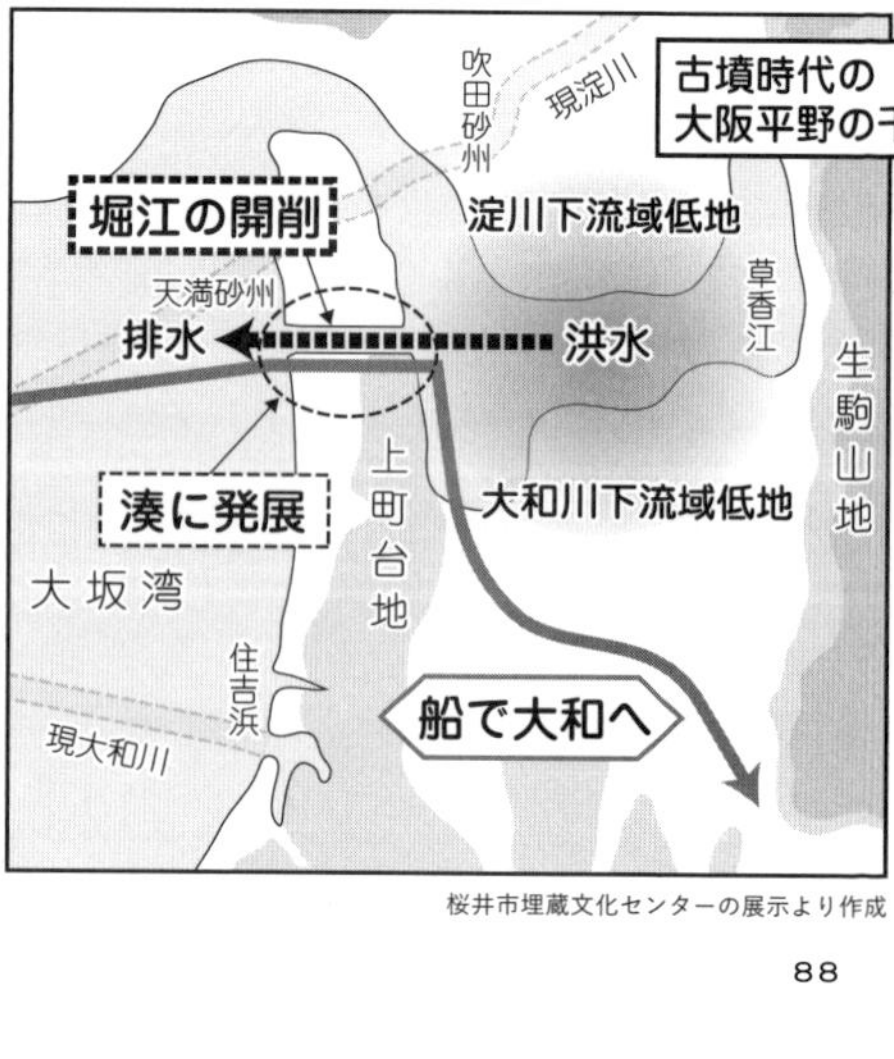

桜井市埋蔵文化センターの展示より作成

世界最大の面積をもつ仁徳天皇陵古墳（大仙《だいせん》古墳）を中心とする百舌鳥《もず》古墳群、応神天皇陵古墳を中心とする古市《ふるいち》古墳群は、現在では大阪平野の真ん中にありますが、当時は河内湖干拓地の南端に位置していました。

低湿地を干拓するための排水路の建設は、大量の残土を生み出します。この残土を積み上げた人工の山を、天皇の陵墓や祭祀の場として有効活用したのが巨大古墳の起源である、という仮説を、東海大学の考古学者である北條芳隆氏が提唱しています。

巨大古墳の建設が人民に仕事を与え、農業生産力をアップする公共事業の一環だとすれば、『記紀』に出てくる仁徳天皇の「民のかまど」神話——民家から炊飯の煙が昇らなくなったのを見た仁徳天皇が、租税を免除した

仁徳天皇陵古墳（堺市提供）

結果、宮殿がボロボロになったという話——も、民生に配慮した「河内王朝」を象徴する物語といえるでしょう。

これらの巨大古墳は皇室の陵墓として宮内庁の管理下にあり、調査は許可されていません。明治時代初期にどの古墳がどの皇族の陵墓と決めたもので、仁徳天皇陵古墳についても被葬者が違うのではないか、という疑義が出されています。

とはいえ、大阪平野の干拓に執念を燃やした河内王朝の大王たちを葬った古墳であることは間違いありません。

ヤマト国家が朝貢すれば、中国側から答礼使が派遣されます。「汝を○○王に冊封する」という詔勅をもってくるのです。現在の南京を出航した答礼使一行は黄海を渡り、百済沿岸↓北九州↓瀬戸内海を経て大阪湾に面した難波津に上陸しますが、そこで彼らを出迎えるのが、世界最大級の古墳でした。

ヤマト国家の国力を中華帝国の代表団に誇示する国際的なモニュメントとして、これらの古墳は機能したと考えられます。

しかし、高句麗に対抗して中国南朝と結ぶという百済とヤマトの思惑は、残念ながら具体的な成果をあげることはありませんでした。当時の南朝にとって最大の敵は長い国境を接する北朝（北魏）であり、海の向こうのヤマトの存在は「どうでもよかった」からです。

高句麗問題の決着は、北朝の継承国家として隋帝国が登場し、南朝（宋、斉、梁、陳）の最後の王朝である陳《ちん》を滅ぼして南北朝が統一されるまで待たなければなりません。しかし、それは隋唐帝国による朝鮮半島侵略という、新たな危機の始まりでもあったのです。

第4章

白村江の敗戦から「日本国」の独立へ

継体天皇の即位と朝鮮半島情勢との関連

日本の建国以来、初の対外戦争の大敗……。敵の物量作戦の前にわが国の艦隊は壊滅し、敵軍が上陸します。

一九四五年の日本敗戦、マッカーサー進駐の話ではありません。

六六三年の白村江の戦いです。

敵は、隋を滅ぼし世界最大の帝国となった唐と新羅の連合軍。建国まもないよちよち歩きの段階だったヤマト国家が、なぜこれほど無謀な対外戦争に打って出たのか？　そして壊滅的な敗戦にもかかわらず、なぜ独立国家を維持できたのか？

話は、前章の最後に触れた隋の統一（五八九年）にまで遡ります。

漢王朝の崩壊によって、「東アジア版民族大移動」に突入した中国の混乱に乗じ、周辺の弱小民族が自立の道を歩みはじめたことも前章で述べました。朝鮮半島には、高句麗、百済、新羅の三国が覇を争い、日本列島には大阪平野に巨大古墳を築いた「河内王朝」というべき政治権力が、中国南朝から冊封を受けました。

応神天皇に始まるとされる「河内王朝」は、六世紀前半の武烈天皇で断絶します。武烈天皇について『日本書紀』は、「妊婦の腹を裂くなどという猟奇的な行動があった」と記録します。歴代天皇のなかで、こうした評価をされているのは武烈天皇だけです。

中国の歴代王朝が編纂《へんさん》した公式記録の「正史」では、前の王朝の末期の君主はだいたい「暴君」となっています。だからこそ天命がくだって現王朝が成立したのだ、と現王朝の正統性を説明するのです（徳を失った現王朝に天が見切りをつけたとき、革命（天命を革《あらた》める）が起きるとする「易姓《えきせい》革命」説）。

ところが、「万世一系の皇統」を誇る日本の正史である『日本書紀』が、武烈天皇を「暴君」として描いているのは奇妙です。ここで王朝交代が起こったのだ、と仮定すると説明がつきます。

武烈天皇が後継者を指名せずに没したあと、継体天皇《おおどのおおきみ》が迎えられました。現皇室の直接の先祖です。

継体天皇は、「応神天皇の五代目の子孫」と『記紀』は説明しますが、都のある大和ではなく母方の実家であ

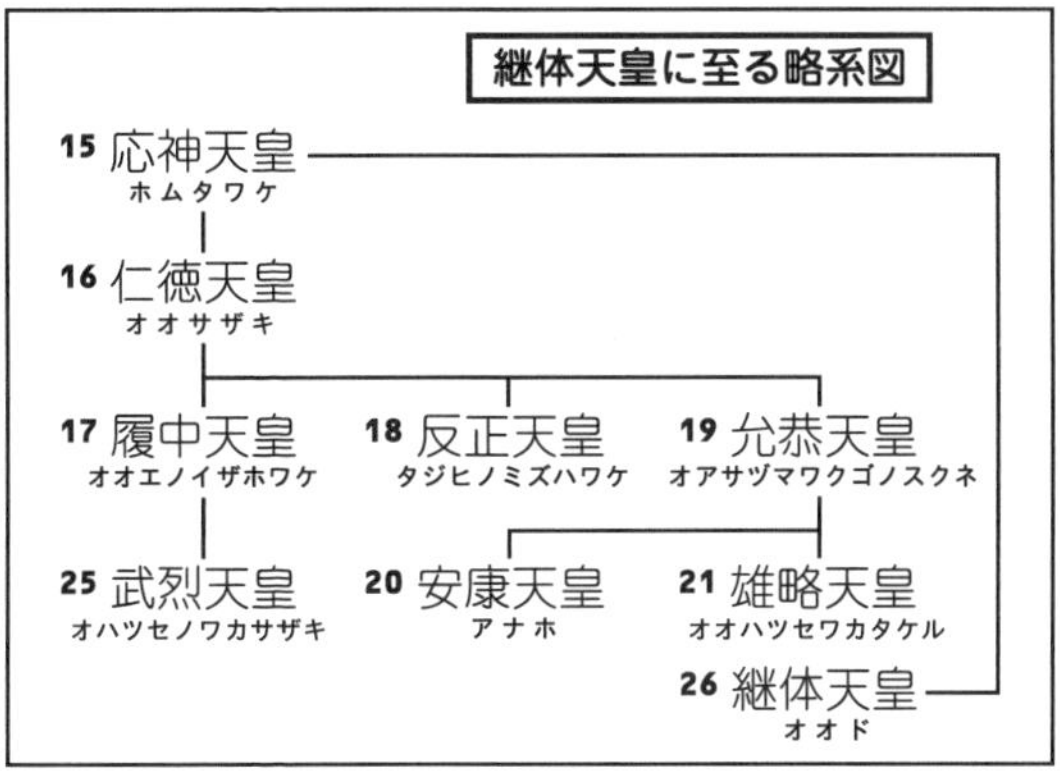

る越前（福井県）で成長しました。

ヤマト国家の有力者たち（大伴氏や物部氏）から迎えられ、河内の離宮で大王に即位したときには、すでに五十代。当時としては高齢者です。

さらに奇妙なのは、即位後の約二十年間、つまり七十代になるまで、継体天皇は河内にとどまり、大和に入った形跡がありません。継体天皇の即位に対して、大和ではかなり抵抗があったことが推測されます。じつは、どうもそのことと朝鮮半島情勢が深く関連していたようなのです。

コラム 「万世一系」か？「王朝交代説」か？

王朝交代を繰り返した中国と異なり、日本の皇室は「万世一系」というのが『記紀』の歴史観だ。戦後はこれを批判する立場から「三輪王朝（崇神）→河内王朝（応神）→越前王朝（継体）」の三王朝交代説を早稲田大学の水野祐《ゆう》教授（一九一八～二〇〇〇年）が唱え、論争を引き起こした。

フランス王家は、「カペー朝→ヴァロワ朝→ブルボン朝」と交代したが、いずれもカペー朝初代ユーグ＝カペーの男系子孫で、分家に王統が移るときに王朝交代と見なす。これは「応神天皇の五代目の子孫」である継体天皇の皇位継承の例と同じだ。イギリスは女系の継承を認めるが、初代エグバート王の子孫だけが王統を継ぐ。「王朝交代説」と「万世一系」とは、じつは矛盾しない。

新羅と北陸地方はつながっていた！

日本海の荒波が打ち寄せる福井県（越前）から新潟県（越後）までの北陸道には、古代には出雲と並ぶ強力な地方王権が存在し、「越の国」と呼ばれました。

太平洋航路が開かれ、太平洋ベルトに主要産業が集中する現代においては、日本海側は「裏日本」などと呼ばれたこともあり、過疎地のイメージがあります。しかし古代においては、大陸諸国と結ぶ日本海沿岸が先進地帯であり、むしろ太平洋側が「裏日本」でした。

朝鮮半島の東岸を南流するリマン海流に乗って朝鮮海峡まで出たあと、今度は対馬海流に乗って北九州から日本海沿岸を東に進むと、出雲、越前、能登半島（石川県）に至ります。この一帯の海岸にはいまでも、朝鮮半島から大量の漂流ゴミや漁船が流れ着きます。北朝鮮工作員による日本人拉致事件が多発したのも、この地域です。

唐の時代には、唐から独立した高句麗人の残党が建てた渤海国《ぼっかい》が、このルートを経て、何度も日本に朝貢しています。

越前の若狭《わかさ》湾はリアス式海岸で良港に恵まれ、ここから上陸すると、琵琶湖・淀川を経由して、大阪湾に至ります。越前を拠点とする継体天皇がヤマトの大王として迎えられた背景には、大陸からもたらされる情報や交易ルートの権益をもっていたことなどが考えられます。

その「越の国」から見て、日本海の対岸が朝鮮半島の東岸。ここに成立した国が新羅で

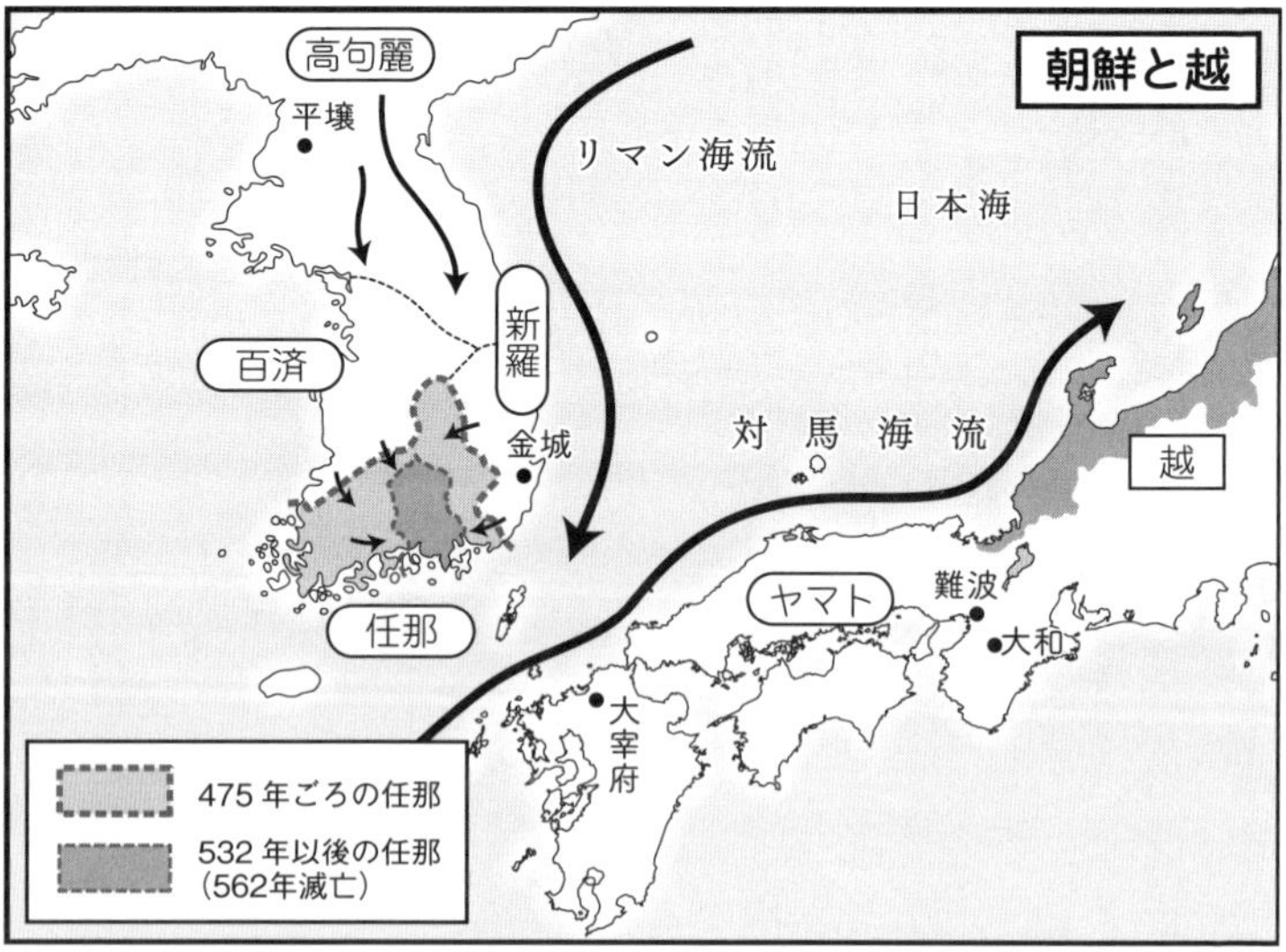

す。

『日本書紀』では、垂仁天皇三年に新羅王子の天日槍《あめのひぼこ》が但馬《たじま》（兵庫県の日本海側）に定住したとあります。この天日槍を御祭神とするのが、但馬の出石《いずし》神社です。『古事記』では「天之日矛」と書き、応神天皇の記述のなかに出てきます。

高麗の正史である『三国史記』倭人伝は、「倭国の東北一千里の多婆那国《たばなこく》出身の脱解《だっかい》が新羅に流れ着き、のちに第四代新羅王（在位五七～八〇年）として即位した」という神話を載せています。一里＝約〇・五キロメートル、千里＝約五〇〇キロメートルなので、「倭国」を北九州とすれば、その東北五〇〇キロメートルの多婆那国とは、丹波《たんば》（京都府北部）付近に該当します。

さらに『三国史記』倭人伝には、新羅に対する「倭人の襲撃」が数十回も記録されています。新羅と倭国は想像するよりもはるかに往来が容易だったのです。これらの記憶をもとにして、前章で述べた「神功皇后の三韓征伐」の神話が生まれたのでしょう。

この間《かん》、朝鮮半島では、新羅と百済の加羅地方をめぐる抗争が激化していました。

半島最南端の加羅地方は、『記紀』には「任那」の名前で登場します。砂鉄の産地として知られ、「倭の五王」＝「河内王朝」の時代から倭人の居住地でした。継体天皇を擁立した実力者の大伴金村《かなむら》が百済に割譲した加羅西部には、十数基の前方後円墳がつくられています。おそらく百済は新羅との戦いに備えて、倭人を傭兵として抱えていたのでしょう。

コラム

「任那日本府」論争

「任那」については、『日本書紀』以外では「高句麗公開土王碑文」、『宋書』倭国伝に記録がある。ここに、日本が加羅諸国を統制する日本府があったという説である。

しかし「日本」の国号は八世紀以降のものであるため、四世紀に設けられたとすると時代が合わず、「任那日本府は虚構だ」という学説が韓国の学者によって唱えられ、一九八〇年代以降は日本の歴史教科書からも削除されてきた。

一九八〇年代に韓国西南部で日本式の前方後円墳が十数基発見された。築造時期は西暦五〇〇年前後、「河内王朝」の後半から継体天皇の時代にあたる。朝鮮半島南部の「倭人」の存在は『後漢書』倭伝に記され、ヤマト勢力が及んでいたことは否定できない。新羅に対抗して加羅諸国や百済へ派遣された倭人の傭兵隊がいたようだ。

『日本書紀』によれば五一二（継体天皇六）年のとき、大伴金村が「任那」の西部四県を同盟国の百済に割譲しているが、金村はのちに百済からの収賄を物部氏に糾弾されている。

この加羅地方に新羅が侵攻したため、継体天皇は六万のヤマト軍を派遣します。ところが軍勢が北九州から出航する直前の五二七年、とんでもないことが起こります。北部九州の豪族である筑紫国造《つくしのくにのみやつこ》磐井《いわい》が、敵の新羅と内通して反乱を起こしたのです（磐井の乱）。

この反乱が成功すれば、新羅の影響力が北部九州に及ぶことになったでしょう。しかし、磐井はヤマト軍に敗北し、斬られました。

磐井は巨大な墳墓を築造し、その周囲を石人《せきじん》・石馬《せきば》（古墳の墳丘に立て並べられた人物や馬などの石造彫刻）で飾っていましたが、ヤマト軍はこれらの像を破壊します。福岡県八女《やめ》市の岩戸山古墳は北九州最大級の前方後円墳（墳丘長一三五メートル）で、周囲に破壊された石人・石馬が残っており、磐井の墓とされています。

なぜ『日本書紀』は蘇我馬子を逆賊にするのか

継体天皇の子の欽明《きんめい》天皇のとき、新羅軍が加羅全土を占領しました。これを警戒した百済の聖明王《せいめいおう》がヤマトに接近し、欽明天皇に仏像と経典を贈ったのが「仏教公伝」です。

このとき仏教の受け入れをめぐる激しい論争が起こりました。「縄文の王」オオクニヌシ信仰とつながるナショナリストの物部氏は、「蛮神を入れるな！」と訴えます。これに対して渡来人集団と結ぶグローバリストの蘇我氏は、「外来の神を受け入れよ！」と訴えます。争いは武力闘争に発展し、蘇我氏の建てた仏教寺院を物部氏が襲撃、仏像を川に捨て、尼僧を辱める事件まで起こしました。

争いに勝利した蘇我稲目《いなめ》が欽明天皇に二人の娘を嫁がせて生ませた三人の孫（用明・崇峻・推古《すい こ》）を次々に天皇に擁立し、外戚《がいせき》（皇后の一族）として権勢を振るったのです。この政治スタイルは、のちに藤原氏がそっくり真似しました。

ところが稲目の子、蘇我馬子《うまこ》は暴走します（この時代、「○子」は男性の名前です）。敏達天皇の跡を継いだ用明天皇（聖徳太子の父）が、在位二年で天然痘のため崩御すると、弟の穴穂部皇子《あなほべのみこ》を物部守屋《もりや》が、別の弟の泊瀬部皇子《はっせべのみこ》を蘇我馬子が擁立して抗争します。馬子は穴穂部皇子を殺害し、泊瀬部皇子を崇峻天皇として擁立して傀儡《かいらい》にしようとします。

ところがこの崇峻天皇も、蘇我馬子の専横に対する不満を口にするようになっていました。『日本書紀』によれば、貢物のイノシシを献上された崇峻天皇は、イノシシを指差して、こういったとされます。

「このイノシシの首を斬るように、憎き者を斬りたいものだ」

自分に対する敵意と直感した馬子は、配下の東漢駒に命じて崇峻天皇を暗殺させ、次いで駒を殺害して口封じをします。
ところが、宮廷では馬子の責任を問う声はなく、馬子は平然と崇峻天皇の姉を推古天皇として擁立します。公式記録に残る初の女性天皇です。

このとき女帝を補佐する摂政に就任したのが、推古天皇の甥でのちに「聖徳太子」と呼ばれる厩戸皇子です。太子の父は天然痘で急死した用明天皇、母は蘇我稲目の孫娘ですから、父方も母方も蘇我氏系です。

馬子はすでに二人の皇族（穴穂部皇子と崇峻天皇）を殺していますから、推古天皇も聖徳太子も、生き残るためには馬子の傀儡にならざるをえません。十四歳の太子は、物部守屋を討伐する馬子の軍に加わって戦っています。このとき太子が戦勝を祈願した四天王（仏教の守護神）を祀るために創建したのが、大阪の四天王寺です。

冠位十二階、十七条憲法、遣隋使など「聖徳太子の

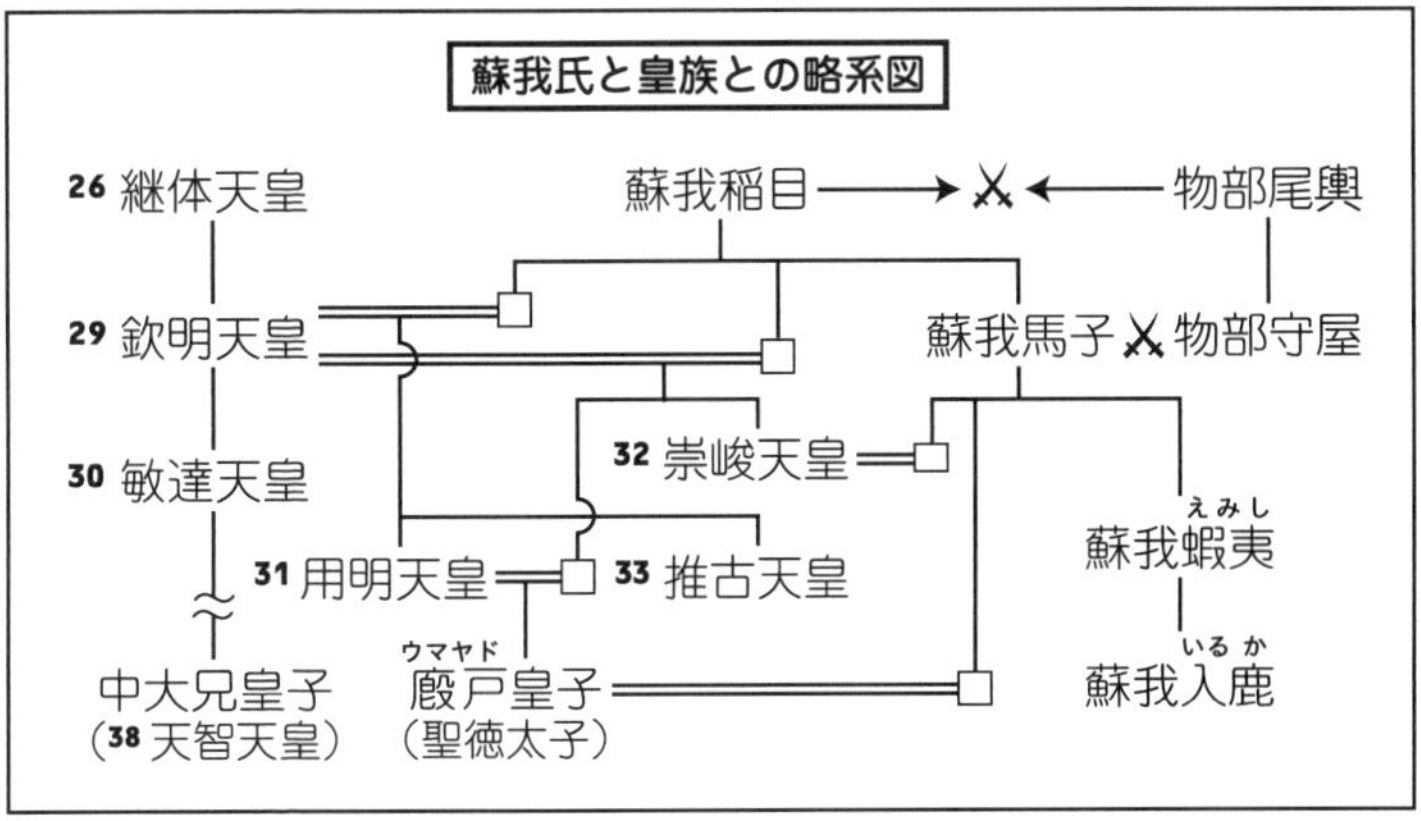

業績」として教科書に載っている改革は、当然ながら蘇我馬子の承認を得たものでした。馬子・太子の「二人三脚」政権下で進められた改革が「聖徳太子の事績」とされたのは、馬子を「逆賊」として描きたい『日本書紀』の編纂者の意図が働いているからです。

この編纂者とは誰か？『日本書紀』の編集責任者は天武天皇の子である舎人《とねり》親王ですが、当時の朝廷の実力者は藤原不比等《ふじわらのふひと》でした。不比等の父親は、蘇我氏の専横に憤ってこれを滅ぼした中臣鎌足《なかとみのかまたり》なのです。

「瀬戸際外交」を担った馬子・太子政権

「馬子・太子政権」の外交政策といえば、何といっても遣隋使の派遣です。

当時の中国大陸では、激しい変化が起こっていました。四百年続いた戦乱を、隋王朝が統一したのです。隋と唐を建てた一族は純粋な漢民族ではなく、北魏を建てた北方遊牧民の鮮卑が、漢人と混血したものでした。

だからこそ、逆に漢人王朝としての正統性を示そうと躍起になった隋は、古代の漢王朝の復興を意識した政策を実行しました。国家公務員試験である科挙を創設して儒学を試験科目にしたのはそのためですし、高句麗遠征もその一環と考えられます。

高句麗は中国本土を直接、脅かしていたわけではなく、さらに、その領土は寒冷地で農業にも不向きです。高句麗に対する軍事行動は、経済的メリットからは説明できません。では何のためか？

漢王朝の最大領土を築いた武帝は朝鮮遠征を行ない、現在の平壌付近を直轄領として楽浪郡を置きました。この楽浪郡が、漢帝国崩壊後の民族移動期に、高句麗によって奪われたのです。したがって、高句麗を討って楽浪郡を奪回することは、漢の武帝の偉業を復活することになる、ひいては隋王朝の正統性を示すことになるのです。

隋の文帝はそのための補給路として、黄河から長城まで大運河を建設しました。

こうして満を持した二代目の煬帝《ようだい》は、運河建設で疲弊した人民を動員して高句麗に攻め込みました（六一二、六一三、六一四年）。高句麗は退却と見せかけて隋軍を北方へ誘い、徹底的なゲリラ戦で隋軍の補給を断ちます。戦争は泥沼化し、隋軍兵士の離反や脱走が相次いで隋の滅亡を早めました。

この東アジア激動の時代を、ヤマト国家から見てみましょう。

ヤマト国家にとって最大の敵は、加羅（任那）地方を奪った新羅です。これに対抗するために百済と結び、中国南朝に朝貢するというのが、河内王朝以来の外交方針であったことは前章に述べました。

その南朝を滅ぼしたのが隋ですから、ヤマト国家は新たに隋との外交関係を築く必要に迫られます。朝貢するのか？　敵対を続けるのか？

この「瀬戸際外交」を担ったのが、グローバリストの蘇我馬子・太子政権だったことは、不幸中の幸いでした。物部氏政権では大陸からの情報も乏しく、対応を誤ったでしょう。

重要なのは、隋がヤマトに侵攻する可能性があるかどうかです。

五九三年　聖徳太子（廏戸皇子）が推古天皇の摂政に就任。

五九八年　隋の文帝が高句麗遠征軍三〇万人を派遣するが、失敗。

六〇〇年　第一回遣隋使派遣。

絶妙なタイミングです。隋がピンチに立っているときに使者を派遣し、友好関係を求める。もちろん当時の東アジア情勢に関する情報を得たうえで、派遣のタイミングを見計らったのでしょう。

聖徳太子は、どこからこの情報を得たのか。

じつは、側近に高句麗人がいたのです。五九五年に高句麗から渡来した僧侶の慧慈《えじ》という人物で、太子の仏教上の師とされ、法興寺《ほうこうじ》（現・飛鳥寺安居院《あすかでらあんご》）に住していました。当然、外交アドバイザーを兼ねていたはずです。

最初の遣隋使は、国書も持参しない非公式のものでした。

> 開皇二十年（西暦六〇〇年）、倭王《わおう》、姓は阿毎《あめ》、字《あざな》は多利思比孤《たりしひこ》、阿輩雞弥《おおきみ》と号《な》づく
>
> （『隋書』倭国伝）

「阿毎」は「天《あめ》の下しろしめす（天下を統治する）」、「阿輩雞弥」は「大王」でヤマト国家の君主の称号と見ていいでしょう。

「多利思比孤」は「タリシ＋彦（男性の名の語尾）」で個人名のようですが、これは誰でしょう？推古天皇の名は「額田部皇女（ヌカタベノヒメミコ）」で女性、聖徳太子は「厩戸（ウマヤド）」ですから「タリシヒコ」ではありません。

このため「聖徳太子はいなかった」とか、「馬子が大王に即位していた」とか、「馬子と聖徳太子は同一人物だった」とか、諸説紛々となっています。

とはいえ、「タリシヒコ」も称号の一部と考えれば、「天《あめ》の垂らす彦」、すなわち「天界か

ら降臨した男」。これは天孫降臨神話の表現となります。
このあと、『隋書』倭国伝には奇妙な記述が続きます。

倭王は天を以て兄となし、日を以て弟となす。天未《いま》だ明けざる時、出《い》でて政《まつりごと》を聴き跏趺《かふ》して坐し、日出ずれば便《すなわ》ち理務を停め、いう我が弟に委《ゆだ》ねんと（同右）

（倭王は天を兄とし、日を弟としている。天がまだ明けないとき、出かけて政を聴き、あぐらをかいて坐り、日が出れば、すなわち理務をとどめ、わが弟に委せよう、という）

これに対し隋の文帝は、「これ大いに義理なし（道理に反する）」と改めさせます。倭人の習慣は意味不明、ということでしょう。
この第一回遣隋使は非公式だったためか、『日本書紀』には記載されていません。
第二回遣隋使（六〇七年）として小野妹子《おののいもこ》を派遣したのは、隋の煬帝の高句麗遠征が始まる五年前。ここで初めて「対等外交」を要求します。

日出ずる処《ところ》の天子、書を日没する処の天子に致す（同右）

「天子」は文字どおり「天の子」、天命を受けた皇帝を意味します。「倭王が皇帝に」と書くべきところを、「私も天子、あなたも天子」と書いたのですから、これは中華皇帝を君主とする冊封体制からの離脱を意味します。当時としては外交儀礼上、非礼の極み、今日で譬《たと》えるなら国連脱退の通告ともいえるでしょう。

まず使節を接見した煬帝が、

> これを覧《み》て悦ばず（中略）蛮夷の書、無礼なる者あり、復《ま》た以て聞するなかれ（同右）
> （国書を見て不快感を示し、蛮夷の書は、無礼なところがある。二度と取り継ぐな）

という態度をとります。当然でしょう。しかしその後、隋の政府は、まったく矛盾した態度をとりました。この倭人の使者は追い払われるどころか、翌年、裴世清《はいせいせい》という隋の答礼使を伴って無事に帰国したのです。

無礼は不快だがいまは倭国を敵にはしたくない、高句麗遠征が優先だ、ということです。この結果、「対等外交を主張した」という既成事実が残されました。

ヤマト国家に入った裴世清は二百余騎に警護され、飛鳥の都で「王」と面会しています。「倭国の人が蛮夷と呼ばれるのは理解できぬ」というのが裴世清の感想です。

「王」とありますから、裴世清を迎えたのは女帝の推古天皇ではありません。聖徳太子か蘇我馬子が「王」として振る舞ったのでしょう。

蘇我氏を倒し、百済に援軍を送った中大兄皇子

太子・馬子政権の外交は、いわば日露戦争時の小村寿太郎《じゅたろう》外相に匹敵するような、みごとなものでした。ところがそのわずか六十年後、ヤマト国家は亡国の危機を迎えます。

その後、中国では、高句麗遠征に失敗した煬帝が反乱軍に殺され、隋帝国は滅亡。群雄のなかからやはり鮮卑系の李淵《りえん》が勝利し、唐を建国します（六一八年）。

唐の第二代太宗（李世民《りせいみん》）は、高句麗を挟み撃ちするための同盟国を求めました。新羅の善《ぜん》徳《とく》女王はこれに乗り、唐から冊封を受けました（六六〇年）。

ヤマト国家では、推古天皇と聖徳太子、馬子が相次いで没し、馬子の子である蘇我蝦夷が舒明《じょめい》天皇を擁立。太子の子である山背大兄王《やましろのおおえのおう》を攻め殺します。舒明天皇が没すると、妃の皇極《こうぎょく》天皇を擁立しますが、子の中大兄皇子《なかのおおえのおうじ》は父母のように蘇我氏の傀儡になることを嫌い、蘇我蝦夷・入鹿親子の打倒を画策します。

六四五（皇極四）年、皇極女帝が三韓（百済・新羅・高句麗）の朝貢使者を迎えた式典の席で、クーデターが発生します。首謀者は中大兄皇子と側近の中臣鎌足。中大兄皇子は自ら武器をもち、蘇我入鹿を殺害。父の蝦夷の邸宅を包囲させ、自害に追い込みました。この事件を「乙巳《いっし》の変」といい、「大化の改新」の始まりとされます。

皇極女帝は事件を機に弟の孝徳《こうとく》天皇に譲位しますが、実権を握ったのは中大兄皇子で、孝徳が病没すると母の皇極を復位させます（斉明《さいめい》天皇）。

この間、唐と新羅が協議し、高句麗攻めの準備として、新羅を背後から脅かしてきた百済を先に攻めることになりました。唐軍一三万、新羅軍五万がなだれ込み、あっというまに百済は滅亡します（六六〇年）。

人質としてヤマトに滞在していた百済王子の豊璋《ほうしょう》は、愕然とします。

「新羅、撃つべし！」

百済を滅ぼした唐軍は、高句麗遠征を控えていたため、一万人の駐留軍を残して百済から撤収しました。これを見て百済の重臣だった鬼室福信《きしつふくしん》が、百済再興の兵を起こし、ヤマト国家に使者を送ります。

「ヤマトに援軍を乞う。豊璋王子、祖国再興のため戻られよ！」

母の斉明女帝のもとで実権を握る中大兄皇子は、重大な決断をします。

百済再興のため援軍を送る。

これはつまり、超大国である唐と戦う、という意味です。

斉明女帝と中大兄皇子はヤマト国家の軍隊を率いて瀬戸内海を西に進み、四国は伊予（愛媛県）の港町・熟田津《にきたつ》（道後温泉の近くとされる）に滞在して、潮の流れが変わるのを待ったといいます。

二カ月後、ついにその日がやってきて、軍団は九州へ向けて出航します。このとき、中大兄皇子の愛人である額田王《ぬかたのおおきみ》が詠んだ歌が、『万葉集』に残されています。

熟田津に　舟乗りせむと　月待てば

（熟田津で船に乗ろうと月が出るのを待っていると）

潮もかなひぬ　今は漕ぎ出でな

（潮の流れも〔船出の条件と〕合致した。さあ、いまこそ漕ぎ出そう）

一行は北九州の博多に上陸し、前線基地として朝倉宮《あさくらのみや》を造営します。ところが地元の神社の神木を伐採して宮殿の資材にしたために祟りを受け、急病人が続出します。高齢の女帝も病に冒され、ここで急死しました。しかし中大兄皇子は出兵を強行し、二万七〇〇〇人のヤマト・百済連合軍が朝鮮半島に向かって出航しました。

このあたりの描写、どこかで聞いた話ですね。

そう、「神功皇后の三韓征伐」神話です。神話では、夫君の仲哀天皇が「出兵しろ」という神意に従わなかったために九州の橿日宮で急死したあと、神功皇后が新羅に向かって出陣したことになっています。今回は斉明女帝が崩御したあと、中大兄皇子が出陣したのです。

なお、斉明女帝については、出兵に加えて宮殿の造営などで人々を苦しめ、怨嗟《えんさ》の対象になったと『記紀』には正直に書いてあります。

壬申の乱は、唐と新羅の代理戦争だった

当時のヤマト国家の人口は約五〇〇万人程度。唐の人口は約五〇〇〇万人です。

百済復興のために半島へ送られたヤマト軍は約五万人。人口の約一%ですから、いまの日

本でいえば一二〇万人の兵士を海外派遣するような大戦争です。

しかし、開戦直前に、百済復興軍のなかで主導権争いが起こり、豊璋王子が鬼室福信を斬るという事件が起こったため、兵士の士気は下がります。

決戦の場は、半島西南の白村江（いまの錦江《クムガン》）の河口付近。

この白村江の戦いで、ヤマト水軍一〇〇〇隻のうち四〇〇隻が炎上して大敗しました。豊璋は唐軍に捕らわれ、残った艦隊は百済の敗残兵を乗せてヤマトに戻りました。ヤマトは亡命してきた百済難民も受け入れ、百済貴族はそのまま貴族の待遇を受けました。

勝利に沸く唐・新羅連合軍は、返す刀で高句麗に侵攻します。朝鮮半島全体が、中国寄

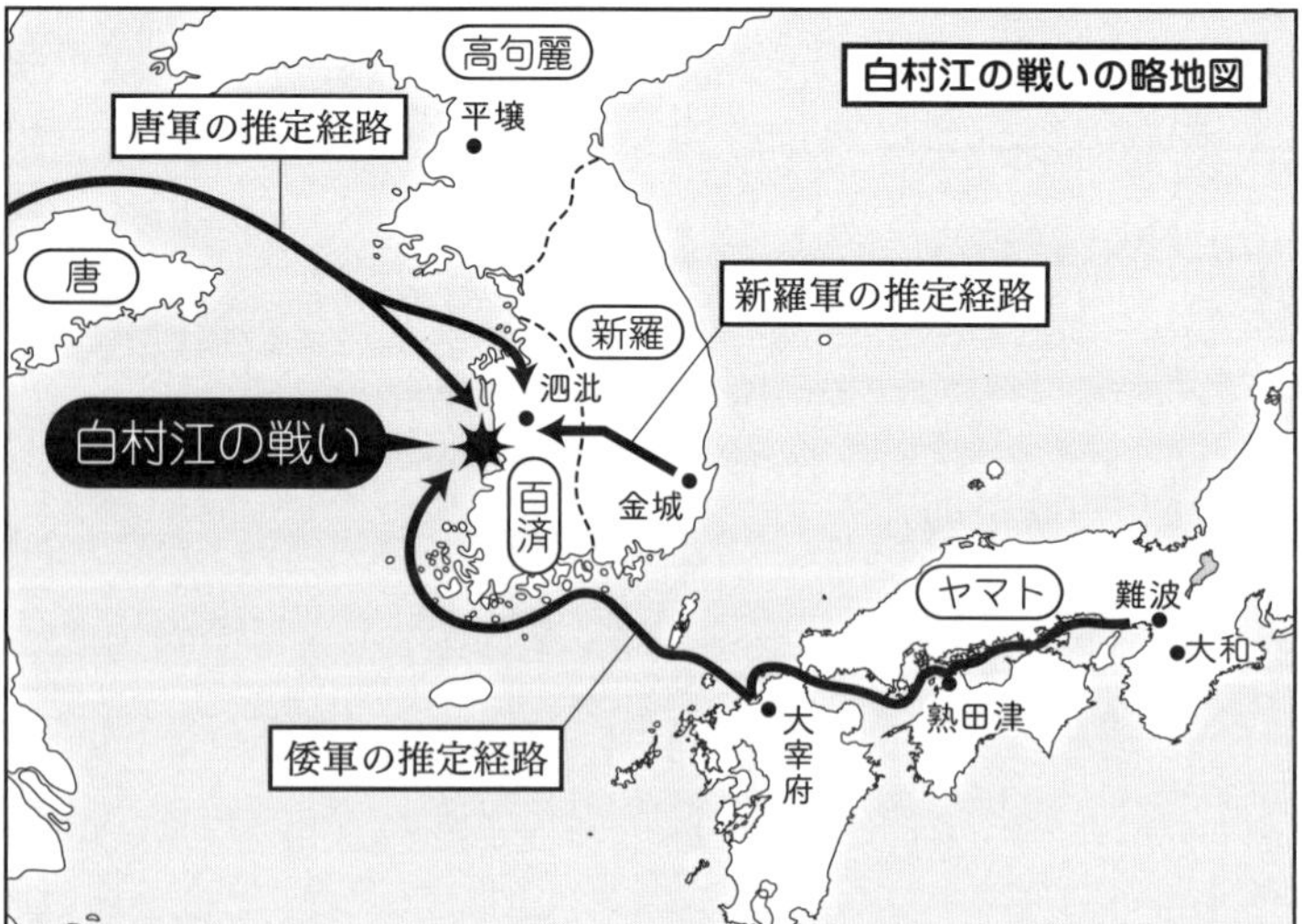

りの政権になる危険が出てきたのです。建国以来、最初の危機を迎えたヤマト――。唐・新羅連合軍の侵攻に備えるため、中大兄皇子は、大阪湾に面した難波宮を安全保障上の理由から飛鳥へ、さらに琵琶湖畔の大津宮に移転します。亡命百済人の技術者を動員して瀬戸内海沿岸に城塞（朝鮮式山城）を築くとともに、最前線となる博多の大宰府防衛のため、巨大な土塁をつくって水を蓄えました（水城《みずき》）。

近江の大津宮で大王に即位した中大兄皇子（天智天皇）は、「高句麗平定を祝う」という名目で遣唐使を再開し（六七〇年）、大陸の情勢を探ります。これに応えて唐は使節・郭務宗《かくむそう》を三〇〇〇人の兵士とともに遣わし、服属を要求してきます。

幸運だったのは、百済・高句麗の旧領をめぐり、唐と新羅が内輪もめを始めたことです。そこでヤマト国家は二者択一を迫られました。

A. 唐に服属して、宿敵の新羅と戦う。

B. 新羅と結んで、唐を半島から駆逐する。

天智天皇はAを選択しますが、政権内には唐に服属することへの反発が渦巻いていました。

この重大な局面で天智天皇が亡くなり、内戦が勃発します。天智天皇の遺児である大友皇子を擁立する「親唐派」勢力と、天智天皇の弟（異説あり）で「親新羅派」大海人皇子（天武天皇）が激突したのです。これをたんなる皇位継承争いと見ると、事の本質を見誤ります。

この壬申の乱で勝利を収め、大津宮を攻略して大友皇子を自害に追い込んだ大海人皇子が即位し（天武天皇）、唐とは絶縁して新羅との関係を修復しました。このあと天武、持統、文武《もんむ》の三代三十年間、遣唐使は中止されます。

唐の支配を脱したヤマトの大王が、「天皇」という称号、「日本」という国号を正式に採用したのが、この天武天皇のときからのようです。

天武天皇は唐に対抗しつつも、唐のシステムである律令制を積極的に導入します。日本独自の律令は、孫の文武天皇のときに「大宝律令」として完成しました（七〇一年）。これは日本最初の完備した法体系（律＝刑法、令＝民法など）で、この制定によって、天皇中心の中央集権国家としての体制が確立されました。国家の体制を整えて唐の侵略に備えたのです。

しかし、北九州防衛（防人《さきもり》）に駆り出される農民たちの負担は重く、これを嘆く「防人の歌」が『万葉集』にいくつも収録されています。

この間、大陸でもさらなる動きがありました。新羅の離反に続いて、旧高句麗領では渤海が独立したのです（渤海については次章を参照）。唐の高句麗遠征の成果は、すべて失われました。

ヤマトはこの機を逃さず、三十年ぶりに遣唐使を派遣し（七〇二年）、新しい国号「日本」を唐の女帝である則天武后《そくてんぶこう》（武則天《ぶそくてん》）に承認させます。唐に対する独立の意思を示したわけです。

遣唐使再開の目的はあくまで大陸文化の受容であり、日本の天皇が唐の臣下になることを日本は拒絶しつづけます。

聖徳太子・蘇我馬子政権は、当時のグローバル・スタンダード（中華文明）を受け入れつつも、政治的独立を維持するという冷徹な計算に基づいて遣隋使を派遣し、対等外交を実現しました。その半世紀後には、中大兄皇子・中臣鎌足の百済への過度の肩入れによって亡国の危機を迎えました。このあたり、日露戦争で列強の一員として認められてから三十年後に、中国との泥沼の戦争を開始し、対米戦争という無謀な決断をした昭和の日本とも重なります。

唐と新羅の関係悪化という朝鮮半島情勢の激変と、壬申の乱による天武天皇政権の発足によって、ヤマト国家は本来のリアリズム外交に戻り、「日本国」を国際的に承認させたのです。「歴史から学ぶ」とは、こういうことでしょう。

第5章

大唐帝国から見た「東方の大国」日本

日本の国号問題は、なぜうやむやになったのか

朝鮮半島の北、のちに満洲と呼ばれる大平原。

夏の気温は三〇度を超え、冬はマイナス二〇度を下回る過酷な気候のなかで、夏は農業、冬は狩猟という半農半猟で生計を営む民族がいました。

満洲人、オロチョン人、エヴェンキ人などと呼ばれる彼らは、満洲からシベリア・極東にかけての広大な地域に住み、共通の言語を母語とする「ツングース系民族」と総称されます。

かつての高句麗人、隋唐時代に中国東北部に存在した靺鞨《まっかつ》人、十二世紀に中国の北半分を支配した金を建てた女真《じょしん》人も、ツングース系と考えられています。

唐・新羅連合軍の攻撃によって高句麗が滅亡し、唐の勢力圏となってから約三十年後、満洲の原野に大祚栄《だいそえい》という英雄が現れました。

『新唐書《じょ》』には、「大祚栄は高句麗に服属していた靺鞨人の出身である」とあります。

四散していた高句麗の遺民《いみん》を結集し、靺鞨人をも統合した大祚栄は、中華帝国からの再独立をはかります。

ちょうど唐が、則天武后の一派に乗っ取られていた時代でした。大祚栄は混乱に乗じたわけです。則天武后は慌てて軍を派遣しますが、大祚栄はこれを撃退。「震《しん》国」の独立を宣言します（六九八年）。これは、事実上の「高句麗復活」でした。

則天武后の死後、混乱を収めた唐の第九代玄宗《げんそう》皇帝は、反逆者である大祚栄を唐の地方長官である「渤海郡王」に冊封（任命）すると伝えてきました。懐柔政策です。

「渤海湾」は、朝鮮半島の西側の海のこと。その向こう側にある国だから「渤海」と呼んだのです。

「このあたりが引き際」と考えた大祚栄は、ありがたく冊封を受けました（七一三年）。名目的には唐の地方政権、実態は独立国という立場を受け入れたことで、大国唐から侵略されるリスクを回避したのでしょう。きわめて実利的です。

機を見るに敏であることでは、日本も負けていません。

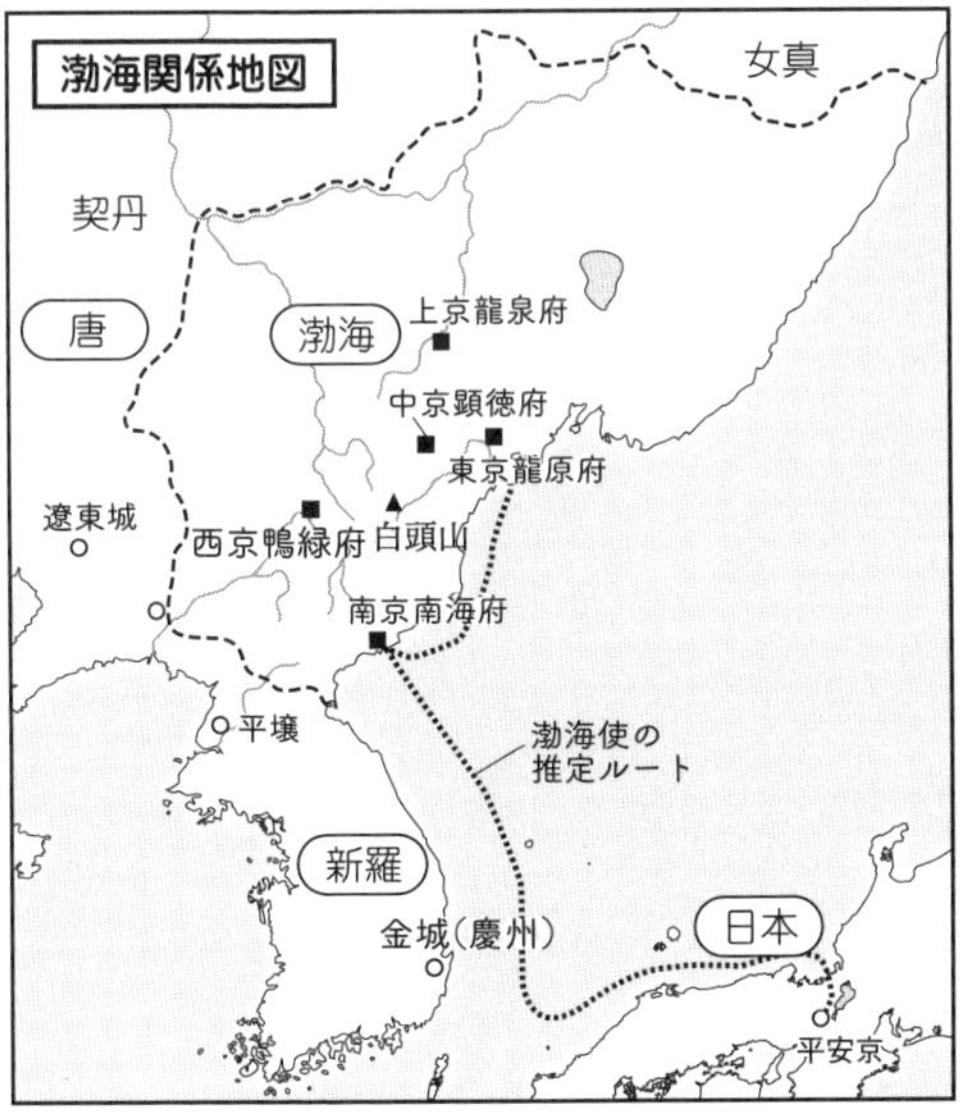

白村江の戦い（六六三年）という歴史的敗北のあと、三十年ぶりに遣唐使を再開したのは

コラム 則天武后

中国史上、唯一の女帝。唐の三代高宗の皇后。夫が病弱だったために政務を代行し、官僚たちの信任を得た。

夫の病没後、息子の中宗・睿《えい》宗を傀儡としたのち、愛人の僧侶である薛懐義《せっかいぎ》に「太后は弥勒《みろく》仏の化身、唐に代わって帝位につくべし」という予言書を流布させ、自ら皇帝となって国号を「周」と改めた。

武后の死により武周政権は短命に終わり、中宗が復位して唐王朝が復活したが、武后が全国に建設した大雲経寺《だいうんきょうじ》は、日本の聖武《しょうむ》天皇による国分寺建設のモデルとなった。

聖武天皇の娘である孝謙《こうけん》女帝が僧侶の道鏡《どうきょう》を寵愛し、道鏡が権勢を振るったことも、則天武后と薛懐義の関係にそっくりだ。

七〇二（大宝二）年。文武天皇が大宝律令を発布した翌年でした。当時の中国は、ちょうど則天武后の時代です。

遣唐大使は粟田真人《あわたのまひと》。随行員には万葉歌人の山上憶良《やまのうえのおくら》もいました。遣唐使一行は無事、長安に着いて則天武后の接見を受けます。

ところが、ここでトラブルが起こります。提出した国書の文言に「倭国」という従来の国号に代わって「日本」という表記があったからです。

「倭国の使者」を迎えたつもりが「日本」の使者だと言い張るので、武后側は混乱します。この記事を載せている『旧唐書《くとうじょ》』倭国日本伝には、「倭国」と日本との関係について、三つの説が並記されています。

1. 日辺にあるを以て、故に日本を以て名となす
（日の出るところに近いので、故に日本をもって名としている）

2. 倭国自らその名の雅ならざるを悪《にく》み、改めて日本となす
（倭国が自らその名の雅《みやび》やかでないのをにくみ、あらためて日本とした）

3. 日本は旧《もと》小国、倭国の地を併わせたり
（日本はもと小国で、倭国の地を併せたのだ）

渤海独立問題で頭がいっぱいの武后政権は、日本の国号問題をうやむやにしたまま、国交を再開しました。

かつて聖徳太子の遣隋使が、高句麗遠征を控えた隋の煬帝に「天子」の称号を認めさせたように、文武天皇の遣唐使は、渤海問題を抱える武后政権に「日本」の国号を認めさせたのです。「日本」は対外向けの国号として、八世紀初頭にデビューしたのです。

二百年間、日本に朝貢を続けた渤海の狙い

高句麗の後継者を自任する渤海から見れば、かつて高句麗を滅ぼした唐と新羅は宿敵でした。第二代の渤海王である大武芸《だいぶげい》（在位七一八〜七三七年）は、新羅を牽制するため、その南の日本に使者を派遣しました。七二七（神亀四）年九月、聖武天皇のときです。

しかし、敵国である新羅領は通れません。渤海の使節は日本海の荒波を越えて、出羽国《でわのくに》（秋田県・山形県）に流れ着きます（『続日本記』）。出羽柵《でわのさく》は七〇八（和銅元）年に置かれたばかりでした。

ここには、おもに関東から数百人規模の開拓民が送り込まれ、先住民の蝦夷との戦いが断

続的に続いていました。当時はまだ、日本側の防衛最前線は、山形県を流れる最上《もがみ》川の河口付近にあった出羽柵でした。

不運なことに、渤海の使節は上陸後に蝦夷の襲撃を受け、一行二四人のうち、大使の高仁《こうじん》義《ぎ》以下、一六人が殺されてしまいます。しかし生き残った高斉徳《こうせいとく》ら八人が、日本側との接触に成功しました。ちなみに「高」は、高句麗人に多い姓です。

もちろん言葉は通じませんが、彼らは東アジアの国際語であった漢文を駆使して、来航の意図を伝えたのでしょう。

一行は衣服と食事を与えられ、奈良の都（平城京）まで案内されました。

翌七二八（神亀五）年正月三日。平城京の大極殿《だいごくでん》で行なわれた新年を祝う祝賀の席に、渤海の使者八人も参列しました。

一月十七日、聖武天皇による正式な謁見があり、高斉徳は渤海王である大武芸からの国書を読み上げました。

733年、出羽柵より北につくられた秋田城（秋田城跡歴史資料館提供）

武芸が申し上げます。（中略）日本の天朝は天帝の命を受け、日本国の基を開き、代々栄光を重ね、祖先より百代にも及んでいます。武芸は忝《かたじ》けなくも、不相応に諸民族を支配して、高句麗の旧地を回復し、扶余の古い風俗を保っています。ただし日本とは遙かに遠くへだたり、海や河がひろびろとひろがっているため、音信は通ぜず慶弔を問うこともありませんでした。しかし今後は相互に親しみ助け合って、友好的な歴史に叶うよう使者を遣わし、隣国としての交わりを今日から始めたいと思います。そこで謹しんで寧遠将軍郎将の高仁義・遊将軍果毅都尉《かきとい》の徳周・別将の舎航ら二十四人を派遣して書状を進め、合せて貂《てん》の皮三百枚を持たせてお送り申し上げます。

（『続日本紀』）

四月十六日、帰国を前にした渤海使節に、聖武天皇が国書を与えます。

天皇はつつしんで渤海郡王にたずねる。王の書状を読んで、王が旧高麗《こま》の領土を回復し、日本との修好を求めていることを具《つぶ》さに知った。朕はこれを喜ぶものである。（中略）両国は遠く海を隔てていても、今後も往来を絶たぬようにしよう。そこで首領の高斉徳らが帰国のついでに、信書ならびに贈物として綵帛《さいはく》十疋・綾十疋・絁二十疋・絹糸百絇《く》・真綿二百屯を託す。このため一行を送り届ける使者を任命し、それを遣わして帰郷させる。気候はやや暑くなってきたが、貴国の平安で好適であることを期待します。（同右）

渤海使節の「送使」に任命されたのは引田虫麻呂《ひけたのむしまろ》という無名の下級官僚。位階は従《じゅ》六位下。当時は五位以上が昇殿《しょうでん》を許される殿上人《てんじょうびと》（高級貴族）でした。

虫麻呂は二年後の七三〇（元平二）年八月に無事に帰国し（このときの位階は正六位上）、その功によって翌年正月、外従五位下に昇進、晴れて殿上人となっています。

この人が旅行記を書いていれば渤海に関する貴重な史料になったはずですが、残念ながら残していません。

これ以後、渤海は滅亡までの約二百年間、合計三四回にわたって「遣日本使」を送りました。人口が少ない渤海から見れば、日本は豊かな大国。渤海からの使節は、日本の天皇への朝貢というかたちで続いたのです。

復元された平城京朱雀門（奈良市観光協会提供）

貢物は、満洲の特産品であるクロテンなどの毛皮と薬草（朝鮮人参）です。日本では毛皮は高級品で、奈良の都ではちょっとした毛皮ブームが起こっています。返礼として日本から贈られたのは、絹織物や金、水銀です。

最初は陸奥に漂着してひどい目にあったので、なるべく西側の航路をとるようになり、能登半島あたりに到達する航路が開かれました。

唐の宮廷で、新羅と席次を争った日本

その一方、渤海のライバルである新羅もたびたび日本に遣いを送っています。ところが新羅との関係が再び緊張し、再び出兵か？　という騒ぎが起こります。

七五三（天平勝宝五）年といえば、東大寺の大仏が完成した翌年です。この年の正月一日、唐の都の長安では、玄宗皇帝が各国からの朝貢使節団を接見する儀式が行なわれました。ちょうどそのとき、日本からの遣唐使が長安に滞在中でした。

玄宗皇帝が南向きに玉座につき、両側に各国使節が着席しました。席次は唐との関係や国力で決まります。

西側の主席は吐蕃（チベット）、次席が日本。東側の主席は新羅、次席は大食国《タージー》（アッバース朝イスラム帝国）でした。

これに対して日本は「日本が新羅より席次が低いのはどういうことか!?」と意見を述べます。

子供の喧嘩のようですが、いまでも国際会議の場では、席次というのはそれ自体が外交メッセージとなるので、きわめて重要です。

副使の大伴古麻呂《おおとものこまろ》は、帰国後に孝謙女帝に報告しています。

変更された日本と新羅の席次

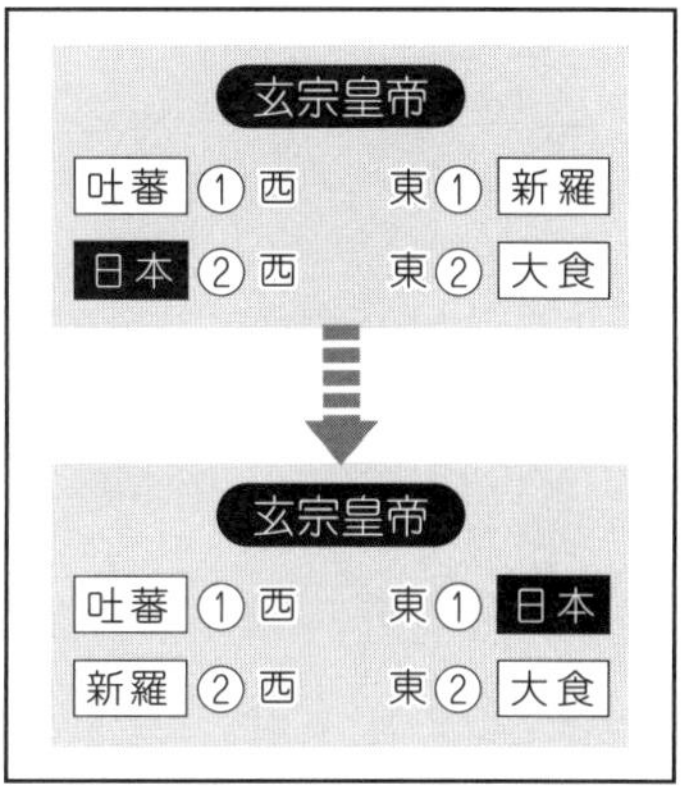

そこで古麻呂は次のように意見を述べました。「昔から今に至るまで、久しく新羅は日本国に朝貢しております。ところが今、新羅は東の組の第一の上座に列なり、我は逆にそれより下位におかれています。それは義にかなわないことです」と。その時、唐の将軍呉懐実《ごかいじつ》は、古麻呂がこの席次を肯定しない様子を見て、ただちに新羅の使いを導いて西の組の第二番の吐蕃の下座につけ、日本の使いを東の組第一番の大食国の上座につけました。

（『続日本紀』）

要するに、日本の要求を受け入れた唐は、席次を一二九ページの図のように変えたのです。日本人は、自国を小国と卑下しがちですが、唐から見た日本は、イスラム帝国（アッバース朝）や吐蕃と並ぶ大国だったことが、この事件からもわかります。

幻に終わった奈良時代の「新羅遠征計画」

唐の宮廷には、小倉百人一首の歌人としても有名な阿倍仲麻呂《あべのなかまろ》がいました。在唐すでに三十五年、玄宗の寵愛を受けて秘書官となっていた阿倍仲麻呂が、影響力を発揮したのかもしれません。

阿倍仲麻呂は玄宗に帰国を奏上します。帰国の途についた遣唐使船は四隻。大使の藤原《ふじわらの》清河《きよかわ》のほか、三十五年ぶりに帰国する阿倍仲麻呂も乗っていた第一船は、暴風雨のため、帰国に失敗します。ちなみに、第二船と第三船は無事帰国し、盲目の高僧である鑑真《がんじん》もこの船で来日しています。

高級官僚で詩人の王維《おうい》は、仲麻呂の送別会で「秘書晁監《ちょうかん》の日本国へ還《かえ》るを送る」と題する漢詩を詠《よ》みました。「晁」は「晁衡《ちょうこう》」、仲麻呂の中国名。「監」は「秘書監」、仲麻呂が玄宗から与えられた官職です。

これに応えて仲麻呂は、望郷の思いを日本語で詠みます。

天の原　ふりさけみれば　春日なる
三笠の山に　出《い》でし月かも

（天をあおげば、ふるさとの春日山に出ていたのと同じ月が見える）

しかし、仲麻呂らを乗せた船は暴風雨のため、ベトナム北部で遭難します。仲麻呂一行の船が沈んだ、という誤報が長安に伝わると、詩人の李白（七〇一～七六二年）はこれを嘆く漢詩「晁卿衡《ちょうけいこう》

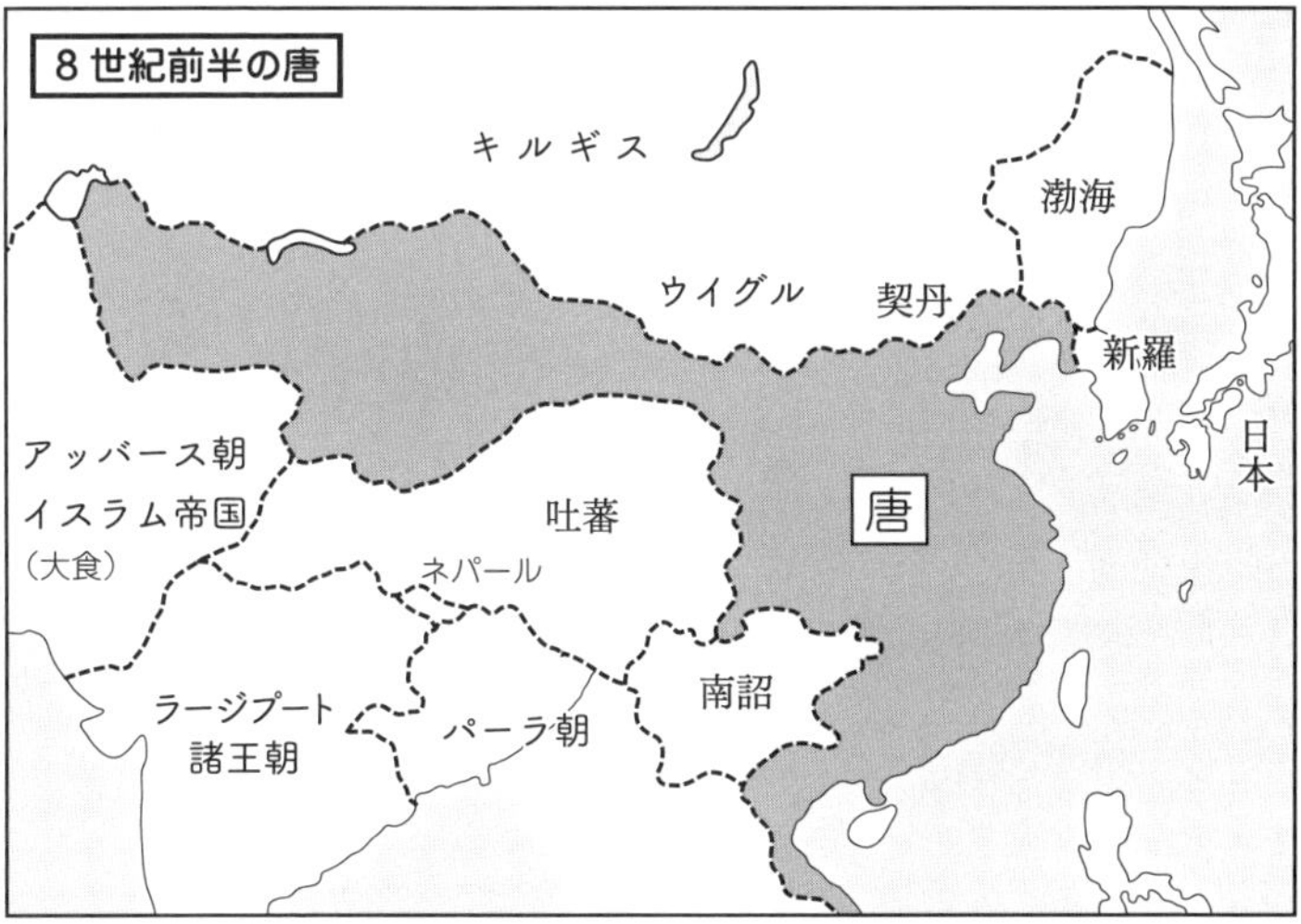

を哭《こく》す」をつくりました。

日本の晁卿《ちょうけい》、帝都を辞し　征帆《せいはん》一片蓬壺《ほうこ》をめぐる
（日本の仲麻呂が長安を離れ　帆船は東方の島々をめぐる）
明月は帰らず碧海《へきかい》に沈み　白雲愁色　蒼梧《そうご》に満つ
（明月のごとき君は青い海に沈み　憂いに満ちた白雲が青桐《あおぎり》の山に満つ）

幸いにして、大使の清河も、仲麻呂も九死に一生を得て、長安に戻りました。再度の帰国をはかるものの、地方の軍閥である節度使の安禄山《あんろくざん》が起こした安史の乱（七五五～七六三年）で唐が大混乱に陥ったためにそれもかなわず、二人とも長安で客死しています。

席次事件は新羅にとっては屈辱でした。日本の天皇が臣下の礼を要求し、新羅王がこれを拒絶するという外交的な駆け引きは、少し前の聖武天皇のときから始まっています。

聖武天皇は、大仏開眼《かいげん》の式典に合わせて新羅王自身の来日（朝貢）を求めました。新羅側は総勢七〇〇人の使節団を日本へ送りますが、王の来日は拒否しました。日本側は不服とし、一行を北九州の大宰府に三カ月間とどめおき、開眼式典への参列を妨害しています。

席次事件が起こったとき、孝謙女帝のもとで実権を握っていたのが、藤原仲麻呂《ふじわらのなかまろ》（恵美押《えみのおし》勝《かつ》）です。唐に憧れて官職名を中国風に改める一方（太政官→乾政官、大納言→御史《ぎょし》大夫《たいふ》など）、服属を認めない新羅には敵対感情をつのらせていました。

そんな折、渤海から新羅遠征計画がもちかけられました。藤原仲麻呂はこれに便乗し、軍船四〇〇、兵士約四万人を派兵する計画を立てます。

ところが、それどころではなくなります。先に述べた安禄山の反乱が勃発したからです。

唐の玄宗から反乱鎮圧の援軍派遣を求められた渤海は、様子見のため、新羅遠征計画を中断しました。安禄山の軍勢が方向を変えて日本に上陸する可能性もあり、孝謙女帝も新羅遠征反対に転じ、仲麻呂と対立を始めます。

譲位した孝謙上皇が病に伏せると、治療にあたった怪僧の道鏡が女帝の寵愛を受けるようになります。疎ん

大蘇《たいそ》（月岡）芳年『月百姿』より　天の原 ふりさけみれば 春日なる 三笠の山に 出でし月かも

（都立中央図書館特別文庫蔵）

じられた藤原仲麻呂は自らを近畿地方の最高軍司令官に任じ、軍事クーデターで道鏡の排除をはかるものの失敗（七六四年）。反逆罪で追われ、琵琶湖に逃れたところを捕らえられて、一族もろとも斬られました。

こうして、「第二の中大兄皇子」になるところだった藤原仲麻呂の新羅遠征計画は、白紙に戻りました。これも、大陸の争いにクビを突っ込むとろくなことにならないという「白村江の戦い」の学習の効果だったのかもしれません。

第6章

動乱の中国から離れて国風文化が開花した

平安時代の地方は「無政府状態」だった

「平安時代」は、『源氏物語』の華麗な宮廷絵巻というイメージと重なって、長く平和が続いた時代というイメージがあります。

しかし「平安」とは、平安京（京都）に都があった時代というだけの意味なのです。中央政府は藤原氏によって私物化され、地方長官は任地に赴かず、地方では無政府状態が続いていました。いわば、いまのシリアやソマリア、アフガニスタンのような状態のなかで、有力者が武装して自警団を組織し、これが武士団に発展していったのです。

なぜ三世紀にわたって無政府状態が生まれたのか？　その間、中華帝国をはじめとする周辺アジア諸国からの脅威はなかったのか？　これが本章のテーマです。

隋唐帝国は、古代の社会主義体制といえるものでした。国家が土地を所有し、農民に貸与することで貧富の差をなくす代わりに、自由な経済活動を認めず、強力な官僚機構を備えて経済活動を統制しようとした体制です。

国家権力が肥大化して財政難に陥る一方、許認可権を握る官僚は私利私欲を求め、人民は勤労意欲を失って脱税に走り、GDP（国内総生産）は伸びなやみ、軍事費を維持できなくなって、やがては崩壊する——。つまり、二十世紀末のソビエト連邦崩壊と同じ道をたどったのが、隋唐帝国でした。

同じころ日本でも、唐の均田制をモデルにした班田収授法《はんでんしゅうじゅのほう》（農民に国有地を一代限りで貸与する法）は、制定して間もなく立ち行かなくなり、奈良時代の七四三年に聖武天皇が発布した墾田永年私財法《こんでんえいねんしざいのほう》（新しく開墾した耕地の永年私財化を認める法）で、豪族・貴族の大土地所有（荘園）が黙認されました。開墾を進めた荘園領主は中央政府の実力者に贈賄し、のちには荘園そのものを寄進して実力者の名義とし、免税（不輸《ふゆ》）の特権を手に入れていきます。

政府の税収が先細るなか、大規模な積極財政を行なったのが第五十代桓武天皇でした。奈良の平城京から長岡京、さらには平安京という二度の遷都。その背景には、奈良時代以来続いてきた藤原氏と皇族との権力闘争があるといわれますが、ここでは深入りしません。

さらに蝦夷が住む東北地方への大遠征。蝦夷は東北地方から北海道にかけて住んでいた諸部族の総称で、ヤマト国家の支配を拒否していました。最後まで残ったのがアイヌです。

白村江の戦いの前のことですが、斉明女帝が東北地方に阿倍比羅夫《あべのひらふ》の遠征軍を派遣し、蝦夷の一つである「粛慎《みしはせ》」という部族と戦っています。奈良時代には、出羽国（山形県・秋田県）に入植した倭人の開拓民と、蝦夷との衝突が頻発するようになり、渤海国の使節団が蝦夷に襲われる事件も起こったのは、前章で見たとおりです。

そこで桓武天皇は、坂上田村麻呂を征夷大将軍に任命しました。文字どおり「蝦夷を征討する大将軍」です。八〇一（延暦二十）年まで、田村麻呂の蝦夷遠征が行なわれます。陸奥国（岩手県）を北上した田村麻呂は、胆《い》沢《さわ》城を築いて鎮守《ちんじゅ》府（植民地総督府）とし、その北方（盛岡付近）に志《し》波《わ》城を築いて最前線としました。蝦夷軍を率いていたアテルイとモレという二人の首領が投降して京都に護送され、田村麻呂の助命嘆願もむなしく処刑されました。投降した蝦夷の兵士たちは「俘《ふ》囚《しゅう》」と呼ばれ、日本各地に分散移住させられました。結果的に、日本国の領域を岩手県にまで拡大したのが田村麻呂の業績です。しかし、平安京遷都に続く大遠征は、国家財政を直撃しました。

「軍事（東北遠征）」と造作《ぞうさく》（都の造営）」をやめるべきとの批判が朝廷内で高まり、桓武天皇もやむなくこれらを中止します。

月岡芳年『大日本名将鑑』より　坂上刈田麻呂（田村麻呂の父）訓儒广呂

（都立中央図書館特別文庫蔵）

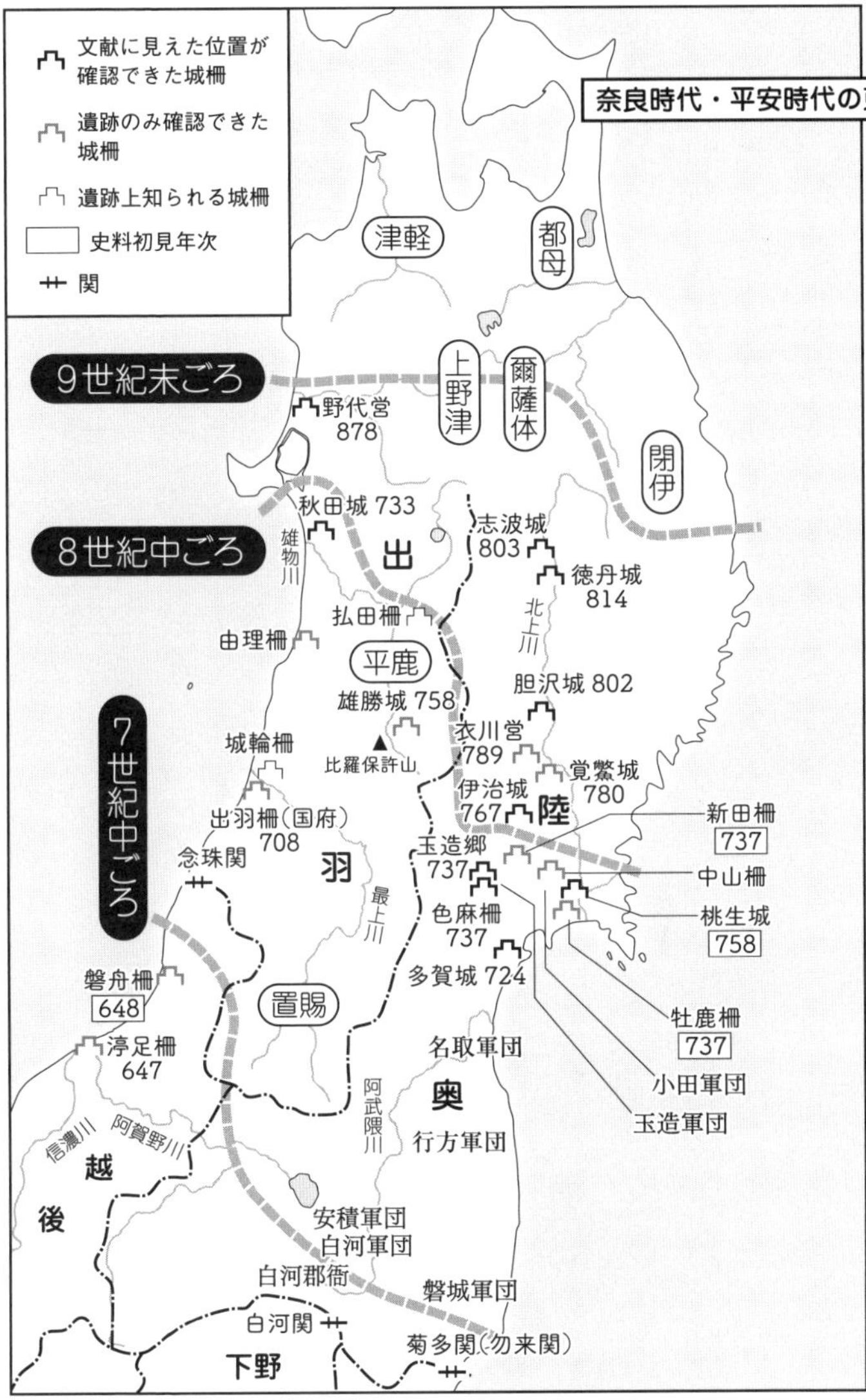

『日本大百科全書（ニッポニカ）』（小学館）より作成

律令制度のもとでは、班田（国有地）を貸与された農民に納税と兵役の義務を負わせ、軍団を編制するという建前がありました。しかし、田村麻呂の遠征を最後に軍団——すなわち正規軍の編制さえも困難になったのです。

正規軍をもたない国が他国からの侵略を免れたというケースは、標高四〇〇〇メートルの高原に守られたチベットを別にすれば、ユーラシア大陸の歴史にはありません。しかし海に守られた日本は、大陸国家からの侵攻を免れ、武家政権が登場する十二世紀まで、「非武装国家」として存続できたのです。

「軍隊なんかいらない。丸腰でも生きていける」という日本人独特の非武装平和主義は、もしかすると、このあたりに淵源《えんげん》があるのかもしれません。

しかし、対外戦争がなくとも、国内の治安の悪化は避けられません。中央政府は国司《こくし》（県知事）に徴税を請け負わせていましたが、中央政府への貢納品が、輸送途中で略奪されるこ

志波古代公園に復元された志波城（盛岡市教育委員会提供）

ともしばしばでした。富豪層は私有地を守るために武装し、逆に盗賊団に加わる者も出てきます。

自前の軍隊をもたない国司は、「弓馬《きゅうば》の道」に優れた者たちを徴募し、治安部隊を編制します。これに応募してきたのは一般農民ではなく、富豪層や俘囚（投降した蝦夷）でした。これが武士団の起源と考えられています。

「毒をもって毒を制す」に失敗した唐帝国

同じような問題は、中国でも起こっていました。李白や杜甫《とほ》（七一二〜七七〇年）が生きた玄宗皇帝の時代（八世紀前半）、唐の土地国有制度（均田制）はすでに崩壊し、徴税システム（租・調・庸）も、兵役システム（府兵制）も機能不全に陥っていました。

中国北方の諸民族は、日本北方の蝦夷のような生やさしいものではありません。モンゴル高原では遊牧民のウイグルが、満洲の森では狩猟民の渤海が唐から独立し、重大な脅威となっていました。

財政破綻で軍隊を維持できないのに、軍事的緊張が高まるというジレンマ。この危機に際して玄宗が採用したのは「防衛のアウトソーシング」でした。軍人たちに徴税権を与え、国境防衛を丸投げしたのです。

「節度使」と呼ばれた軍人たちは、任地で勝手に徴税し、傭兵隊を組織しました。いまの日本政府が財政破綻して、自衛隊の各方面軍司令官に地方税の徴収を認めたらどうなるか？　司令官たちは地方のボスとなり、中央政府のコントロールを受けなくなるでしょう。これは国家の解体です。

イラン系のソグド人を父とする安禄山は、コーカソイド（白人）の容姿をもつ体重百数十キロの巨漢でした。数カ国語を自在に操り、さかんに賄賂を贈って玄宗に気に入られ、幽州《ゆうしゅう》（北京）周辺の三つの節度使を兼ねて一八万人の傭兵隊を指揮するに至りました。やがて中央政界進出の野心を抱き、宰相《さいしょう》の座を狙います。

ところが玄宗の寵愛を受けた楊貴妃《ようきひ》の一族に出世を妨げられたために逆上し、「楊氏打倒」を掲げて部下の史思明《ししめい》とともに挙兵したのです。これが安史の乱です。

正規軍が解体していた唐は大敗し、百万都市だった都の長安は、反乱軍によってあっけなく攻略されます。玄宗は蜀《しょく》（四川）へ逃走しますが、途中の馬嵬駅《ばかい》で親衛隊が反旗を翻し、楊貴妃は一族とともに殺されました。

失意の玄宗が没すると、息子の粛宗《しゅくそう》は遊牧民のウイグルに援軍を要請します。まさに「毒をもって毒を制す」――内乱平定のため、外敵に援軍を求めたのです。

大燕聖武皇帝《だいえんせいぶ》を自称した安禄山は、過度の肥満からおそらく糖尿病を発症して失明し、後継者問題で息子の安慶緒《あんけいしょ》に恨まれ、殺されます。

さらにウイグル軍の侵攻で反乱軍は崩壊しますが、長安はウイグル軍に再度略奪され、唐帝国は事実上、解体しました。

詩人の杜甫が長安の廃墟を描写した『春望《しゅんぼう》』という詩は、このときのものです。

国破れて山河在り　城春にして草木深し
（首都長安は陥落し、荒廃した城内に春が訪れ、草木が茂る）

時に感じては花にも涙を濺《そそ》ぎ　別れを恨んでは鳥にも心を驚かす
（この時勢を思うと、花を見ても涙を流し　生き別れた人を思うと、鳥を見ても動揺する）

烽火《ほうか》三月《さんげつ》に連なり　家書《かしょ》万金《ばんきん》に抵《あた》る
（戦火は三カ月に及び、家からの便りは万金のように得がたい）

白頭掻《か》けば更に短く　渾《す》べて簪《しん》に勝《た》えざらんと欲す
（白髪を掻けばまた薄くなり、役人の冠をかぶるのも困難になった）

「城」とは長安の都のことです。地方長官を務めていた杜甫は、たまたま長安滞在中に安禄山による首都攻略と炎上を目撃したのです。

人の世のはかなさと人生の虚しさを、自然の永遠性と対比して見事に描いた詩です。

唐帝国崩壊後、再び動乱に陥った東アジア

その後も唐王朝は百五十年間にわたって存続しますが、もはや帝国とは呼べず、地方には藩鎮《はんちん》が割拠し、その数は五〇にも達しました。

藩鎮というのは、節度使を長とする地方政府のことで、彼らは徴税権を握っていますから中央政府に送金はしません。こうして、地方からの税収が先細っていく唐の中央政府が最後に財源としたのが、塩の専売でした。

冷蔵庫のなかった時代、塩は肉の保存のために不可欠でした。

沿海部では海水から簡単に入手できる塩ですが、内陸部では貴重品です。中央政府が塩の流通を許認可制にし、塩税をかけて財源とするのが塩の専売です。

重税で塩の価格が高騰すると、塩の密売人が登場します。公定価格より安く塩を提供する密売人は、庶民の味方でした。

二十世紀初頭のアメリカで禁酒法を制定した結果、酒の密売でアル・カポネに代表されるマフィアが大儲けしたのと同じことです。

黄巣《こうそう》という男は、唐の官僚を志願して科挙を何度も受験しましたが、ついに果たせず、塩の密売に手を染めた〝インテリやくざ〟です。政府による取り締まりに対して逆に挙兵すると、塩税に苦しむ庶民に支持され、長安を攻略しました（黄巣の乱、八七五〜八八四年）。

黄巣の乱に対して、唐の政府はどうしたのか？

再び「毒をもって毒を制す」という策略をとったのです。

具体的には、黄巣の配下の朱温《しゅおん》というマフィアを手なずけ、政府側に寝返らせました。唐に忠義を誓い、黄巣を滅ぼした功績により、朱温は「全忠《ぜんちゅう》」という名を与えられました。しかしこの朱全忠によって、今度は唐が滅ぼされることになるのです。

大運河が黄河と接する大商業都市の開封《かいほう》の節度使となった朱全忠は、豊富な財源によって政権基盤を固めると、本性を露《あらわ》にします。唐の皇帝の昭宗《しょうそう》と一〇人の皇子たち、その側近の宦官《かんがん》たち五〇〇〇人を殺害し、暗殺におびえる十三歳の皇子の哀帝《あいてい》を帝位につけて禅譲《ぜんじょう》を迫ったのです。

少年皇帝を支えていた高級官僚三〇人は朱全忠の命で地方官に左遷され、任地へ赴く途中、

コラム 禅譲と放伐

儒家の思想家の孟子《もうし》が唱えた理論。君主が徳を失うと、天は徳高き人物（有徳者）に帝位を授け、王朝を交代させる（易姓革命説）。前の王朝の君主が抵抗する場合は武力革命（放伐《ほうばつ》）も容認され、自発的に譲位すれば平和的な王朝交代（禅譲）となる。

とはいえ、実際には野心家が皇帝を脅迫して禅譲を演出した。その最初の例が、前漢の帝位を奪った王莽《おうもう》である。とくに後漢の崩壊から隋の建国までの魏晋南北朝時代には、禅譲を偽装したクーデターによる王朝交代が繰り返された。

日本人は儒学を学んだが、皇室の万世一系と矛盾する易姓革命説はついに採用しなかった。よって日本史には禅譲も、放伐もない。

黄河岸の白馬駅《はくば》で皆殺しになり、遺体は黄河に捨てられました。禅譲の儀式を強制され、十七歳で譲位した哀帝は、翌年、朱全忠の命で毒殺され、唐の皇族は根絶やしになってしまいました。

この恐るべき殺戮《さつりく》により、中国では貴族制度が完全に廃止され、代わって士大夫《したいふ》と呼ばれる科挙官僚が政権を担うようになりました。貴族の家系がいまも続いている日本や欧州諸国との決定的な違いです。

朱全忠に始まる五つの節度使王朝を五代といい、地方には一〇の藩鎮が独立政権を維持したので、合わせて五代十国《ごだいじっこく》（九〇七〜九六〇年）といいます。

この機に乗じ、モンゴル高原を統一したのが契丹（遼）でした。

トルコ系のウイグル帝国が旱魃と内紛で突如崩壊したあと、東方から勢力を拡大した契丹人は、英雄の耶律阿保機《やりつあぼき》によって統一され、唐の滅亡に乗じて独立しました。

東では渤海を滅ぼし、南では五代十国の抗争に介入して、燕州《えんしゅう》（北京）を含む長城以南の漢人居住地域（燕雲《えんうん》十六州）を占領しました。

独自の文化を維持して漢人とは同化せず、長城以南の漢人を支配する契丹の二重統治体制は、のちの元朝や清朝でも採用されます。

唐帝国崩壊後の東アジアは、再び動乱の時代を迎えたのです。

遣唐使の廃止、そして国風文化の確立へ

黄巣の乱が収束してまもなく、その情報は日本人留学僧である中瓘《ちゅうかん》の書簡によって、日本にもたらされました。

八九四（寛平六）年、翌年に出発予定の遣唐大使に任命されていた菅原道真《すがわらのみちざね》が、遣唐使の廃止を建議します。第五十九代宇多《うだ》天皇はこれを採用し、二百年続いた遣唐使はついに廃止されました。

在唐の僧中瓘《ちゅうかん》が昨年三月に商人の王訥《おうとつ》らに託して送ってきた書簡を検討したところ、大唐の衰退が詳細に記されていました。（中略）

過去の遣唐使の中には、渡航して任務を果たせなかった者あり、賊に襲われ命を落とした者もありました。しかし、唐に到着後は旅行の困難や飢えや寒さに苦しめられた者はおりません。中灌の報告の通りであれば、これからは何が起こるかは推して知るべしでしょう。

報告の内容を広く公卿《くぎょう》・博士に知らしめ、遣唐使派遣の可否を仔細に審議するよう願うものであります。これは国家の大事であり、決して我が身のために申すのではありません。

寛平六年九月十四日

（『菅家文草《かんけぶんそう》』）

菅原道真は当時最高の知識人で、右大臣（副首相クラス）まで上りつめますが、藤原氏と対立し、のちに左遷されます。

すでに民間貿易がさかんになっていたので、国費を投じて遣唐使を派遣せずとも、中国情報は入っていたという事情もあります。中瓘の書簡を日本にもたらしたのも、民間商人といわれます。

いずれにせよ、最後となった第一九回遣唐使（八三八年）以降、中国文化の影響は急速に薄まり、かな文字が広まります。これがいわゆる国風文化です。中国の動乱から身を引いたことが、日本のオリジナル文化を昇華させたことは明らかでしょう。

宇多天皇の書簡には、草書体の漢字を崩した現在のひらがなの祖ともいうべき「草仮名《そうがな》」が記されています。

次の醍醐《だいご》天皇の命を受けた紀貫之《きのつらゆき》が、『古今《こきん》和歌集』を編纂し、序文（仮名序）を記したのは九〇五（延喜五）年でした。唐が滅亡する二年前です。

やまとうたは　ひとのこころを
たねとして
（和歌とは、人の心をもとにして）
よろづのことのはとぞ　なれりける
（さまざまな言葉となったものである）

紀貫之が最初のかな文字日記『土佐日記』を書いたのは九三五（承平六）年ごろ。このとき関東では武士団の大反乱が起こっていました。平将門《たいらのまさかど》の乱です。

関東の豪族だった平将門は、九三九（天慶《てんぎょう》二）年に常陸《ひたち》、下野《しもつけ》、上野《こうずけ》の国府を占領し、関東を支配下に置いて新皇を称しましたが、その翌年、平貞盛、藤原秀郷《ひでさと》らに討たれました。もと関東や東北では、武士団の組織化が進んでいました。

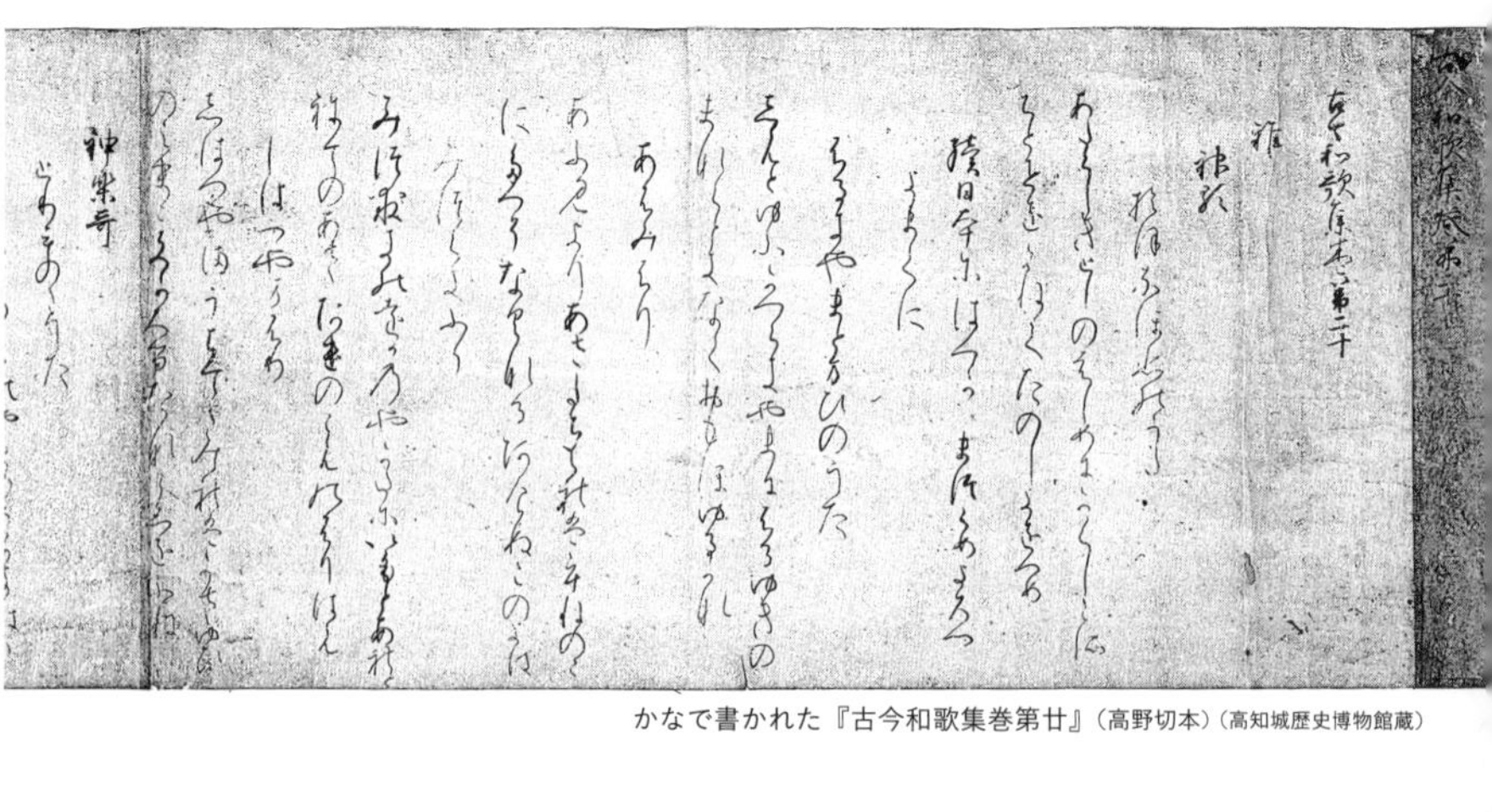

かなで書かれた『古今和歌集巻第廿』（高野切本）（高知城歴史博物館蔵）

もと正規軍の不足を補うために徴募された軍事組織でしたが、兵員を提供したのは現地の富農や俘囚でした。唐の節度使に徴募された傭兵隊と似たようなものですから、統治能力を失った中央政府から自立して地方政権を建てるのは、時間の問題でもあったのでしょう。

その最初の兆しが平将門の乱であり、そして終着点が鎌倉幕府の成立だったのです。

第7章

日本史を東アジア史から分かつ「武士の登場」

「武士」とは武装した開拓農民である

古代の日本は、大唐帝国という圧倒的なパワーに飲み込まれまいと、もがきながら国家形成を行ないました。

白村江の戦い（六六三年）と壬申の乱（六七二年）で唐への政治的従属関係（冊封関係）を断絶し、遣唐使の廃止（八九四年）で文化的な自立（国風文化）を達成しました。

この間、隋唐帝国の脅威に対抗しうる中央集権国家を実現するためには、当時のグローバル・スタンダードである律令や公地公民制を採用せざるをえなかったのです。これは、近代日本が欧米列強に対抗するため、欧米化を進めた戦略と類似しています。

とはいえ、「律令国家体制」という東アジア・グローバリズムをそのまま古代日本に導入することは、木に竹を接《つ》ぐような無理な試みでした。竹は木の幹から養分を得られず、枯れてしまいます。律令国家もたちまち形骸化していきました。

それに代わって、土台の「木の幹」から、新たな枝が伸びてきたのです。

武士（サムライ）の台頭です。

「サムライ」が日本の象徴とされるのは、これが他の東アジア諸国には見られない現象だからです。

中国・朝鮮にも、もちろん兵士はいますが、日本の武士とは似て非なる存在です。サムライは、むしろ中世ヨーロッパの騎士階級とよく似ています。

「武士階級の出現」こそが、日本史を東アジア史と決定的に分かつ現象といえるでしょう。

武士が明確な姿を現すのが、十世紀です。

七九四（延暦十三）年の平安遷都から一世紀が過ぎ、坂上田村麻呂の東北遠征を最後に、財政難に陥った朝廷は、徴兵制に基づく常備軍（軍団）を廃止しました。

政府による保護を期待できなくなった東国（畿内以東）の開拓農民や「俘囚」と呼ばれた蝦夷の末裔らは、自分の土地を守るために武装します。はるかにくだって十九世紀、西部開拓を進めたアメリカの農民たちは銃で武装しましたが、それとよく似ています。

彼らのあいだでは一族の相続争いが頻発し、また国司の横暴（後述）に対しても武力で抵抗しました。こうした合戦を通じて武勲をあげた武士が惣領《そうりょう》となり、一族郎党を率いて武士団を形成していきます。さらに、武士団と武士団が衝突し、主従関係のネットワークを形成していったようです。

曖昧な説明になってしまうのは、武士団の形成を物語る史料が欠けているからです。『日本書紀』から『日本三代実録』までの「六国史《りっこくし》」（国家が編纂した正史）や貴族の日記などには、都の事件は事細かに記録されていますが、「地の果て」の東国で進行した武士団の形成については、何も語りません。

大唐帝国が崩壊した十世紀前半の東アジアは激動期に入ります。各地の律令国家体制が、ほぼ同時期にドミノ倒しのように倒れていったのです。

九〇七年　節度使・朱全忠が唐を滅ぼす（五代十国の始まり）。

九一八年　高麗《こうらい》の王建が、新羅を滅ぼす。

九二六年　契丹の耶律阿保機が、渤海を滅ぼし、東丹国を建てる。

九二九年　東丹国が、日本へ遣使。

九三〇～四〇年代　日本で平将門・藤原純友《ふじわらのすみとも》の乱が起こる（承平《じょうへい》・天慶《てんぎょう》の乱）。

こうして並べてみると、「平将門の乱」「藤原純友の乱」（海賊鎮圧の任にあった藤原純友が独自の武装勢力を形成して京から赴任する国司たちと対立し、大宰府などを襲撃した事件）が偶然起こったのではないことがわかると思います。

なぜ名門出身の平将門は関東にいたのか

朱雀《すざく》天皇の承平年間（九三一〜九三八年）、関東の武士団を率いる平将門が、日本国からの独立をはかって反乱を起こしました。事件については作者不明の『将門記』に、詳しい記録が残されています。

平将門は平氏《へいし》です。桓武天皇の血を引き、のちに平清盛を出した名門です。なぜ名門貴族が関東にいたのでしょうか？

当時の京の都では、天皇に娘を嫁がせた藤原氏が、天皇の代理・補佐である摂政《せっしょう》・関白《かんぱく》、あるいは首相にあたる左大臣として官僚の人事権を掌握し、政権を私物化していました。敵対する皇族・貴族は無実の罪で告発され、左遷されていったのです。

高位高官の地位を得るには、藤原摂関《せっかん》家への贈賄が手っ取り早い方法でした。地方の有力者は国有地を私物化して荘園を拡大し、摂関家に寄進することで官職を得るのみならず、荘園の不輸・不入権（免税特権）を獲得していきました。

皇族・貴族は基本的に一夫多妻制で、嫡子（正妻の子）が家督を継ぎ、他の息子たちは分家します。皇族の場合は、皇統を継げない皇子たちに「氏《うじ》」を与えて臣下とします。要は、「皇室財源では食わせられないから、独立採算制でやってくれ」ということです。

桓武天皇が皇子たちに「平《たいら》」の氏を与えたのが「桓武平氏」、清和天皇が皇子たちに「源」の氏を与えたのが「清和源氏」の起源です。

藤原氏も同じように分家に分家を重ねた結果、「藤原」氏を名乗っていても、高位高官につけずに終わる者がたくさんいました。

こういう没落貴族が、どうやって生計を立てたのか？

地方へくだるのです。いまの日本で「地方に引っ越す」という感覚ではありません。「どこぞの途上国に移住する」という感覚です。

例の遣唐使廃止を進言した菅原道真が、左大臣藤原時平《ときひら》との権力闘争に敗れて解任され、北九州の大宰府（九州防衛軍司令部兼外務省）の副長官として左遷され、「地の果てに左遷された！」と恨みを残して現地で死んだために怨霊になった、という伝承があります。当時はそういう感覚だったのです。

彼らが地方へくだるとき、「国司」の肩書きを天皇からもらいます。いまでいう都道府県知事です。当時の役人は四等級に分かれていて、国司の場合、長官（県知事）を「守《かみ》」、次官

（副知事）を「介《すけ》」、その下の三等官を「掾《じょう》」、四等官を「目《さかん》」といいます。

たとえば武蔵国《むさしのくに》（現在の埼玉県＋東京都＋川崎・横浜）の国司の場合、

武蔵守《むさしのかみ》→武蔵介《むさしのすけ》→武蔵掾《むさしのじょう》→武蔵目《むさしのさかん》

となります。「守」と「介」はよく出てきますので、覚えておいてください。

常陸国《ひたちのくに》（茨城県）、上総国《かずさのくに》（千葉県中部）、上野国（群馬県）の関東三カ国は、親王（皇子）が「守」に任命される親王任国《しんのうにんごく》です。親王は現地に赴任せず、代理人を「介」に任命して現地に派遣しました。現地に派遣される国司のことを「受領《ずりょう》」といいます。「前任者から書類を受領する者」という意味です。

律令で定められた国司の任務は、国有地の人口調査をして戸籍を作成し、徴税を行ない、治安を維持することでした。

しかし公地公民制は崩壊して久しく、戸籍も有名無実となり、農民たちは勝手に開墾して私有地を拡大していました。平安時代の国司の仕事は、ひたすら徴税を行ない、中央政府へ送ることでした。

とはいえ、「不輸・不入権」をもつ有力者の荘園からは徴税できません。ですから国有地

（国衙領《こくがりょう》）の農民からしぼり取るのです。

国司の下には郡司《ぐんじ》がいます。これは土着の有力農民で、もちろん武装しています。彼らは徴税を嫌がり、お目こぼしを求めて国司に賄賂を贈ります。こうして中央から派遣された国司と、現地の有力農民である郡司との主従関係が生まれます。

有能な国司は、この郡司を手足としてうまく使いこなして開墾に励み、私有地を拡大していきます。任期が終わると、自分がちゃっかり荘園領主となっているわけです。

つまり中央政府に反感をもつという意味では、没落貴族の国司も、在地豪族の郡司も同じ立場です。中央政界にコネクションをもつ源氏や平氏、藤原氏などの「貴種」を担いで十世紀以降、反乱を起こしたのは郡司層、言い換えれば在地の武装集団でした。

繰り返しますが、平将門は、桓武天皇の孫・高望王《たかもちおう》を祖父とする桓武平氏です。高望王は上総守として関東へ移住し、郡司層と主従関係を結んで開墾に励みました。将門の父の良持は、鎮守府将軍（陸奥防衛軍司令官）として、砂金が豊富な陸奥国に赴任して財を成し、兄弟はみな国司として、関東諸国に拠点を築きました。

常陸国で生まれ育った将門も少年期から「弓馬の道」に通じ、京の都にのぼって摂関家の従者をしていましたが、父の遺産相続をめぐる叔父の平国香《たいらのくにか》と争いが生じたために帰郷し、国香を倒して一族のトップ（惣領）となります。

そのころ、武蔵国の新たな国司が赴任してきました。武蔵介（副知事）の源経基《つねもと》と、武蔵権守《むさしのごんのかみ》（知事代理）の興世王《おきよおう》です。経基は清和源氏の祖ですが、興世王は皇族身分のままでした。

着任早々、「賄賂を支払え」という源経基の要求を郡司が拒否したことから、激昂した経基は郡司宅を焼き討ちしました。郡司からの訴えを聞いた将門が軍勢を引き連れて駆けつけたところ、興世王はあっさり将門側へ寝返り、経基は京に逃げ帰って「将門謀反」を報告しました。

翌年、常陸守とも対立した将門は、常陸の国府（県庁）を占領します。将門は国司の横暴に対して郡司層の利益を守るために挙兵しただけで、謀反《むほん》の意思はなかったようです。しかし、側近となった興世王という皇族が曲者《くせもの》でした。興世王は将門に、

「一国を盗《と》るも、坂東《ばんどう》（関東全体）を盗るも、同じこと」

と唆《そそのか》したのです。

これに乗せられた将門は九三九（天慶二）年、八幡大菩薩《はちまんだいぼさつ》のお告げがあったとして、上野の国府（群馬県庁）で「新皇《しんのう》」として即位式を行ないます。

さらに京の朝廷が任命した関東諸国の国司を追放し、自ら国司を任命しました。日本国からの坂東独立の意思を明確にしたのです。

将門の反乱を記録した『将門記』が伝える将門の言葉です。

今の世の人は、必ず撃《う》ちて勝てるを以て君と為す。縦《たと》ひ我が朝に非ずとも、僉《みな》人の国に在り。去《い》ぬる延長年中の大赦契《たいしゃけい》の如きは、正月一日を以て渤海の国を討ち取りて、東丹《とうたん》の国に改めて領掌《りやうじやう》せり。蓋《いかん》ぞ力を以て虜領《りよりやう》せざらむや

（『将門記』）

（いまの世の人は勝利者を君主とする。日本史上にはなくとも外国に例がある。さる延長年間の大契丹王《だいきつたんおう》（耶律阿保機）は渤海国を滅ぼし、東丹国と名を改めて支配した。実力による領有以外の何ものでもないであろう）

遠くモンゴル高原で起こった契丹の独立と渤海滅亡（九二六年）のニュースが日本へ伝わり、約十年後に将門の「新皇即位」につながったことになります。

「将門謀反」に対し、常備軍をもたない朝廷は対処のしようもなく、全国の寺社に祈禱を命じるとともに、例の源経基に将門追討を命じました。しかし経基の軍が到着する前に、将門はあっけなく倒されます。

将門に殺された国香の子である平貞盛と、下野（栃木県）の武将である藤原秀郷が手勢を率いて将門の本拠地を攻撃し、春一番の暴風が吹くなか、将門の額を敵の矢が貫いたのです。指導者を失った将門軍は瓦解し、興世王は処刑されました。

こうして最初の武士団の反乱は、他の武士団の手を借りて、ようやく鎮圧できたのです。

将門の首は平貞盛が京に運び、さらし首になりました。ところが三日目の夜に飛び上がり、東方へ飛び去ったという伝承があり、将門の首が飛んできた場所には首塚《くびづか》が祀られました。

東京駅近くの大手町一丁目に、将門の首塚が残っています。関東大震災のあと、大蔵省（現・財務省）の指導により、また敗戦後はGHQの指令により、首塚の取り壊し工事が着手されました。しかし、いずれも工事関係者の事故や不審死が相次いだため、取り壊しは中止になっています。オフィスビルの谷間の暗い木立に石碑が建ち、そこだけ妖気漂う空間となっています。

その後の関東では源経基の一族（清和源氏）が勢力を拡大し、その子孫に源頼朝が現れます。一方、桓武平氏は関東から伊勢国《いせのくに》（三重県）に拠点を移し、海賊勢力を手なずけます。

この伊勢平氏の子孫に平清盛が現れ、源平合

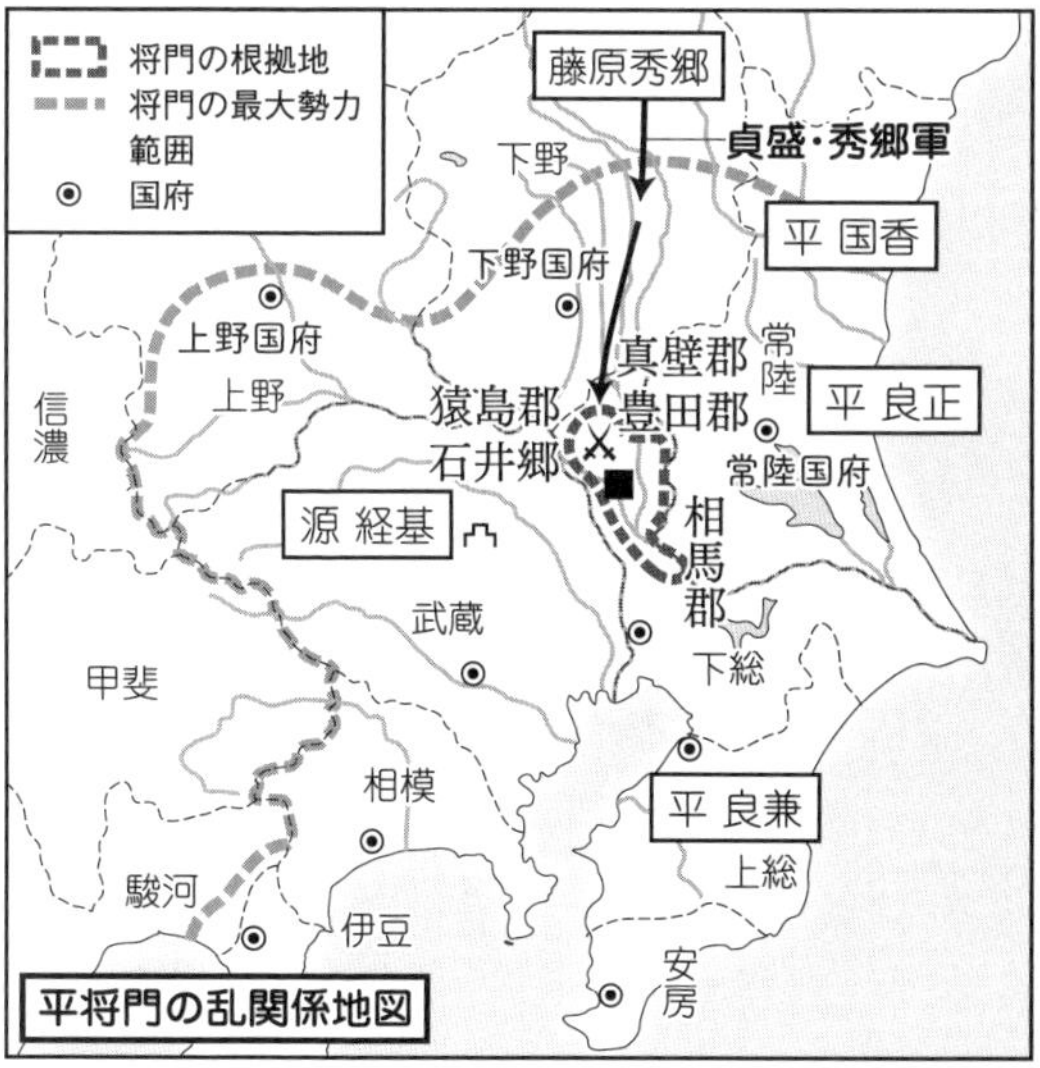

平将門の乱関係地図

『日本のアーカイブ』（東京法令）より作成

戦で再び源氏と激突することになるのです。

「ミイラとりがミイラ」になった藤原純友

平将門の乱が朝廷に衝撃を与えた直後の天慶年間（九三七～九四七年）、今度は藤原純友が、瀬戸内海の海賊を率いて反乱を起こしました。

瀬戸内海賊の起源は明らかではありません。東国の武士団と同様に、治安の悪化に対処するために海民が武装したものと考えられます。九州や瀬戸内から都へ物資を運ぶには、陸送よりも海運のほうが便利です。古くから海運で生計を立てる人々が存在したことは確かでしょう。

「神武東征」神話でも、九州から瀬戸内経由で大阪湾へ入り、さらに紀伊半島を回って熊野に上陸しています。白村江の戦いのとき、斉明女帝が率いる艦隊は大阪湾から瀬戸内経由で北九州に向かいました。兵員や武器を輸送する船を提供したのも、瀬戸内の海民だったのでしょう。

律令体制のもとで、西国からの貢納品や租調庸は瀬戸内経由で運ばれました。やがて律令国家が弛緩すると、東国の農民が武士団に成長したように、瀬戸内の海民も自衛のために武装し、「海の武士団」ともいうべき「海賊衆」を形成したようです。

藤原純友は、藤原摂関家の末流です。出世街道からドロップアウトした貴族のお決まりのコースとして、伊予国（愛媛県）の掾（三等官）に任じられ、海賊退治に従事しました。どうやらこのあいだに「ミイラとりがミイラ」となって、海賊の首領たちを手なずけ、主従関係を結んでいったようです。末流とはいえ、摂関家の御曹司を首領に担げば、海賊衆も「箔《はく》」がつくというものです。

瀬戸内はよほど居心地がよかったようで、任期が終わっても純友は帰京せず、愛媛県と大分県のあいだに浮かぶ日振島《ひぶりじま》を本拠地とする海賊の首領となり、任地へ向かう国司の一行を襲撃して金品を奪うようになりました。たちまち瀬戸内海各地の海賊衆が純友の配下に集まり、朝廷を脅かします。ちょうどこのころ、土佐守《とさのかみ》（高知県知事）の任期を終えた紀貫之は、海賊出没の情報におびえながら帰京しています。

二十三日。日照りて、曇りぬ。このわたり（この辺りは）海賊の恐《おそ》りありといへば、神《かみ》仏《ほとけ》を祈る。（中略）

二十五日。楫取《かじとり》（船頭《せんどう》）らの、北風悪《あ》しといへば、舟出《い》ださず。海賊追ひ来《く》といふこと絶えず聞ゆ。

二十六日。まことにやあらん（本当だろうか）。海賊追ふといへば、夜なかばかりより、舟を出《い》だして漕《こ》ぎ来る道に、手向《たむ》けする（航行の安全を祈る）ところあり。

（『土佐日記』）

関東で挙兵した将門と、同時期に瀬戸内で挙兵した純友とのあいだに連絡はなかったようですが、朝廷は両者が共謀していると疑いました。二人が比叡山で謀議し、将門が天皇になり、純友が摂政になると密約を交わした、との噂も流れました。『将門記』のような伝記が残っていないので、純友が瀬戸内独立の意思をもっていたのかどうかは謎です。

しかし、そもそも国家の統制を嫌う海民の性格から類推して、瀬戸内の自由航行と国家権力の排除が目的だったのではないでしょうか。

九四一（天慶四）年、二年間に及んだ純友の乱を平定したのは、伊予国の豪族の橘遠保《たちばなのとおやす》でした。伊予水軍と呼ばれる「海の武士団」の統率者です。

伊予水軍の本拠地は、広島県と愛媛県のあいだの芸予《げいよ》諸島。リアス式海岸の良港に恵まれ、戦国時代には瀬戸内を制した村上水軍が拠点とし、明治期には江田島《えたじま》に海軍兵学校が設立されました。

博多に襲来した「刀伊」の正体とは

こうして中央政府の機能不全と、地方における武装集団の組織化が進んでいった日本を、大陸からの侵略者が襲います。

のちに倭寇と呼ばれる東アジアの海賊集団の原型は、すでにこの時代に出現していました。九世紀の弘仁（八一〇～八二四）、貞観（八五九～八七七）年間に「新羅の賊」が対馬《つしま》、五島列島、北九州を襲撃した、という記事が現れます。新羅も律令体制の崩壊で無政府状態になっていたことが背景にあり、武装難民が海上へ流れたようです。現代で譬えれば、ソマリア内戦の結果、一九九〇年代からアラビア海で海賊が横行するようになったようなものです。

民間交易で成功した新羅商人も多く、中国の山東半島には、新羅商人の居住地もありました。最後の遣唐使船で大陸へ渡った天台宗の僧である円仁《えんにん》（慈《じ》覚《かく》大師）は、めざす天台山への旅行許可がおりなかったため、目的を達成しようと遣唐使一行と別れて不法在唐を決意しました。滞在中の八四二（唐暦会昌《かいしょう》二）年、唐の仏教弾圧（会昌の廃仏）に巻き込まれるなど苦難の末、八四七（承和十四）年、山東省の新羅商人の手引きで帰国しています（『入唐求《にっとうぐ》法《ほう》巡礼行記』）。

将門の乱の十年ほど前には、モンゴル高原で新たな遊牧帝国である契丹が成立しました。建国者の耶律阿保機は満洲に出兵して渤海国を滅ぼしました。阿保機がここで病没すると次男の耶律堯骨《ぎょうこつ》があとを継ぎ、五代十国の動乱が続く中国へ出兵し、長城以南の北京周辺（燕雲十六州）を占領したのは、すでに見たとおりです。

阿保機の長男である耶律倍《ばい》は継承者争いで弟に敗れ、帝位を弟に譲る代わりに、旧渤海領に「東丹国」を建てることを許されました。この国は渤海人の貴族に支えられ、日本の醍醐天皇のもとへ使節を派遣（九二九年）して、渤海滅亡と契丹の圧政を訴えました。場合によっては日本に援軍要請も、と考えたのでしょう。しかし常備軍を解散してしまった日本政府は東丹国の使節を入京させず、追い返しています。

日本が東丹国を支援すれば、契丹との戦争になり、契丹の騎馬軍団が沿海州から樺太や蝦夷地に上陸し、蝦夷と結んで陸奥国（東北地方）を脅かした可能性もありました。ときの醍醐天皇が、中立政策、大陸不介入政策を堅持したのは賢明でした。

結局、この「東丹国」は契丹の直轄領となり、渤海の民は四散して女真族と呼ばれるようになりました。その一部が無国籍の武装集団となって海上へ進出し、朝鮮半島の高麗国沿岸を襲撃するようになりました。高麗人はこれを「刀伊《とい》」と呼び、恐れました。

大宰府は、博多港の南に置かれた朝廷の出先機関です。その機能は九州諸国の防衛と、大陸からやってくる外国使節を接遇する鴻臚《こうろ》館（迎賓館）の管轄、渡来人の管理でしたから、防衛省、外務省、入国管理局を兼ねる重要な官庁で、「遠《とお》の朝廷《みかど》」とも呼ばれました。

長官である大宰帥《だざいのそち》は名誉職で親王が任命され、京にとどまります。現地軍の指揮をとるのは長官代理である大宰権帥《だざいのごんのそち》です。

遣唐使の廃止を進言した右大臣（副首相）の菅原道真は藤原氏との権力闘争に敗れ、この大宰権帥に降格、左遷されたことを嘆いたのです。

純友の乱平定から七十年後の一〇一四（長和三）年。新しい大宰権帥が赴任してきました。その名は藤原隆家《ふじわらのたかいえ》。父が関白という藤原摂関家の御曹司に生まれながら、公家の生活に飽き足らず、幼少期より弓馬の道を好み、歯に衣着せぬもの言いで、叔父の藤原道長から疎まれていました。十八歳のとき、兄の恋敵だった花山《かざん》法皇の牛車《ぎっしゃ》を待ち伏せして矢を射かけ、法皇の袖を射抜いたという武勇伝が伝わっています。

とはいえ、隆盛を誇った道長に疎まれては、中央政界での出世は絶望的でした。隆家は、眼病療養を口実に自ら大宰府赴任を申請し、権帥に任官されました。偶然とはいえ隆家のような「武闘派」がこの時期、大宰府に赴任していたことは、重大な意味をもちます。

一〇一八（寛仁《かんにん》二）年、三人の娘（彰子・妍子・嬉子）を天皇に嫁がせた道長は宴席で、

この世をば　我が世とぞ思ふ
（この世を我が世と思う）

望月の　欠けたることも　なしと思へば

（満月が欠けることのないように）

という即興の和歌を唱和させ、権勢を誇示しました。

ちょうどそのころ、刀伊の武装船団五〇隻が、高麗の東岸を略奪しながら南下を続けていました。

そして一〇一九（寛仁三）年三月二十七日、賊は対馬を襲います。三〇〇〇人が分隊行動をとって村々を焼き、労働力になりそうな住民三〇〇人以上を拉致《らち》します。老人は容赦なく殺し、農作業に使う牛馬を殺してむさぼり食いました。肉食の習慣がなかった日本人の目には、異様な光景に映ったでしょう。

命からがら脱出した対馬守《つしまのかみ》は、大宰府に報告します。

「夷狄《いてき》、襲来！」

大宰権帥の隆家は各地の豪族層、海賊衆を招集し、防戦を命じます。寄せ集めの現地軍を実質的に指揮したのは、齢《よわい》七十歳を超える老将でした。大蔵種材《おおくらのたねき》は、祖父が純友の乱鎮圧で活躍し、筑紫国（福岡県）の所領と大宰大監《だざいのだいげん》（三等官）の官職を継承してきた北九州武士団の惣領です。

対馬に続いて壱岐《いき》を血の海に変えた賊軍は、四月九日、ついに博多湾に侵入を開始しました。しかし、日本側武士団の抵抗と強い北風に妨げられて、船団は移動もままなりません。四月十七日、賊は博多攻略を断念して肥前国《ひぜんのくに》（佐賀県・長崎県）へ転戦しますが、のちに松浦《まつら》党と呼ばれる海賊衆に迎撃されました。折から風向きも変わり、賊軍は日本人の人質を連れたまま撤退していきました。大蔵種材は船団を率いてこれを追跡しますが、見失います。

賊の正体はついにわからず、捕虜のなかに高麗人がいたため、「高麗の海賊ではないか」と噂されました。隆家は書簡で事件の経過を伝え、武士たちへの恩賞を求めましたが、その報告が朝廷に届いたのは、賊が撤収したあとでした。

このときの朝議の様子が記録に残っています（藤原《ふじわらの》実資《さねすけ》『小右記』）。

大納言（国務大臣）は藤原公任《ふじわらのきんとう》。歌人として有名な人物です。

「朝廷が夷狄追討の勅符《ちょくふ》を発する前に、隆家は戦闘を開始した。これは私闘であって政府は関知しない。恩賞は不要である」

将門の乱以来、地方では武士団同士の私闘が繰り返されていました。朝廷が派遣した討伐軍以外、私闘をすべきでない、という建前論です。

これに対して権大納言《ごんのだいなごん》（国務大臣代理）の藤原実資は、

「敵に一〇〇〇人以上が拉致され、数百人が殺された。大宰府はこれを撃退した。もし恩賞を与えなければ、今後進んで戦う者はいなくなるだろう」

勅符の発給を待っていたら、さらに犠牲者が増えていただろう。現場の判断は正しかった、という現実論です。

結局、実資の現実論が多数を制し、最後には公任も恩賞賛成に転じました。

有事の際に、内閣総理大臣の防衛出動命令が出て初めて、自衛隊は軍事行動に出ることができます。ときの総理が優柔不断で防衛出動命令が遅れたとき、自衛隊が独自の判断で敵を撃退した場合、どうなるか？

建前上、法制上は自衛隊法違反で罰せられます。「しかし、悪いのは防衛出動命令を出さなかった総理ではないか？」という議論と同じです。

その後、九月になって、高麗の使者が大宰府を訪れ、日本人捕虜二七〇人を送り届けました。敗走する刀伊の船を高麗軍が拿捕《だほ》し、捕虜の奪回に成功したのです。高麗からの情報で、賊の正体が女真であるとようやく判明しました。

しかし、この大事件のあとも、藤原氏の政権は権力闘争と私腹を肥やすことに明け暮れ、安全保障にはまったく無関心でした。

政敵である道長が引退したため、隆家は大宰府での任を終えて京に戻りました。もし隆家が京に戻らず、純友のように現地に残っていたら、海賊衆の指導者となって「九州幕府」を開いていたかもしれません。

海賊衆に支えられて力をつけた伊勢平氏

純友の乱平定後、瀬戸内の海賊たちは指導者として、新たな「貴種」を求めていました。そこに現れたのが伊勢平氏です。

将門の乱のあと、関東から伊勢国（三重県）に移った桓武平氏は、現地の海賊衆とつながりました。伊勢は、熊野大社に向かう海上ルートの拠点であり、海賊衆は紀伊半島をぐるっと回り、瀬戸内にまでネットワークを広げていました。

初めて院政を敷いた白河上皇の護衛を務めて寵愛された平忠盛《たいらのただもり》は、越前守（福井県知事）に任ぜられ、若狭湾に来航した宋の商人から日宋貿易の利益について学びました。

「外国商船を瀬戸内経由で大阪湾へ引き入れれば、莫大な利益を生む」

そのためには、瀬戸内の安全確保が絶対条件です。忠盛は備前守《びぜんのかみ》（岡山県知事）に転じ、次いで瀬戸内の海賊追捕使《ついぶし》を志願して、認められます。

海賊追討作戦を通じ、忠盛は瀬戸内海賊の首領たちを自らの配下に組み込み、見返りとして関税徴収権を与えていきました。また、瀬戸内沿岸各地に開いた荘園に港を整備し、宋船を引き入れ、貿易で得た莫大な利益を、皇室への上納金として惜しげもなく使いました。

その功を認められた忠盛は、「地下人《じげびと》」と蔑まれていた武士の身分でありながら、高級貴族の特権であった宮中への昇殿《しょうでん》を認められたのです。これを妬んだ貴族たちが、忠盛に闇討ちをかける話が、『平家物語』の冒頭に出てきます。

忠盛の子である平清盛は、安芸守《あきのかみ》（広島県知事）、播磨守《はりまのかみ》（兵庫県知事）を歴任して瀬戸内における父の基盤を継承し、安芸の宮島で海上交通の女神である市杵嶋姫《イチキシマ》を祀る厳島《いつくしま》神社の大社殿を造営して、平氏の氏神としました。こうして瀬戸内海賊（海の武士団）を統率し、交易を独占した清盛は、莫大な利益を上納して後白河法皇に寵愛され、武士として初めて太政大臣《だいじょうだいじん》（律令における最高官職）の地位に昇ります。

太政大臣引退後は摂津国《せっつのくに》（兵庫県）の湾である大輪田泊《おおわだのとまり》（現在の神戸港）を私費で大拡張し、近くの福原に別荘を建てて移り住みます。

一一七二（承安二）年、宋の商船が大輪田泊に入港しました。清盛は後白河法皇を福原に招いて国書を交換させ、宋との国交が開かれました。日宋貿易を通じて、宋から大量の銅銭（宋銭）が輸入された結果、日本は本格的な貨幣経済へと移行するのです。

清盛は娘の徳子（建礼門院）を後白河法皇の第七皇子だった高倉天皇の皇后とし、生まれたばかりの安徳天皇を強引に即位させました。この増長ぶりが後白河法皇の怒りを招きます。京都から福原へ遷都し、日宋貿易に支えられた海洋国家を建設するという清盛の壮大な計画は、後見人であった後白河法皇の裏切りによって挫折しました。

後白河法皇の皇子である以仁王《もちひとおう》が発した「平氏追討」の命令が、東国各地の武士団に送られ、信濃国（長野県）の源《みなもとの》義仲《よしなか》（木曾義仲）、関東の源頼朝が相次いで挙兵します。

平氏敗戦の報が相次ぐなか、清盛は熱病に倒れます。これが大陸で流行していたマラリアだったとすると、皮肉にも日宋貿易が清盛の死期を早めたことになります。カリスマを失った平氏一門は都落ちし、これを見て瀬戸内の海賊衆は源氏側に寝返っていきました。

源頼朝の弟である義経が、福原に立てこもった平氏の残党を奇襲した一の谷の戦いで、大勢は決しました。平氏の残存兵力は、八歳の安徳天皇を擁して瀬戸内海の各地を逃げまわり、関門海峡の壇ノ浦《だんのうら》で壊滅しました。

> 源氏の兵ども、既に平家の舟に乗り移りければ、水手梶取《すいしゅかんどり》共、射殺され、斬り殺されて、舟を直すに及ばず、舟底に倒れ伏しにけり。
>
> （『平家物語』先帝入水《じゅすい》）

非戦闘員である水手（漕ぎ手）、梶取（船頭）は殺さないのが「海の武士団」の不文律でした。しかし「陸の武士団」である源氏の兵たちは、彼らを容赦なく射殺《いころ》したというのです。

平氏の滅亡により、西国武士団や瀬戸内海賊衆は、鎌倉に幕府を開いた頼朝の支配に服しました。しかし彼らにとって鎌倉はあまりにも遠く、関東の開拓農民を基盤とする鎌倉幕府は、基本的には「陸の政権」でした。

その頼朝の外戚として幕府の実権を握った北条氏は、瀬戸内一帯の荘園に地頭《じとう》（徴税官）としてもぐり込みました。海賊衆も北条氏と姻戚関係を結び、共存をはかろうとしました。彼らはやがて襲来するモンゴル軍との戦いで、最前線に立たされることになります。

第8章

シーパワー平氏政権 vs ランドパワー鎌倉幕府

「国家社会主義」から「市場経済体制」へ

石器時代の人類は、数十人で移動しながら集団で狩りを行ない、獲物は集団内で分配していました。

やがて定住して農耕生活が始まると、余剰収穫物を手にした族長が「王」と呼ばれるようになり、数万人単位の人口を維持することが可能になりました。国家の形成です。その目的は、集団の防衛と富の再分配でした。

古代帝国では、専制的な君主のもとで巨大な官僚制度が整備され、税の徴収と富の再分配(公共事業)と戦争を行なっていました。オリエントとインドの諸王朝、ローマ帝国、秦漢帝国がその典型です。相次ぐ外征による軍事費の過重と官僚機構の肥大化が財政を圧迫し、富の再分配における不正が横行して人民の不満が高まると、帝国は崩壊へと向かいます。

ローマ帝国崩壊後の西ヨーロッパでは、中央権力不在の時代が長く続きました。各地の諸侯が抗争した結果、主従関係のネットワーク(封建制度)を構築していきました。初めは自給自足的な荘園経済でしたが、やがてその隙間を遠隔地商人が往来するようになり、十一世紀以降には、領主の統制を受けない市場経済が活発化しました。商業ルネサンスと呼ばれることの現象が、近代資本主義の原型となったのです。

西アジアでは、アラブ商人出身のムハンマドが遊牧民《ベドウィン》の機動力と結びついて群雄割拠を制し、イスラム帝国を樹立しました。後継者《カリフ》たちは一世紀のあいだに、西はモロッコから東はパキスタンに至る広大な地域の市場統合（グローバリズム）を実現し、高度な市場経済をつくり上げます。

同時代の中国では、群雄割拠を制した隋唐帝国が統一国家を樹立しますが、そこでは土地国有の原則（均田制）と、強力な官僚機構による市場統制が行なわれました。再び古代的な専制支配に逆戻りしてしまったのです。

商業を蔑視する農本主義の儒学が隋唐帝国のイデオロギーであり、儒学が官僚資格試験の科挙の科目となったことが、帝国の性格を規定しました。それは、国家が市場も管理しようとする国家社会主義であり、毛沢東時代の中華人民共和国とよく似た体制でした。

しかし、「豊かになりたい」という人間の欲望は、普遍的かつ万国共通です。唐の体制が弛緩してくると、中国でも市場経済が復活します。

長安、洛陽など城郭内に設置された国家公認の官営市場に対し、城外の交通の要所には「草市《そうし》」と呼ばれる民間マーケットが出現し、活況を呈します。これが次の宋代には、商業都市に発展していくのです。

ヨーロッパやイスラム世界で金貨、銀貨が流通したこの時代、金山や銀山に乏しい唐の統一通貨は、「開元通宝」という銅銭一種類でした。

いまの日本で十円玉しか通貨がなければ、どうなるでしょう?

高額の取引は不可能となります。そこで商人たちは、飛銭《ひせん》と呼ばれる銅銭の引換券を発行し、信用取引で高額決済を行ないました。これこそが、手形の起源です。

日本で将門の乱が起こった十世紀、唐帝国が瓦解したあとに出現した五代十国と総称される地方政権は、軍事費を捻出するために、それぞれの地域で商業活動を保護しました。

その後、五代十国を統一した宋王朝は、市場経済を容認します。譬えていえば、毛沢東的な統制経済を捨て、鄧小平的な「改革開放政策」をとったのです。

のちに宋によって併合される蜀(四川を支配した国)は、銅山に乏しいために銅銭が不足し、地方政府はやむをえず鉄銭を発行しました。鉄銭は銅銭の約一〇分の一の価値しかありませんから、一円玉を大量発行したようなものです。四川の商人はこれを補うために、交子《こうし》と呼ばれる飛銭を発行し、のちに宋の政府がこれを通貨として公認します。

北宋の交子、南宋の会子《かいし》――世界初の紙幣の誕生です。

紙幣が流通すると、今度は銅銭がダブつきます。そこで宋王朝は、余った銅銭を周辺諸国へ輸出するようになりました。市場経済に移行しつつあった周辺諸国――契丹、高麗、日本、安南《あんなん》（ベトナム）の商人は、この宋銭に飛びつきました。

通貨の価値は信用で決まります。経済大国の宋が発行した銅銭は、有無をいわさぬ信用力がありました。現在、東南アジア諸国において、米ドルや人民元が流通しているのと同じことです。

日本の朝廷も、唐の開元通宝をモデルにした和同開珎《わどうかいちん》に始まる独自通貨（皇朝十二銭）を発行していました。しかし日本商人は国産貨幣に見向きもせず、宋銭や明銭に飛びついたのです。日本で初めて大量流通した国産通貨は、江戸幕府の寛永通宝《かんえいつうほう》です。それまで日本で流通する通貨の大半を占めていたのが、じつは宋銭だったのです。

平安時代の日本を襲った「刀伊の入寇」（一〇一九年）の正体は満洲の女真族でしたが、その約一世紀後に彼らが建てた金王朝が、宋の都である開封を攻略し（靖康《せいこう》の変）、宋王朝は江南へ移って亡命政権を建てました。これが南宋です。南宋は、歴代中国王朝で

和同開珎（三菱東京ＵＦＪ銀行貨幣資料館蔵）

建炎通宝（宋銭の１つ）（Alamy/ アフロ）

「最弱」の王朝でしたが、江南の穀倉地帯を押さえたことで、その経済は活況を極めました。首都の臨安《りんあん》（杭州）は東シナ海に面した海港として発展し、宋の商船は銅の精錬に使う水銀や木材を求めて日本の博多や越前敦賀に来航しました。このとき越前守《えちぜんのかみ》として彼らに対応したのが、平清盛だったのです。

グローバリスト清盛と南宋の平和外交

「これからは、銭《ぜに》の時代がくる」

と最初に見抜いた日本の為政者は、平忠盛・清盛父子だったでしょう。瀬戸内の海賊衆を配下に組み入れ、大輪田泊（神戸港）を開いて福原遷都を強行した清盛は、博多に来航していた宋の商船を瀬戸内海まで招き入れ、大量の宋銭を手に入れたのです。

後白河法皇を取り巻く公家衆《くげ》、たとえば九条兼実《くじょうかねざね》は、儒学の教養を身につけた統制経済派でした。

「宋銭は私鋳銭《しちゅう》（偽造銭）と同じ。禁止すべし」

と激しく主張しました。

また、平安中期(九世紀)に唐との関係が途絶えたころから、「穢《けが》れ思想」が公家の世界では強迫的なものとなっていきました。「死」や「血」のほか、外国や外国人を「穢れたもの」と忌み嫌い、御所(皇居)を中心とする日本国土を「清浄なもの」と見なすようになるのです。大量の渡来人がやってきた飛鳥・奈良時代には、こうした思想は見られません。「穢れ」が日本史を理解するキーワードであると指摘したのは、作家の井沢元彦氏です(『逆説の日本史〈4〉中世鳴動編 ケガレ思想と差別の謎』小学館文庫)。

九条兼実も、宋船の瀬戸内入港に嫌悪感を隠さず、清盛が後白河法皇を福原に招いて宋の商人と対面させたときには「天魔《てんま》の所業《しょぎょう》」と憤っています。グローバリスト清盛と、ナショナリスト兼実との対立です。

このため日宋貿易は「清盛の私貿易」と見なされ、日宋間の国交は開かれませんでした。平氏政権がもっと長く続いていたら、平氏一門の棟梁《とうりょう》が宋の皇帝から「日本国王」に冊封され、公式の国交が開かれたかもしれません。のちに足利義満が明から冊封されたように。

遣唐使の廃止で日中間の正式な交通が途絶えたあとも、海商と呼ばれる貿易商人が大陸との往来を続けました。日本側の拠点は北九州の博多、中国側の拠点は浙江省の寧波《ニンポー》です。

先に述べた銅銭のほか、絹織物や茶葉などの製品が大量に輸入され、日本からは銅や硫黄などの鉱産物や、木材などの一次産品が宋へ輸出されました。

日本からの留学僧も商船に便乗し、中国仏教を学ぶとともに、日本の情報を宋へ伝えました。九八三（永観元）年、東大寺と延暦寺の信書を携えて入宋した東大寺の僧である奝然《ちょうねん》が、翌年、二代皇帝太宗に謁見したときの記録が『宋史』日本伝に残っています。日本の歴史について教えられた太宗は、嘆息して宰相にこういいます。

これ島夷のみ。乃ち世祚《せいそ》遐久《かきゅう》にして、その臣もまた継襲して絶えず。これけだし古の道なり。中国は唐季の乱より寓《う》県分裂し、梁・周の五代、歴を享くること尤も促《みじか》く、大臣の世冑、能く嗣続すること鮮《すく》なし。

（『宋史』日本伝）

（これは島夷〔島国の蛮族〕にすぎない。それなのに世祚〔代々の位〕は遐久〔はるかにひさしい〕であり、その臣もまた継襲して絶えない。これ思うに、古道である。中国は唐末の乱から寓県〔中国の異称〕が分裂し、梁・周の五代〔後梁九〇七～二二・後唐九二三～三五・後晋九三六～四六・後漢九四七～五〇・後周九五一～五九〕は歴《れき》を享けることもっとも促く、大臣の世冑《ちゅう》〔世家・世族・世門〕はよく嗣続〔つぎつづける〕することが鮮なかった）

唐王朝が軍人（節度使）のクーデターで崩壊したという教訓から、宋王朝は軍に対する官僚の統制（シビリアン・コントロール）を強め、軍の政治介入を封じました。科挙で選抜された官僚に軍の指揮を委ねたのです。この体制を文治《ぶんち》主義といいます。

外交政策においても「平和主義」の国是を守るため、周辺諸国に惜しげもなく経済支援を行ないました。宋は国際紛争を武力ではなく「話し合い」で解決しようとしたのです。

契丹、西夏など北方民族は、平和の代償として経済支援を要求します。「年ごとの贈物」という意味で「歳幣《さいへい》」と呼ばれた莫大な経済援助は、絹織物や銀というかたちで国庫から支出されました。今日でいうODA（政府開発援助）にあたります。

北方の契丹とは「澶淵《せんえん》の盟」（一〇〇四年）を結び、宋の皇帝を兄、契丹国王を弟と見なして銀と絹を与えました。西の西夏に対しては君臣の関係を結び、銀、絹、茶を与えました。

宋がそれだけ豊かだったともいえますが、歳幣の支払いと官僚の人件費は宋の財政を圧迫していき、政府内でも歳幣支払いに関する議論が起こります。

そして、この「金で平和を買う」方法は、「金の切れ目が縁の切れ目」となって悲劇的な結末を迎えました。

財政を圧迫しつづける契丹への歳幣を廃止するため、宋は謀略工作を行ないました。満洲の原野で契丹から独立した女真族が金を建国すると、宋はこれと同盟し、契丹を滅ぼして「澶淵の盟」を破棄しようと画策したのです。

「夷をもって夷を制す」――この作戦は成功し、金は契丹を倒します。ところが今度は金が宋に歳幣を要求してきました。宋が財政難を理由にこれを拒否した結果、金軍が侵攻して首都の開封は陥落、上皇・皇帝以下、皇族と官僚数千人が北方へ拉致されます。これが一一二五～六年の靖康の変です。

拉致を免れた皇子が建てた亡命政権が南宋です。国内では、徹底抗戦を唱えて義勇兵を率いる岳飛《がくひ》ら軍人グループと、金との早期講和を唱える秦檜《しんかい》ら官僚グループが対立を続けます。「戦が長引けば軍が台頭します」――秦檜らの主張を皇帝が採用し、金との屈辱的な和議を結びます。今度は南宋皇帝が金の皇帝の臣下となり、歳幣を贈ることになったのです。

和議に反対して抵抗を続ける岳飛は捕らえられ、獄死しました。宋という国は、国土の半分を失ってもまだ、文治主義を続けていたのです。

領土的野心をもつ隣国に対し、軍事対決を避けて経済協力を行なうことで平和を保つという方法がどこまで効果があるのか、宋の事例を教訓にすべきでしょう。

さて、軍事的劣勢のまま平和を維持するには歳幣を贈り続けるしかなく、歳幣を贈り続けるには経済成長を維持するしかありません。茶や陶磁器などの生産が進み、巨大な商業都市が生まれ、南宋経済は空前の好景気を迎えました。平清盛が貿易を求めた相手とは、このような国でした。日宋貿易も、実利だけを追求し、日本に朝貢を求めることはなかったのです。

貿易に無関心な鎌倉幕府が成立したあとも、民間ベースでの日宋貿易は続きました。鎌倉仏教の開祖たちは、これらの商船に乗って宋に留学し、禅宗や浄土宗をもたらしました。

宋銭の流入は、日本を貨幣経済に移行させました。坐禅中の眠気覚ましの薬として栄西が伝えたお茶が、その後の日本文化に与えた影響も、はかり知れません。

「次は日本を攻める。一〇万の兵を編制せよ」

長江以南の江南地方を保持する南宋と、華北の金朝が対峙《たいじ》した時代、金の北方の草原地帯に勃興したのが、モンゴル帝国です。長城以北の遊牧民を統一した建国者のテムジンがチンギス・ハンと称し、二代オゴタイ・ハンは長城を越えて金が支配する華北に侵攻しました。

南宋はこれを好機と考えました。

再び「夷をもって夷を制す」「モンゴルが金を滅ぼせば、金に歳幣を下賜する義務がなくなる」というわけです。

モンゴルと南宋の連合軍は、ついに金を滅ぼします（一二三四年）。南宋は一世紀にわたる金の圧迫から解放されました。しかし、金という緩衝地帯が消滅した結果、南宋はモンゴル帝国と国境を接することになったのです。経済的な繁栄を極める南宋を、モンゴル帝国が併呑《へいどん》しようと動き出したのは、いうまでもありません。

四代モンケ・ハンの命を受け、南宋攻略作戦を発動したのは弟のフビライでした。フビライは、水田や沼沢地が多い江南では騎馬戦法が効果的でないことを理解し、金に服属していた漢人の歩兵部隊を南宋攻めに投入します。

また、南宋の退路を断つため、西はチベット（吐蕃）と雲南高原の大理国《だいりこく》を制圧する一方、東は朝鮮半島の高麗と日本を服属させて海軍を動員し、海上からも南宋に侵攻しようとしたのです。自前の海軍をもたないモンゴル帝国にとって、艦隊の確保は大問題でした。

南宋国内では、文治主義で冷遇されてきた将兵の不満が高まっていました。首都臨安（現・杭州）の宮廷で実権を握っていた宰相の賈似道《かじどう》は、モンゴル軍侵攻の報告を握りつぶして援軍を送らず、軍人たちの恨みを買っていました。賈似道は軍人の台頭を嫌ったのです。例の文治主義です。

この間、兄のモンケが没し、弟との後継者争いに勝利して第五代ハンとなったフビライは、南宋軍に対する工作活動を活発化させます。

長江の支流である漢水（漢江）を挟む二つの要塞都市——北の樊城《はんじょう》、南の襄陽《じょうよう》。ここを攻略すれば、長江をくだって一気に南宋の首都の臨安へ迫ることができます。南宋軍の守備隊長の呂文煥《りょぶんかん》は、政府からの支援なしに、五年間にわたるモンゴル軍の包囲に抗戦していました。

樊城を攻略したフビライ・ハンは、イスラム教徒につくらせた巨大な投石機（回回砲《フイフイ》）を設置します。漢水を越えて襄陽城内に撃ち込まれる巨石が守備隊の抗戦の意思を削《そ》ぐ一方で、フビライは呂文煥に密使を送ります。

「あなたはよく戦った。いまは投降せよ。厚遇を約束する」

呂文煥はこれに応じ、配下の将兵とともに投降します（一二七三年）。フビライ・ハンは約束をきちんと守り、彼を南宋攻略軍の指揮官の一人として抜擢しました。

襄陽陥落と呂文煥の寝返りという衝撃的なニュースは南宋軍に広まり、各地の守備隊が次々に投降します。二〇万人のモンゴル軍が首都に迫るなか、賈似道は宰相を罷免されて流刑地で殺害されます。

臨安は無血開城し、南宋最後の皇帝として八歳で即位した衛王は、陸秀夫《りくしゅうふ》、文天祥《ぶんてんしょう》ら抗戦派の将兵に守られて海上へ脱出し、香港近くの無人島である崖《がい》山《ざん》に立てこもり、一〇〇〇艘の軍船をつないで要塞をつくります。フビライ・ハンは貿易港である泉州のアラブ系大商人の蒲《ほ》寿庚《じゅこう》の協力を得て大船隊を編制し、崖山を包囲してこれを攻略しました。

船中で幼帝に儒学の経典『大学』の講義を続けていた陸秀夫でしたが、もはやこれまでと幼帝を抱いて海中に身を投げ、こ

フビライ・ハン（ullstein bild/ 時事通信フォト）

こに南宋は滅びました（一二七九年）。日本で百年前に起こった壇ノ浦の戦いが、南シナ海で繰り返されたのです。

モンゴル軍に捕らわれた文天祥は、フビライ・ハンからの誘いを拒否して処刑されました。獄中で彼が詠んだ『正気《せいき》の歌』は、民族主義を鼓舞する漢詩として語り継がれ、日本では水戸藩主の徳川光圀《みつくに》が賞賛して、水戸学（尊王攘夷論）に影響を与えます。

フビライ・ハンは崖山攻略に功績があったアラブ系大商人の蒲寿庚を慰労し、さらにこう命じました。

「次は日本を攻める。一〇万の兵を運べる船隊を編制せよ」

わずか一日の戦闘で終わった文永の役

先に見たように、そもそも日本遠征は、南宋攻略作戦の一環でした。南宋の首都である臨安の攻略を前にしたフビライ・ハンは、日本へ最初の使者を派遣しています。

フビライ・ハンは使節に「風濤険阻を理由に引き返すな」と命じましたが、対馬海峡に達した使節に対し、案内役の高麗人が荒海を航海する困難と日本人の凶暴を訴えたため、いったん引き返します。高麗の第二十四代元宗が日本遠征に動員されるのを恐れたためですが、フビライ・ハンは激怒し、高麗王にも使節の派遣を厳命します。

一二六八（文永五）年、一行は九州の大宰府に到着します。日本側は彼らを大宰府にとどめ、フビライ・ハンと高麗王の国書を鎌倉幕府に送付します。

鎌倉では、幕府の第八代執権に十八歳で就任したばかりの北条時宗が、「蒙古人の凶心」への警戒を呼びかけ、西国に所領をもつ御家人を動員する一方、「外交は朝廷の職務」として京都に国書を回送します。

朝廷では、若年の亀山天皇を立てた父の後嵯峨上皇が院政を敷いていましたが、国書の非礼を理由に返書を与えないことを決めました。

フビライ・ハンの書簡は、『元史』日本伝と東大寺の写本に残っています。いわゆる『蒙古《もうこ》国牒状《こくちょうじょう》』といわれるものです。

「大日本史略図会 第九十一代亀山天皇」（山口県立萩美術館 浦上記念館所蔵）

「上天眷命《けんめい》　大蒙古国皇帝奉書」（上天の眷命せる〈天命をうけた〉大蒙古国皇帝、書を奉る）で始まるフビライの国書は、現代語訳すると次のように続きます。

朕《ちん》が惟《おも》うのに、古《いにしえ》から小国の君も、境土が相接すれば、なお講信修睦。我が祖先は天命を受け、世界を支配するに至った。遠方の国々でも我が威を畏れ、徳を慕って来朝する者は数えきれぬ。朕の即位のはじめ、高麗の罪なき民が長き戦争に疲れているのを見て、高麗から兵を引き、領土を返し、老人や子供を釈放した。高麗の君臣は感激して来朝し、朕と高麗王とは君臣関係といえども父子のごとき関係となった。日本の君臣もこれを知るであろう。

（東大寺尊勝院蔵本『蒙古国牒状』）

これは、モンゴル軍が高麗を蹂躙《じゅうりん》し、ついに高麗王を服属させたことを意味しています。高麗王の元宗はフビライ・ハンの臣下となり、太子（のちの忠烈王）は人質にとられ、莫大な貢物を納めてモンゴルの外征に協力することを条件に、高麗王朝の存続は許されていました。

高麗は朕の東の従属国となった。日本は高麗と親しく、建国以来、時には中国とも通交しているが、朕の即位以後は一人の使者も送ってこない。おそらく、事情をよくわかっていないのであろう。ゆえに使者を派遣し、国書を持って朕の志を布告させよう。願わくは今後、友好関係を結び、親しく接したい。（同右）

日本も高麗のように従属せよ、と。

聖人は世界を家と見なす。通好しないのは一家の礼儀に反する。兵を用いることを誰が望むだろうか。王はよく考えよ。よろしく。
至元三年八月（同右）

「兵を用いることを誰が望むだろうか」
（兵を用うるに至りては、夫れ孰《たれ》か好むところならん）

という部分が、日本側には「非礼」と映ったのです。友好親善を口にしながら、結局は脅迫ではないか、ということです。

交渉は決裂。モンゴルの使節は七カ月を浪費したあげく、手ぶらで帰国しました。次の使節は対馬で足止めされ、モンゴル側は二人の対馬島民を拉致して引き上げます。この二人の送還を名目に派遣された使節団は大宰府上陸を許され、国書を手渡しました。何度も使者を送ってくるのは、日本側の防衛体制の偵察を兼ねているのです。

この二通目の国書はフビライ本人ではなく、最高官庁である中書省が発行したものですが、一通目と同じく日本に服属を要求し、もし従わない場合には、「出兵を命じ、万艘の軍船が王城（京都）を制圧するだろう」という恫喝で終わっています。

今回は後深草上皇の意を受けて、日本の太政官から元の中書省に宛てた返書を菅原（高辻）長成《ながなり》が作成しました。あの菅原道真の子孫です。

そもそも貴国（モンゴル）は、かつてわが国と人物の往来はなかった。本朝（日本）は貴国に対して、何ら好悪の感情はない。ところが経緯を顧みずに、我が国に凶器を用いようとしている。（中略）

（貴国は）どうして自らを「帝徳仁義」などと称しながら、かえって民衆を殺傷する源を開こうというのか。（中略）

およそ天照皇太神（天照大神）の天統を耀かしてより、今日の日本皇帝（亀山天皇）の皇位継承に至るまで、聖明の及ばぬところなく、歴代天皇の鎮護は明らかで、四方の異民族が治まり、乱れがない。ゆえに国土を昔から神国と号すのである。知をもって競うべきでなく、力をもって争うべきでない、唯一無二の存在である。よく考えよ。

（竹内理三編『鎌倉遺文』古文書編第十四巻、筆者による現代語訳）

なかなかの名文です。神国思想が元寇の前からあったことがわかります。しかしこの国書は鎌倉幕府の反対で、モンゴル側に手渡されませんでした。日本はモンゴルに服属する気は

コラム 神国思想

九世紀（貞観年間）に新羅人が襲来した際、朝廷は対馬に俘囚（帰属した蝦夷）を配備して備えた。このとき伊勢神宮に捧げた祈禱文のなかで、「わが日本の朝は神明《しんめい》の国なり」と記したのが古い例。同時に朝廷の支配地域を「王土」、その外側を「穢れた地」とする王土王民思想が形成された。元寇以後、この神国思想が民衆レベルにまで浸透する。

ない。返書を与えても与えなくても、敵は攻撃してくるだろう。侵略の意図を隠さない隣国に道理を説いても無駄なこと。要は「相手にするな」という判断です。

一二七一（文永七）年、フビライ・ハンは国号をモンゴル（蒙古）から中国風の「大元（元）」に改めました。

襄陽陥落（一二七三年）で南宋攻略の目処《めど》が立ったフビライ・ハンは、日本遠征の準備として、軍船一〇〇〇艘の建造を高麗王に命じます。

「あるいは南宋、あるいは日本、命に逆らえば征討す」

高麗では、日本遠征に消極的抵抗を続けてきた高麗王の元宗が没し、その太子で人質としてフビライ・ハンの宮廷で育てられ、娘婿となっていた忠烈王が高麗に帰国して、王位を継承します。

帰国に際し、忠烈王は義父フビライ・ハンへの恩義を述べ、さらに日本遠征を進言します。この人物、モンゴル風の長ズボンと弁髪《べんぱつ》というファッションで帰国したために人々は嘆いた、と『高麗史』にあります。

一二七四（文永十一）年十月三日、元軍二万五〇〇〇、高麗軍

元軍を迎え撃つ鎌倉武士の竹崎季長《すえなが》「蒙古襲来合戦絵巻」（国立国会図書館蔵）

八〇〇〇の兵士が九〇〇艘に分乗して、合浦《がっぽ》（慶尚南道昌原郡馬山《マサン》市の旧名）を出港。対馬・壱岐を襲って日本側守備隊を壊滅させ、住民を拉致したあと、十月二十日から博多湾に上陸しました。

日本側は九州の御家人と海賊衆の松浦党に非常招集をかけて善戦、敵の副将を負傷させるなど戦果をあげますが、敵の博多上陸を阻止できなかったため、古代の白村江の戦いのあとに築かれた長さ一キロの防御施設（水城）まで防衛ラインを下げました。

日没を迎えて陣地に戻った元軍では、司令官ヒンドゥが、これ以上内陸に入ることの危険を説き、夜のうちの撤収を決断します。こうして艦隊は博多湾を離れました。

翌朝、日本側が見たものは、志賀島で座礁した元船一艘のみ。乗組員二〇〇名余は斬られました。

戦闘わずか一日。これが第一回元寇（文永の役）の全容です。大宰府から鎌倉まで早馬で十二日かかったため、北条時宗に報告が届いたのは、すべてが終わったあとでした。

結局、元と高麗連合軍は大宰府すら攻略できず、帰路、海上で暴風雨のために軍船多数を失い、損害は

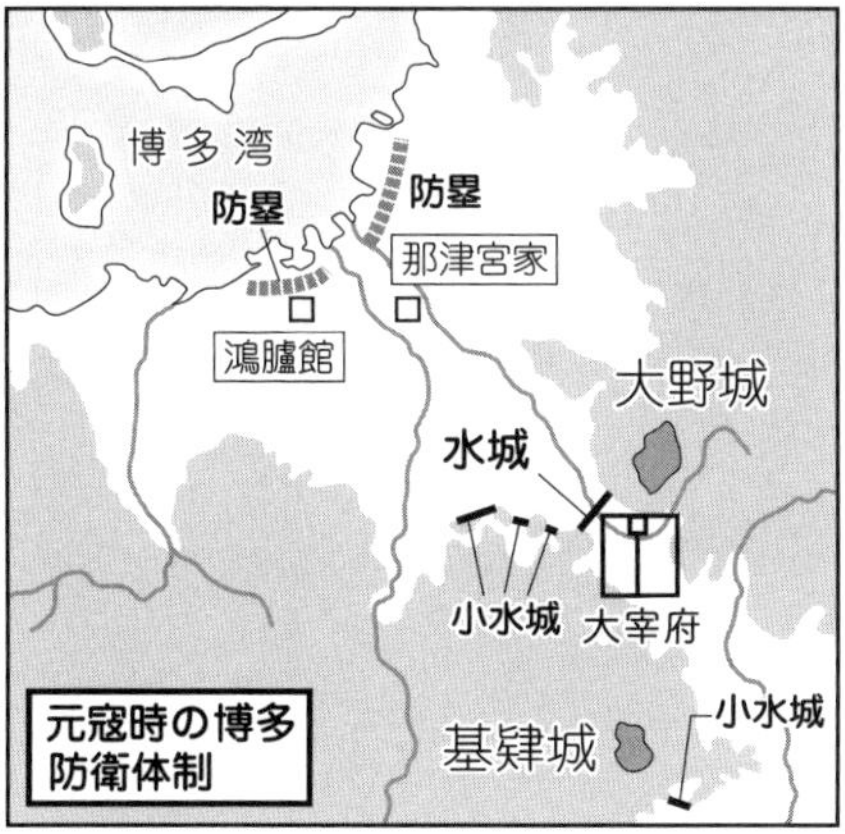

元寇時の博多防衛体制

一万数千人に及びました。

日本側の被害は、対馬・壱岐の武士団と松浦党の数百人。また住民数百人が拉致され、高麗王に奴隷として献上されました。

旧南宋軍を棄民にした日本遠征の結末

翌年、フビライ・ハンが日本に派遣した杜世忠《とせいちゅう》ら五人の使節団は、上陸した長門《ながと》（山口県）で捕縛されたあとに鎌倉に護送され、北条時宗の命により斬首《ざんしゅ》されました。時宗も元使をスパイと見なしたようです。

外交使節の処刑は、当時としても国際慣例違反です。しかしモンゴルの使者が殺され、侮辱された例はほかにもあります。中央アジアのホラズム・シャー朝は、モンゴルの通商団をスパイと疑って処刑したためにチンギス・ハンに侵攻され、ジャワ（インドネシア）のマジャパヒト朝はモンゴルの使者の額に入れ墨を入れて追い返し、フビライ・ハンの侵攻を受けています。

時宗は高麗への侵攻も計画しましたが、軍船が足りないため断念し、代わりに、博多湾の防衛力強化のために海岸沿いに長さ二〇キロメートルの防塁を築かせ、九州諸国の御家人を動員して輪番制で警護させました。これを「異国警固番役」といいます。

この間、南宋が先に滅び（一二七九年）、降伏した南宋軍がフビライの指揮下に入りました。帰順した呂文煥、范文虎《はんぶんこ》ら旧南宋軍の将軍たちは、フビライ・ハンに日本遠征を進言します。范文虎は南宋人だけの使節団を日本に派遣し、「宋からの国書」というかたちでこう伝えました。

「宋朝はすでに蒙古に討ち取られ、日本も危うい。よって宋朝自ら日本に服属を勧める」

幕府の返答は今回も明快でした。使者は全員、大宰府で斬られます。

フビライ・ハンは范文虎と協議し、元・高麗軍（東路軍）四万に加え、南宋軍をも動員して日本を滅ぼす

現在も残る博多湾の防塁（福岡市提供）

ことを決意します。范文虎を江南軍指揮官に任じ、兵力一〇万、三五〇〇艘の大船隊を率いて寧波を出港させました。弘安の役（一二八一年）の始まりです。前回の文永の役は「威力偵察」でしたが、今回は全面戦争です。

六月六日、博多湾への上陸をはかる東路軍に対し、四万人に増強された日本軍が湾岸の防塁で徹底抗戦します。東路軍は博多上陸を断念し、志賀島を拠点にしますが、ここも日本軍に攻撃されたため、壱岐に引いて江南軍を待つことにしました。船内では疫病が発生し、多くの犠牲者が出ています。

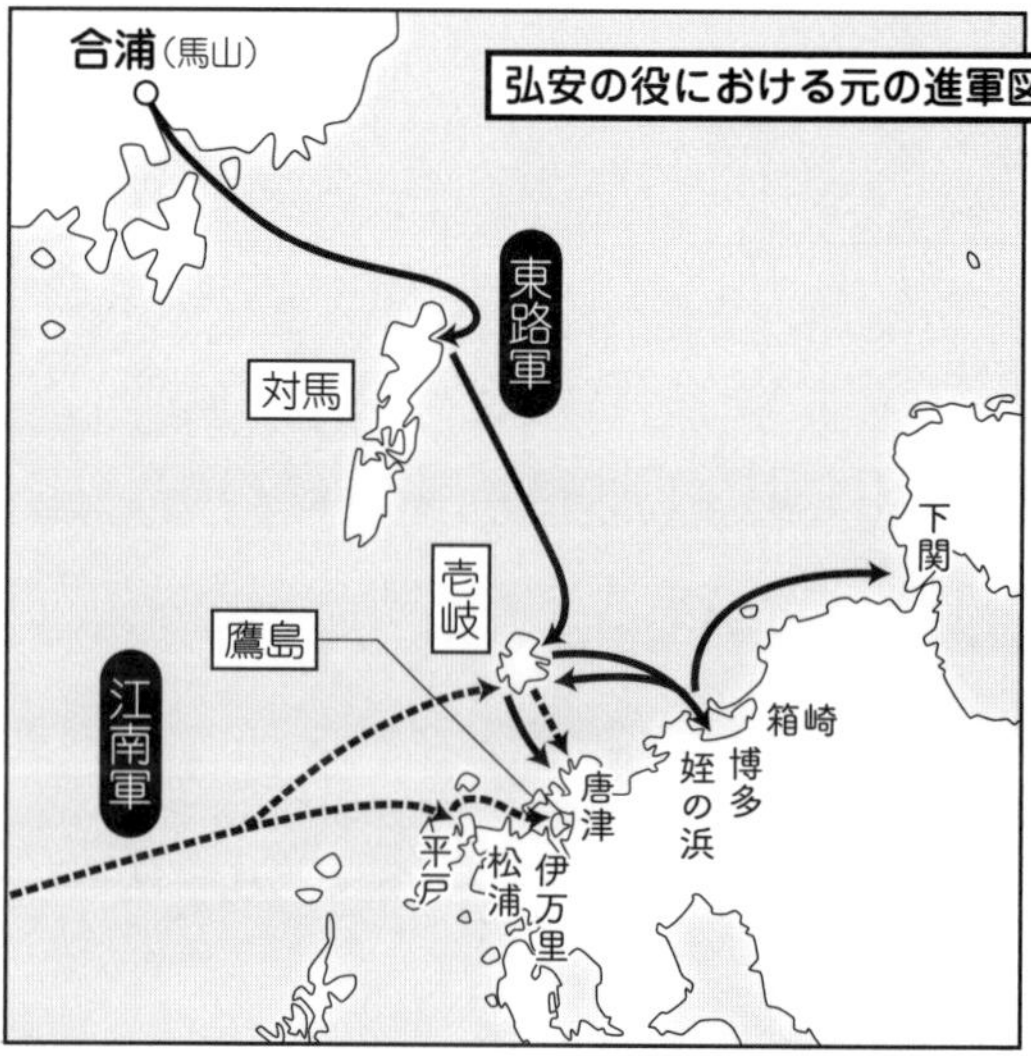

両軍の合流予定だった六月十五日を過ぎて、ようやく江南軍が出港し、長崎県の平戸に到着して拠点を築きます。東路軍も壱岐から平戸に移動しますが、薩摩の御家人の島津長久や松浦党の海賊衆がこれを追撃します。平戸から東の鷹島（松浦市）に移動した元軍は、日本軍からの猛攻を受けて動けなくなり、七月三十日深夜、暴風雨が北九州を襲いました。

船隊は壊滅的被害を受け、范文虎ら指揮官たちは無事だった船で逃走します。数万の兵士は、鷹島に置き去りにされました。

じつは、江南軍を構成した一〇万の旧南宋軍兵士たちは兵力削減の対象であり、屯田兵として日本で定住するため、鍬《くわ》や鋤《すき》を持参していました。

「あとは勝手にやれ」ということです。

元軍の指揮系統の乱れを察知した日本側は鷹島への総攻撃を開始し、南宋兵三万ほどが捕虜となり、残りのモンゴル兵、高麗兵はすべて殺されました。生き残った兵士が帰国して指揮官が率先して逃げたことを報告したため、激怒したフビライ・ハンは范文虎らを一族皆殺しにしています。

日本遠征の失敗はフビライ・ハンの権威に傷をつけ、元朝の内紛を引き起こします。威信回復のためのジャワ遠征も失敗に終わり、三度目の日本計画は実現せず、フビライ・ハンの死（一二九四年）で沙汰止みになりました。

東方海上の「征服できない国」日本のイメージは、元を訪れた外国人によって西方世界に伝えられます。フビライ・ハンの側近だったヴェネツィア人のマルコ・ポーロが帰国後に口述した『世界の記述（東方見聞録）』では、「ジパングはカタイ（中国）の東方海上一五〇〇海里にある島国で、莫大な金を産する」と記され、イランを統治したイル・ハン国の歴史家ラシード・ウッディーンの『集史（モンゴル史）』では、「女直と高麗の沿岸近くに大島があり、ジマングーという名である」と記されました。

「日本国」の南方中国語読み「ジーベンクオ」が訛って、「ジパング」「ジマングー」となったようです。

マルコ・ポーロの写本は二世紀後にジェノヴァ人航海者コロンブスの手に渡り、彼はこの「黄金の島」をめざして大西洋を西へ航行し、アメリカ大陸へ到達することになります。

大航海時代の始まりです。

第9章

国際商業資本が支えた室町グローバリスト政権

鎌倉幕府は経済失政によって滅んだ

鎌倉幕府を支えた東国武士団は、土地を守ることには命をかけますが（一所懸命《いっしょけんめい》）、流通や経済についてはまったく無知でした。そこに大量の「銭」（宋銭）が出回った結果、高利で銭を貸す金融業者が出現します。預かった質草《しちくさ》（担保）を保管する蔵を建てたので、やがて彼らは「土倉《どそう》」と呼ばれるようになります。酒造業者も金融業を営んだので、鎌倉・室町時代に「土倉・酒屋」といえば、金融業者のことです。

幕府は元寇を撃退したものの、それで日本の領土が増えたわけではなく、幕府からの恩賞をもらえなかった武士たちは困窮しました。彼らは金融業者から安易に宋銭を借り、その返済に苦しみます。

訴えを聞いた鎌倉幕府の第九代執権である北条貞時は、一二九七（永仁五）年、債務を帳消しにする「永仁の徳政令」を発布します（日本で初めての徳政令）。これが平氏政権であれば、幕府が低利融資をするなど、もう少しまともな方法を考えたでしょう。

結果的に徳政令は信用経済を完全に破壊し、新たな借り入れを不可能にしました。この結果、ますます困窮した武士たちは次第に鎌倉幕府から離反します。そこで政権奪回を狙っていた後醍醐天皇が倒幕を計画しますが発覚、一三三一（元弘元）年、再度の倒幕計画が発覚したために挙兵しましたが捕らえられ、翌年、隠岐島《おきのしま》に流されました（元弘の変）。

しかし後醍醐天皇は隠岐を脱出し、船上山《せんじょうざん》（鳥取県東伯郡琴浦町内）で挙兵します。鎮圧のために幕府から派遣された足利尊氏は幕府への反乱を宣言し、京都の六波羅探題（鎌倉幕府の朝廷監視機関）を滅ぼしました。東国では新田義貞が挙兵し、鎌倉幕府は瓦解したのです。

しかし後醍醐天皇の「建武の新政」（一三三三年）は、古代律令国家の再建をめざすという時代錯誤《アナクロニズム》であったうえ、性急な改革、恩賞の不公平は武士たちを失望させました。足利尊氏は、今度は後醍醐天皇から離反しはじめます。

後醍醐天皇は新田義貞と楠木正成に尊氏追討を命じますが、一三三六（建武三）年、湊川《みなとがわ》の戦い（兵庫県神戸市）で正成は討死し、義貞は都へ逃れます。尊氏は後醍醐天皇から三種の神器を接収し、同年、光明《こうみょう》天皇（北朝）を京都に立て、建武式目を制定して幕府を開き、一三三八（建武五）年、征夷大将軍に任じられます。

新しい幕府はのちに京都室町に置かれたので、これを室町幕府といいます。一方、京都を脱出した後醍醐天皇は、吉野（奈良県吉野郡吉野町）に朝廷（南朝）を開き、南北朝時代が始まります。

南朝との戦いが泥沼化した室町幕府は、鎌倉幕府に比べて直轄領（御料所）が少なく、その財政として米ではなく、宋銭を徴収しました。

コラム 両統迭立と南北朝時代

元寇時の亀山天皇は父の後《ご》嵯《さ》峨《が》天皇に愛され、兄の後《ご》深草《ふかくさ》天皇を譲位させて皇位を継承した。この兄弟間の確執を鎌倉幕府が調停し、後深草系（持明院統《じみょういんとう》）と亀山系（大覚寺統《だいかくじとう》）の皇子を交互に即位させるという妥協案（両統迭立《てつりつ》）を示した。鎌倉幕府に協力的だった持明院統に対し、大覚寺統の後醍醐天皇が不満をもち、倒幕に成功する（「建武の新政」）。

しかし足利尊氏は持明院統の光明天皇を京都に擁立し（北朝）、後醍醐天皇が吉野に開いた朝廷（南朝）との争乱が、一三九二（明徳三）年の明徳の和約による南北朝合一まで、五十六年間にわたって繰り広げられた（南北朝時代）。

土地に課税する段銭《たんせん》、家屋に課税する棟別銭《むなべっせん》のほか、商業活動に課税するさまざまな税がありました。これは幕府の財源になるほど、市場経済が活性化していたという証拠でもあります。

しかも室町幕府は徴税を自ら行なわず、幕府公認の大手金融業者（土倉・酒屋）に請け負わせていました。現代風にいえば、〇〇銀行や××酒造が、財務省の業務を肩代わりしていたのです。

流通が莫大な富を生むことを学んだ室町幕府が、経済大国である元との貿易に目をつけるのは、自然な流れでした。

沈没船が教えてくれる日元貿易の実態

じつは二度の元寇のあとも、南宋以来の日元貿易は続いていたのです。その担い手は、九州・博多の商人と、浙江省の寧波、福建省の中国商人です。

これは双方にメリットがあったためで、日本商人は宋銭や中国の安い絹織物を求め、中国商人は日本の銅鉱石や硫黄（火薬の原料）を求めました。

また、元に滅ぼされた南宋からは多くの禅僧が大型帆船（ジャンク）に便乗して日本へ渡り、日本人留学僧が中国へ渡航しています。

対日貿易の利を知った元は、元寇後もこれを黙認しました。財政難に苦しむ室町幕府も、「寺社造営の建築費用捻出のため」という名目でこれを公認したので、「寺社造営料唐船《とうせん》」と呼ばれます。「公認」とはいっても、室町幕府は外洋警備の海軍をもちません。護衛のために幕府の御家人が同乗し、いざというときに備えたのです。

「寺社造営料唐船」の実態は、一九七六（昭和五十一）年に韓国近海の海底で発見された「新安沈船」（「新安」は、発見された場所の地名）の調査で明らかになりました。

この沈没船から引き揚げられた陶磁器は約一万八〇〇〇点、銅銭が約二五トン（！）、三四六点の木簡には積荷の名が一つひとつ記されていました。これは

引き揚げられた新安沈船（朝日新聞社／時事通信フォト）

京都の東福寺の再建を名目とした貿易船で、一三二三(元亨三)年に元へと渡航し、陶磁器などを満載して帰国途中に沈没したようです。

ほかにも、鎌倉の建長寺の造営費用捻出のため、一三二五(正中二)年に建長寺船が、後醍醐天皇の没(一三三九年)後、その怨霊を恐れた足利尊氏が造営した京都の天龍寺の費用捻出のため、一三四二(暦応四)年に天龍寺船が、それぞれ派遣されています。

吉野へ逃れた後醍醐天皇は反足利勢力を糾合すべく、皇子たちを全国に派遣しました。後醍醐天皇には、移動生活を続ける山の民、海の民(海賊衆)が多く付き従っていたことを明らかにしたのが、網野善彦(一九二八〜二〇〇四年)の名著『異形の王権』(平凡社ライブラリー)です。

七歳の懐良《かねよし》親王は「征西大将軍」に任じられて九州へ派遣されますが、幕府の追及を避けるために瀬戸内海賊(熊野水軍)の拠点、伊予国(愛媛県)の忽那《くつな》諸島にかくまわれます。

佐田岬をぐるっと南に回ると、平安時代に藤原純友が拠点にした日振島があります。リアス式海岸が続く伊予は、古来、海賊の本拠地でした。

五年後、薩摩へ上陸した懐良親王は、九州の豪族たちを味方につけます。室町幕府側との戦闘を繰り返し、二十年がかりで北九州の大宰府へ入城しました。このとき、博多商人も南朝の支配下に入ったわけです。

明からの最初の使者が博多に来航したのは、このときでした。

明の洪武帝はなぜ「海禁令」を出したのか

元は大都（現・北京）に遷都すると次第に漢人化し、質実剛健の気風が失われていきました。巨大都市・大都の人口を養うため、フビライ・ハンは旧南宋（江南地方）から米と塩を直送する大運河の開削を命じます。

しかし工事は難航し、米輸送を補うために山東半島を迂回する海路が開かれ、江蘇省や浙江省の商人がその輸送を請け負いました。

フビライ・ハンの没後、十四世紀になると元の求心力は急速に失われます。あいつぐ外征で財政が逼迫するなか、銀の裏づけのない紙幣（交鈔《こうしょう》）の大量発行がインフレーションを引き起こし、凶作も重なって暴動が頻発します。

江蘇省の張士誠《ちょうしせい》、浙江省の方国珍《ほうこくちん》は、塩の密売で財を成した大商人です。元朝の討伐を受けると海賊化し、大都への米輸送船を襲撃して元を苦しめました。

浙江省の中心が寧波ですから、彼らは博多とのあいだで対日貿易も行なっていました。国家権力の統制を嫌う海上勢力だったのです。

その一方、運河建設の労働者を組織した白蓮《びゃくれん》教徒が紅巾の乱（一三五一〜六六年）を起こします。農民出身の朱元璋《しゅげんしょう》（明の建国者）がこれを引き継ぎ、南京を拠点とします。朱元璋政権は農村を基盤とし、朱子学的な農本主義と華夷《かい》思想をイデオロギーとしました。つまり元末の江南では「陸の勢力《ランドパワー》」である朱元璋と、「海の勢力《シーパワー》」である張士誠・方国珍が覇を競ったわけです。

これと同じことが、日本でも起こりました。もともと「陸の勢力」だった鎌倉幕府は、平氏政権を支えていた「海の勢力」を支配下におさめ、元寇の際には松浦党など海賊衆の海軍力を動員して、モンゴル軍を撃退しました。

しかし防衛費の過重で幕府が財政難に陥ると、恩賞もないまま動員される海賊衆は反発し、幕府の統制を離れます。九州の武士も幕府の統制を離れて勝手に動くようになり、幕府側は彼らを「悪党」と呼びました。この

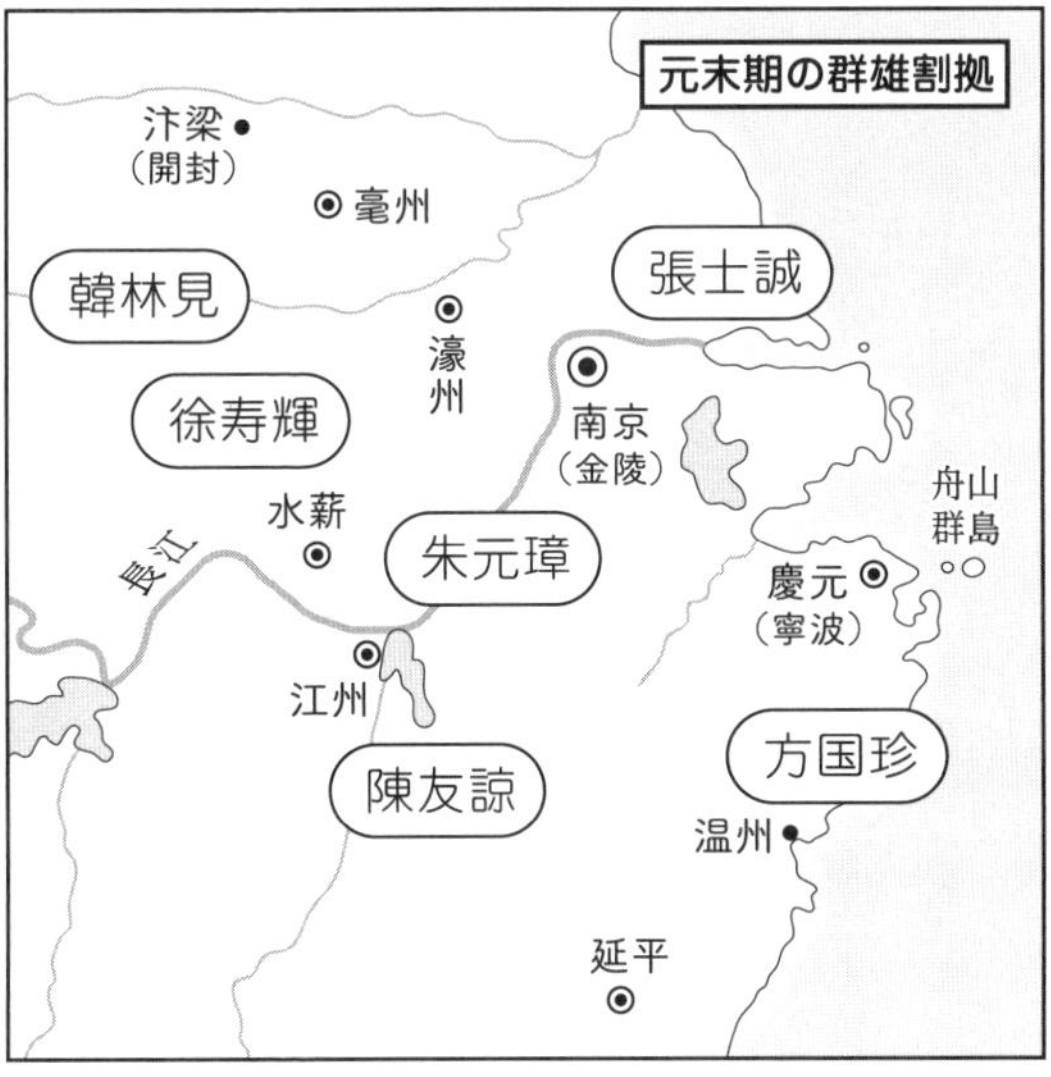

「悪党」と海賊衆が結びついて高麗や元朝の沿岸へ出没し、ときには交易を求め、ときには略奪に走るようになります。

この日本側「海の勢力」と、中国（江南）側「海の勢力」が融合した結果、「倭寇」と呼ばれる海上武装集団が出現します。

コラム 朱子学と華夷思想

モンゴルに滅ぼされた南宋の儒学者である朱熹《しゅき》の学説を朱子学という。物質（気）と運動法則（理）で宇宙を説明する理気二元論、さらには理性（性）と肉体・感情（情）で人間を説明し、理性を運動法則の反映とする性即理《せいそくり》を原理とする。次に理性の多い順番に、万物を人間→禽獣→木石（モノ）に序列化し、人間を聖人→君子→小人《しょうじん》（ここまでが中華）→夷狄に序列化する。人間が禽獣（動物）を支配するように、中華（文明人）が夷狄を支配するのは当然という華夷思想（華夷の別、中華思想）は朱子学によって正当化され、明朝以後の中国や朝鮮に強烈な影響を与えた。

日本刀や、火薬の原料である硫黄の需要は高く、また日本の武士（悪党）が傭兵として中国側武装集団に参加しました。

朱元璋は倭寇の脅威を深刻に受け止め、大軍をもって江蘇・浙江・福建を制圧。張士誠を捕らえ、方国珍には官位を与えて懐柔します。江南を統一した朱元璋は明を建国し（一三六八年）、皇帝に即位します。これが洪武帝です。

その三年後、洪武帝は海禁令を発します。

海禁令は「寸板も下海を許さず」、つまり「板切れ一枚、海に浮かべてはならぬ」という強力な貿易・海外渡航禁止令で、違反者は厳罰に処しました。倭寇と結ぶ張士誠らの残党が復活することを恐れたためです。沿岸交易や漁業まで許可制とし、政府の軍船が沿岸をパトロールしました。

猜疑心の強い洪武帝は建国の功臣を次々に粛清します。最側近である宰相の胡惟庸《こいよう》も一三八〇年に突然逮捕され、連座して処刑された者は一万五〇〇〇人に及ぶという大粛清が行なわれました。

そのときの胡惟庸の罪状は、「日本と内通し、武器を輸入して謀反を企てた」というものでした。

真偽はともかく、洪武帝が日本をどう見ていたのかがよくわかる事件です。

最強のグローバリスト・足利義満の勝利

洪武帝の使者が博多に入港したのは、明建国（一三六八年）の翌年です。大使の楊載《ようさい》がもたらした国書は、フビライ・ハンの国書以上に居丈高な内容でした。

「倭寇を禁圧し、朝貢せよ。応じなければ出兵し、日本国王を捕らえる」

大宰府の懐良親王は使節団の五名を処刑し、楊載ら二名を拘留したのち追放します。しかしその翌年、第二次使節団として趙秩《ちょうちつ》が派遣されます。

「日本国王は明を恐れて臣従し、朝貢した」

これは『明史・高祖実録』にある使節・趙秩の報告です。懐良親王が実際にどのように対処したのか、日本側の史料は残っていません。中華帝国には朝貢しない、というのが七世紀以来、日本の朝廷の大原則でしたが、室町幕府に対する軍事費調達のため、懐良親王が朝貢貿易の利益を選択した可能性もあります。

いずれにせよ洪武帝はこの報告に満足し、懐良親王を「日本国王」として冊封する特使を派遣します。

しかしこの間、九州では室町幕府が派遣した今川了俊《いまがわりょうしゅん》が大宰府を奪回、懐良親王は筑後国(福岡県南部)へ敗走し、ここで没します。明からの冊封使は今川了俊の軍に捕らえられ、実際の冊封は行なわれませんでした。

南京では洪武帝が没し(一三九八年)、孫の建文帝が十四歳で二代皇帝に即位します。日本の京都では、足利義満が九歳で三代将軍(一三六八年)となりますが、最初の二十年間は有力守護大名の相次ぐ反乱に苦しみました。財政はつねに逼迫しており、莫大な利益を生む明との朝貢貿易は魅力的でした。

義満は北朝朝廷での官位昇進を続け、南朝を屈服させて南北朝を統一(一三九二年)すると、最高位の太政大臣となります。武家の棟梁が太政大臣に就任するのは平清盛以来でした。

しかし「征夷大将軍」も「太政大臣」も、しょせんは天皇の臣下でしかありません。明側では洪武帝による「懐良親王の冊封」を既成事実と見なしており、南朝と争う義満を、たんなる謀反人のリーダーとして扱っていました。義満は「日本国征夷将軍源義満」の名義で明との国交交渉を開始しますが、拒絶されています。なお、足利氏は源氏なので「源」と名乗ったのです。

日本では皇統は万世一系であり、臣下が天皇を僭称《せんしょう》することは許されません。蘇我入鹿が中大兄皇子に謀殺され、平将門が討伐されたのは、皇位簒奪《さんだつ》を疑われたからでした。

そこで義満は一計を案じます。

皇后・皇太后《こうたいごう》（天皇の母）、太皇《たい》太后（天皇の祖母）に次ぐ地位、すなわち准皇族を意味する「准《じゅ》三后《さんごう》」に任ぜられ、北朝天皇の外交権を代行するかたちで明に朝貢するのです。

一三九四（応永元）年、太政大臣を辞し、将軍職を子の義持《よしもち》に譲った義満は、天皇の臣下という地位から解放され、出家して道義《どうぎ》と称し、博多商人を介して明との再交渉に臨みました。肩書は「日本国准三后源《げん》道義」です。

一四〇一（応永八）年、博多商人の肥富《こいつみ》と僧の祖阿《そあ》が、義満の国書を携えて寧波へ派遣されます。祖阿は禅僧ではなく、将軍家の側近である同朋衆《どうぼうしゅう》の一員のようです。「阿」がつくのは踊り念仏で知られる時宗《じしゅう》の僧侶であることが多く、能楽《のうがく》を確立した観阿弥《かんあみ》・世阿弥《ぜあみ》の親子も同じです。おそらく肥富が通訳をし、祖阿が義満の意向を明側に伝えたのでしょう。

義満の国書の写しが、幕府の外交顧問だった禅僧の瑞渓周鳳《ずいけいしゅうほう》の集録した日中外交史である『善隣国宝記』に残されています。

日本准三后道義、書を大明皇帝陛下に上《たてまつ》る。日本国開闢《かいびゃく》以来、中国への朝貢を絶やしたことはない。道義幸いに国政を担い、内外を平定した。古来の規定に従い、肥富を祖阿に従わせ、国交を通じ、朝貢品を献上させる。（中略）わが国への漂流民何人かを捜索し、これをお返しする。道義、謹んで申し上げる。
（『善隣国宝記』）

「漂流民」は倭寇の捕虜となった者たちで、倭寇禁圧を求める明側の要請に応じたかたちです。その翌年、両名は建文帝の冊封使を伴って帰国しました。このとき建文帝は、窮地に陥っていました。叔父の燕王《えん》（北京軍司令官、のちの永楽帝）が反乱を起こし（靖難の役）、形勢が不利になっていたのです。この情報は当然、肥富によって義満に伝えられたでしょう。

義満は、京都の別荘・北山邸《きたやまてい》に明使を迎えます。建文帝の国書を前にした義満は三度拝礼し、おもむろに開きます。

なんじ日本国王道義、心を明朝に寄せ、皇帝を愛する誠意を示した。波濤《はとう》を越え、使者を遣わして来朝し、捕虜を送還し、宝刀・駿馬・甲冑・紙硯《しけん》を貢納《こうのう》し、黄金を添えた。朕は、非常に喜ぶ。日本は詩書の国と称せられ、常にわが心にあったが、内戦が続いたため通交できなかった。いま日本国王がよく礼儀を尽くし、国敵に対する怒りを共有するという。（中略）大統暦を与え、臣下とする。絹織物二十匹を賜う。受け取れ。
（同右）

「内戦」とは靖難の役、「国敵」とは燕王のこと。馬と甲冑《かっちゅう》を献上した義満は、建文帝の期待を十分に理解していたのでしょう。

けれども、日本冊封使が明に帰国する前に南京が陥落、建文帝は行方不明になってしまいます。「逆賊」の燕王が即位し（永楽帝）、北京に遷都しました。

この混乱した状況も、博多経由ですぐに日本側へ伝わります。

事態が流動的だったため、義満は内乱平定を祝う建文帝宛ての国書と、政権奪取を祝う永楽帝宛ての国書、各一通を作成し、帰国を急ぐ明使に渡しました。

永楽帝宛ての国書の写しが、『善隣国宝記』に残っています。

日本国王臣源《げん》、申し上げる。（中略）大明皇帝陛下、古代の聖人・堯《ぎょう》の神聖を受け継ぎ、殷王朝を開いた湯《とう》王の智勇に優れているという。兵乱を一気に平定し、またたく間に混乱を鎮め、明朝復活の大業をなす。（同右）

現代語訳していると、恥ずかしくなるようなおべんちゃらが続きます。

甥の建文帝から帝位を奪って即位し、正統性に重大な疑義がある永楽帝は歓喜しました。

莫大な量の下賜品《かし》（お返し）とともに、「日本国王之印」と刻まれた金印を義満に授けます。この金印は戦国時代に失われますが、木製のコピーがつくられて毛利家に伝わっています。

また、朝貢使節であることを示す勘合《かんごう》一〇〇通が支給されました。「本字壱《いち》号」から「本字百号」までの勘合は縦に二分割され、左半分の勘合底簿《ていぼ》を寧波の市舶司《しはくし》が保管し、日本の朝貢船は右半分を持参して寧波で照合し、一致すれば入国を許可する、というシステムです。

永楽帝は側近の鄭和《ていわ》に南海遠征を命じ、南シナ海、インド洋沿岸諸国にも勘合を支給して、朝貢を促しました。「遠征」とはいっても派遣されたのは大型商船団で、絹や陶磁器を満載した移動見本市でした。貿易の利をエサに朝貢を促したのです。結果は大成功で、艦隊は各国の朝貢使節を伴って帰国します。明の皇帝を主君とし、周辺諸国の王たちが臣従する冊封体制がここに完成したのです。

義満は日本国の独立よりも、貿易の拡大を優先するグローバリストでした。彼を後押ししたのは、博多と寧波を

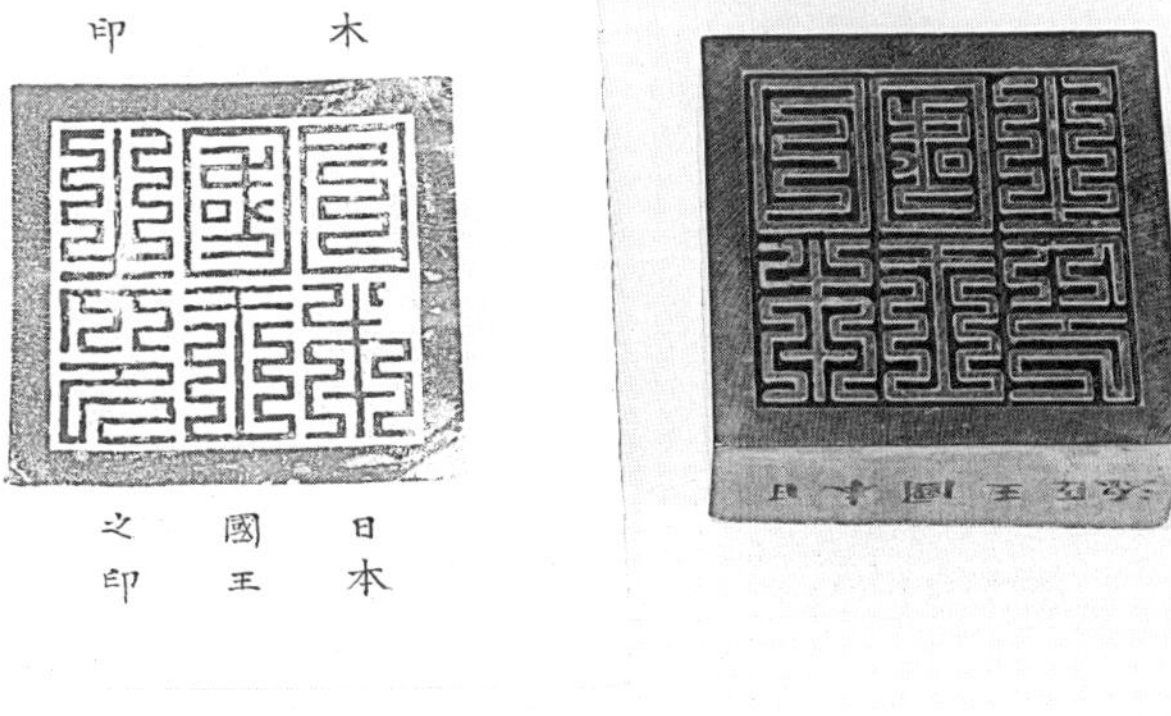

「日本国王之印」（毛利博物館蔵）

結ぶ国際商業資本と、東アジアの国際語である漢文を自在に操り、留学経験をもつ禅僧たちでした。

日明貿易は莫大な富を足利将軍家と博多商人にもたらしました。義満が北山邸に造営した金閣は、当時の金満文化を象徴しています。

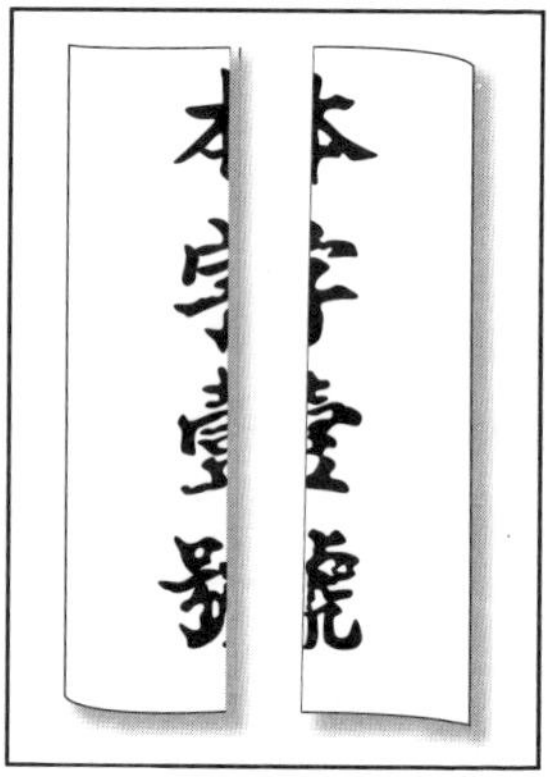
勘合

無国籍の海上勢力「倭寇」の台頭

小野妹子の遣隋使、白村江の戦いを経て、中華帝国との対等な関係を求め続けた日本外交は、義満の朝貢によって重大な転機を迎えました。

これに対して、「神国日本」を奉じるナショナリスト側がすぐに反撃に出ます。その中心人物は、義満の長男で四代将軍の義持でした。すでに父から征夷大将軍を譲られていましたが名ばかりの将軍で、父の義満は義持の弟の義嗣《よしつぐ》を溺愛して北山邸に住まわせ、義持の地位を脅かしました。

一四〇八（応永十五）年、突然の病に倒れた父の義満が急死したため、義持は名実ともに四代将軍となり、弟を追放します。

義満の弔問に訪れた明使を一度は迎えた義持でしたが、翌年からは明使の入国を拒絶しました。永楽帝は使者の派遣を繰り返し、武力行使をほのめかして恫喝しましたが、義持は一切、応じようとしません。

一四一九（応永二十六）年、朝鮮軍が倭寇制圧を名目に対馬に侵攻した事件（応永の外寇）が発生すると、義持は明が朝鮮に派兵させたと疑います。同年の国書で義持は「日本国王」ではなく「日本国源義持」と署名し、明からの冊封は受けないという意思を明確にしました。

亡父の義満に朝廷が「太上天皇」すなわち「上皇」の称号を贈ろうとすると、義持はこれも謝絶し、日本国の君主は万世一系の天皇であり、足利将軍家はその臣下であるという立場を堅持しました。ナショナリスト義持の面目躍如というべきでしょう。

義持の在職は約三十年。この間、日明関係は断絶しました。

困惑したのは博多を中心とする国際商業資本です。明朝は、朝貢以外の貿易を厳禁する海禁を続けています。勝手に貿易すれば、密貿易船、倭寇と見なされて取り締まりの対象となります。朝貢使節に随伴する商人だけが、莫大な利益を手にするのです。

こうした財界の圧力に応え、勘合貿易を復活したのが、義持の弟で六代将軍の義教《よしのり》でした。兄の義持の子（五代義量《よしかず》）が早世したあと、兄が後継者を指名せずに没したため、出家していた弟四人のなかからくじ引きで選ばれた義教は「くじ引き将軍」と揶揄《やゆ》されました。見かけは柔弱な人物でしたが、将軍就任後は苛烈な性格をあらわにし、延暦寺、守護大名など多くの政敵を弾圧して「万人恐怖」と呼ばれた信長型の政治家です。

将軍権力確立のためには財源が必要であり、財源確保の手っ取り早い手段が明との貿易でした。義教は勘合貿易を再開します。のちに八代義政《よしまさ》に外交顧問として仕え、国書の起草にもあたった禅僧の瑞渓周鳳は、古代から室町時代までの外交史をまとめた『善隣国宝記』のなかで、義満が明宛ての国書で「臣」と自称し、明の年号を使用したことを批判しつつ、「将軍家は利益のため、密かに明との通交を続けている」と本音を語っています。

足利義持画像写（東京大学史料編纂所蔵）

同時期に明に朝貢していた朝鮮王朝では明の年号を公式に使い、国王は「陛下」ではなく「殿下」と呼ばれました。しかし日本は独自の年号を使用しつづけ、明からの冊封は外交儀礼上の建前にすぎなかったのです。

六代義教は恐怖政治をやりすぎたために恨みを買います。次は自分が粛清されると疑心暗鬼になった守護大名の赤松満祐《みつすけ》は、一四四一（嘉吉元）年、将軍義教を宴席に招いて斬殺《ざんさつ》しました（嘉吉の乱）。

守護大名の合議により、義教の遺児で幼少の義勝《よしかつ》が七代、義政が八代将軍に擁立されて将軍権力は有名無実化し、赤松氏討伐に功績があった山名氏、細川氏が幕府の実権を握りました。やがてその細川と山名の勢力争いに義政の継嗣争いも加わって、全国に争いが拡大したのが応仁の乱です。ここから世は戦国時代に突入します。

足利将軍家は京都を追われ、博多商人と結ぶ大内氏（第10章参照）、堺商人と結ぶ細川氏が「日本国王」を僭称して、勘合船を派遣します。

一五二三（大永三）年、寧波に入港した大内氏の勘合船が、あとから入港した細川氏の勘合船を襲撃、細川使節団が逃げ込んだ紹興《しょうこう》の街にも被害を与えるという事件を起こします（寧波の乱）。その後の大内氏の滅亡（一五五一年）により、勘合貿易は途絶します。

じつはこの勘合貿易の断絶は、明側の意向でもありました。

明の国威発揚に貢献した勘合貿易ですが、明は大国であることを示すため、朝貢品の数倍の価値がある下賜品を朝貢使節に与えなければなりません。これを五〇カ国に対して行なうわけですから、当然、財政を圧迫します。永楽帝の没後、南海遠征は中止され、日本に対しても十年に一度の朝貢でよい、と通告してきます。

北方のモンゴル人に対しても、馬を貢がせて絹織物を下賜する絹馬貿易で平和を保ってきましたが、これも不可能になります。絹を求めるモンゴル人は長城を越えて攻め込むようになり、明は万里の長城の大修築など北方防衛に莫大な国費を投じ、倭寇取り締まりは緩んでいきます。

海禁の弛緩を見た東シナ海沿岸部の商人たちは、日本との密貿易を再開しました。日本では戦国時代の無政府状態が続き、武装商人が中国に渡航して武器をもたらし、絹を密輸します。こうして復活した武装商人団を後期倭寇といい、寧波沖、舟山《しゅうざん》群島の双嶼《そうしょ》港がその本拠地となりました。

やがて、ここにポルトガル商人やイエズス会宣教師が加わり、日本史は世界史につながっていくのです。

第10章

ポルトガル産の硝石を求めた戦国大名たち

マルコ・ポーロ「ジパング」の情報源とは

広大なユーラシア世界が初めて一体化し、グローバル・スタンダードが生まれたのは、十三世紀のモンゴル帝国時代です。

モンゴル帝国の圧倒的な軍事力が、西はロシアや中東、東は中国までを統一した結果、東西交通の安全が保障され、物流が活性化したのです。歴史家はこれをパクス・モンゴリカ（モンゴルの平和）と呼びます。

西欧人やイスラム教徒がモンゴル帝国の都であるカラコルムや大都（北京）を訪れ、東アジアの情報を初めて西方へ伝えました。そのなかに、日本に関する情報も含まれていました。フビライ・ハンに側近として二十年間仕えたヴェネツィア人のマルコ・ポーロは、福建省の泉州から出航し、インド洋・イラン経由で帰国しました。マルコ・ポーロの証言をまとめた『世界の記述（東方見聞録）』に「ジパング」が登場します。

ジパングは東方海上にある孤島で、カタイ（中国）から一五〇〇海里に位置する巨大な島である。住民の肌は白く、美しい姿をしている。彼らは偶像(仏像)を崇拝し、住民自らによって島を統治している。(中略)住民は莫大な金を持っている。(中略)王宮の床と壁は純金でできており、その厚さは指二本分ほどもある。(『世界の記述』)

泉州は元朝における最大の貿易港で、南宋攻略に協力したイスラム商人の蒲寿庚の本拠地です。「一五〇〇海里」は泉州・博多間の距離と合致するので、マルコのジパング情報は泉州の商人から得たことがわかります。

「指二本分の厚さの純金で覆われた王宮」という妙にリアルな表現は事実に反しますが、この後に続くフビライ・ハンの日本遠征の記録——激しい抵抗と嵐によって遠征は失敗に終わった、という記録は史実をだいたいふまえています。

当時の日本の輸出品は銅と硫黄であり、金ではありません。マルコ・ポーロは何か他の情報源から、「黄金の国ジパング」をイメージしたのでしょう。

その情報源と思われるのが、こちらです。

シナ(al-Sin)の東方にはワークワークの国(bilad al-waqwaq)がある。黄金に富むため、その住民は犬の鎖や猿の頸輪にまで黄金を用い、黄金で織った衣服をもってきて売るほどである。（中略）シナの果て、カーンスー（Qansu）（杭州または揚州）に向き合って、シーラー（bilad al-shila）という山がちで多くの王のいる国があり、そこではあまたの黄金を産する。
（『日本人の中東発見』杉田英明著、東京大学出版会）

この一節は、九世紀のイスラム帝国（アッバース朝）で書かれたイブン・フルダーズベの地理書『諸道と諸国の書』です。奥州平泉の中尊寺金色堂《こんじき》の話が伝わったという説もありますが、金色堂ができたのは十二世紀ですので、関係はありません。

理由はともかく、イスラム世界ではすでに「黄金の国ワークワーク」のイメージが流布していて、この話が泉州のイスラム商人を経て、マルコ・ポーロに伝わったのでしょう。

十四世紀、モンゴル帝国の崩壊によって東西の連絡は途絶えましたが、「黄金の国ジパング」伝説はヨーロッパ諸国に拡散し、これらの情報は「東方の富」への憧れを掻き立て、大航海時代をもたらす要因となります。ジェノヴァ人コロンブスもマルコ・ポーロを読んで、新航路の開拓に乗り出したのです。

十五世紀初頭、日明貿易が始まったころ、前章で説明した明の永楽帝による鄭和艦隊は、羅針盤（方位磁石）を搭載してインド洋を西へ航行し、東アフリカの海港マリンディ（ケニア南東部）に到達したことがわかっています。ソマリア沿岸では大量の中国製陶磁器が出土しますし、ケニアのラム群島には中国人の子孫という伝承をもつ村もあります。

マルコ・ポーロの母国ヴェネツィア共和国は、ライバルのジェノヴァを出し抜いて多くの商人をアジア、アフリカに送り出しており、大航海時代以前に、かなりの情報を集積させていました。

ヴェネツィアの修道士フラ・マウロが作成した世界地図（一四五九年）には、当時、まだ西欧人が到達していなかったはずのアフリカ最南端（喜望峰）がすでに記載され、フラ・マウロ自身による注記があります。


一四二〇年ごろ、一隻の東洋の船あるいはジャンク船が、インド洋を横切って男女諸島をめざし、ディアブ岬（引用者註：喜望峰）を越えた。緑の島々と暗い海を進んでいき、西へ、また西南へ四十日間航海したが、空と海以外に何も見つからなかった。彼らの推計では、船は二〇〇〇マイル航行したが、状況が悪化したので、七十日かけて前述のディアブ岬へ戻った。（Joseph Needham, Science and Civilization in China vol.4, Cambridge University Press、筆者訳）

世界史の教科書では、喜望峰に初めて到達したのは一五八八年のポルトガル人バルトロメウ・ディアスとされていますが、どうも怪しい。すでに喜望峰を周回した無名の船乗りが存在し、その証言がヴェネツィア商人に伝わって、フラ・マウロの世界地図に記録されたのです。

　地中海を経由しない新航路を渇望していたポルトガル人ディアスは、まったく未知の大海原に出航してたまたま喜望峰に到達したのではなく、ある程度の情報をもっていたものと思われます。

　イギリス海軍の元少佐で、作家のギャヴィン・メンジーズは、ベストセラーとなった『1421——中国が新大陸を発見した年』（ヴィレッジブックス）で、鄭和艦隊が喜望峰を回航して北米まで到達していたという仮説を立て、その痕跡の一つとしてフラ・マウロの地図を取り上げています。メンジーズの仮説はたしかに面白いのですが、飛躍や独断が多く、何でも鄭和に結びつけようとするので「トンデモ本」と位置づけられています。ディアス以前に喜望峰を越えた船乗りはいたはずですが、それが鄭和艦隊である必要はありません。

　元は交易を自由化して絹織物を輸出し、従来の銅銭に加えて紙幣や銀が流通しました。し

フラ・マウロが作成した世界地図　上が南。最上部が喜望峰（Photo12）

かし貨幣経済を維持するだけの銀を産出しなかったため、高きから低きに水が流れるように、外から銀が流入したのです。

この段階での銀の産地はイランやヨーロッパ（南部ドイツ）でした。フビライ・ハンの弟であるフレグがイランやシリアを征服してイル・ハン国を建てると、イタリア諸都市とシリアを結ぶ交易ネットワーク（東方貿易）が活発化し、ドイツの銀がモンゴル帝国へ流れ込みました。

この貿易を担ったのがヴェネツィア商人であり、マルコ・ポーロもモンゴルとの通商のため、父と叔父に連れられて東方へ旅立ったのです。

元とは対照的に、統制経済大好きの明が海禁に転じると、たちまち明国内では銀が不足し、商工業は衰退、デフレ不況に陥ります。明は紙幣（宝鈔《ほうしょう》）も発行しますが、銀の裏づけのない紙幣は暴落して紙くず同然になりました。

朝貢貿易は、銀を獲得する唯一の手段でしたが、それは利潤追求という「経済の論理」ではなく、冊封関係という「政治の論理」で行なわれたため、膨大な財政赤字を引き起こしてしまいます。

海禁政策の弛緩を見て、東シナ海沿岸の商人たちが密貿易を開始し、後期倭寇と呼ばれる交易ネットワーク集団を形成したことも、前章で説明しました。中国商人に日本や琉球の商人が混ざった多国籍武装商人団だったのです。

石見銀山を押さえた大内氏の盛衰

戦国時代に入った日本では、各地の大名が軍資金を得るために鉱山開発にいそしみ、大量の金銀が採掘されます。

島根県の石見《いわみ》銀山は日本最大の銀山で、十七世紀には世界の三分の一の銀を産出した大銀山です。二〇〇七年にはユネスコの世界文化遺産にも登録されました。

守護大名の大内氏がこの銀山を開発し、博多商人の神屋寿貞《じゅてい》が導入した灰吹《はいふき》法によって、銀の量産に成功します（一五三三年）。

神屋家は勘合貿易に出資して莫大な富を得ていたうえ、石見銀山も押さえたことで、博多第一の豪商となりました。

ちなみに寿貞の曾孫の神屋宗湛《そうたん》は、豊臣秀吉に仕えて朝鮮出兵の兵站《へいたん》を担い、千利休と並ぶ茶人として知られます。

秘伝の「博多文淋《ぶんりん》」という茶器を譲ってくれと求める秀吉に対し、「日本国の半分となら交換しましょう」と答えて断念させたという逸話があります。

コラム 銀の精錬技術

銀鉱石から銀を取り出す精錬法には、灰吹法とアマルガム法がある。灰吹法は神屋寿貞が朝鮮から招いた技術者が伝えたもので、砕いた銀鉱石を鉛と一緒に溶かして不純物を取り除き、灰に鉛を吸収させて銀を得る。スペインが開発した中南米の銀山では、鉛の代わりに水銀を使うアマルガム法が採用された。いずれも鉛や水銀の蒸気を吸い込むために健康を害し、作業員はきわめて短命だった。石見では作業員が三十歳を迎えると「長寿」として、赤飯を炊いて祝ったという。

石見銀山の存在が明らかになると、戦国大名の銀山争奪が激烈になります。博多商人の神屋家に石見銀山を開発させたのは、山口を拠点とする守護大名の大内氏でした。

大内氏は南北朝の動乱に乗じて中国地方から北九州へ勢力を拡大し、博多と関門海峡を支配下に置きます。この結果、大陸からの使者は大内氏の所領に来航することになり、明との勘合貿易や朝鮮との外交を大内氏が握ったのです。大内氏の勘合船が細川氏の勘合船を襲撃した寧波の乱については、第9章で説明しました。

大内氏は「百済の聖明王の末裔」と称するようになり、倭寇鎮圧を求める朝鮮側は、大内氏との外交関係を維持しました（対馬の宗《そう》氏が朝鮮外交を担うのは、大内氏の滅亡後です）。

応仁の乱で京都が荒廃すると、第三十一代当主である大内義隆《よしたか》は、多くの公家や文化人を招きました。山口は「西の京」と呼ばれて繁栄を極めます。国宝の瑠璃《るり》光寺《こうじ》五重塔は、この時代の山口の繁栄をいまに伝えます。このころ、京都での布教に失敗したイエズス会の宣教師フランシスコ・ザビエルは山口に滞在して義隆と面会し、布教許可を得ています。

その大内氏の財源である石見銀山を、出雲（島根県）の尼子《あまご》氏、安芸（広島県）の毛利氏が虎視《こし》

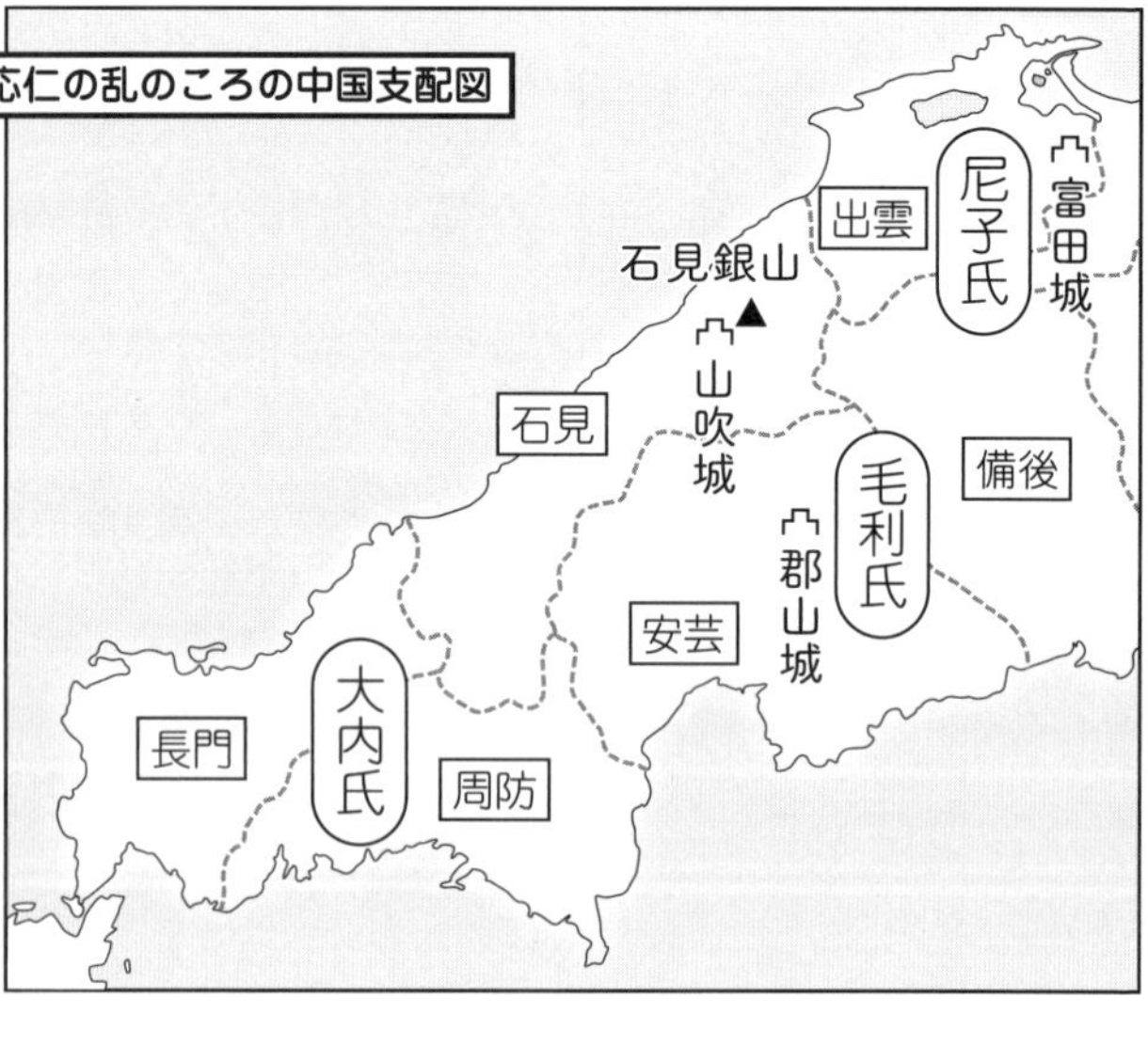

耽々《たんたん》と狙っていました。

大内義隆の重臣である陶晴隆《すえはるたか》(陶隆房《すえたかふさ》)は、尼子攻めに消極的な主君に不満を抱き、毛利と密約を結びます。

一五五一年、陶晴隆がついに挙兵し、山口に攻め込みます。直前まで能に興じていた大内義隆は敗走、禅寺の大寧寺《だいねいじ》で出家したあと反乱軍に包囲され、自害しました(大寧寺の変)。

大内義隆、辞世の句。

討つ者も　討たるる者も　諸《もろ》ともに　如露《にょろ》亦如電《やくにょでん》　応作如是観《おうさにょぜかん》

下《しも》の句の漢文は、仏典の『金剛般若経《こんごうはんにゃ》』の一節です。

「露《つゆ》のごとく稲妻のごとくはかない。このように世界を観じよ」

の意味で、義隆の教養が溢れています。

謀反人の陶晴隆は、自害した義隆の養子を傀儡として大内氏の実権を握ろうとしますが、尼子氏、毛利氏、村上水軍が次々に離反したため、中国地方は無政府状態に陥ります。

このうち、村上水軍と同盟した毛利元就《もとなり》が一五五五年に陶晴隆を討ち(厳島の戦い)、また尼子氏を滅ぼして中国地方を統一。石見銀山と瀬戸内水運を掌握して、西国一の戦国大名となります。同じころ、織田信長が足利義昭を奉じて入京し（一五六八年）、義昭を将軍に擁立します。九州では島津義久ら島津四兄弟が勢力を拡大して島津家を九州一の勢力に押し上げ、毛利氏を信長が東から、島津氏が西から脅かすようになりました。

こうした下剋上で国内が騒然とするなか、ポルトガル人が来航します。

インド洋から南シナ海にかけてはイスラム商人、東シナ海にはすでに倭寇の交易ネットワークがありました。ヨーロッパの小国であるポルトガルは、インドのゴア、マレー半島のマラッカ、明のマカオなど貿易拠点の確保に専念し、スペインがアメリカ大陸で行なったような領域支配は断念したのです。

ポルトガル商人は日本へ鉄砲や中国の絹を輸出し、銀を獲得しようとしました。種子島《たねがしま》への「鉄砲伝来」という事件（一五四三年）は偶発的に起こったのではなく、起こるべくして起こったのです。

驚くべき速さで伝わった鉄砲技術

インド西海岸のゴアを拠点とするポルトガルのインド総督アフォンソ・デ・アルブケルケ

は、武装商船を東シナ海へ送り込みました。

一五一一年、ポルトガル艦隊はマレー半島のイスラム国家マラッカ王国に砲弾を撃ち込んでこれを滅ぼすと、スマトラ島からモルッカ諸島に至るインドネシアの島々を次々に攻略していきました。目的は香辛料です。これらの地域に点在した小王国は、大砲を装備したポルトガル艦隊の敵ではありませんでした。

東シナ海の北には中国（明朝）があります。中国産の絹織物や陶磁器をヨーロッパへ持ち込めば、香辛料以上の高値で売れるでしょう。

ポルトガルは、超大国の明に対しては正式な使節団を派遣します。国交を結び、通商許可を得るためです。

一五一七年、ポルトガル王ジョアン二世の使節であるトメ・ピレスが広州に上陸します。ピレスは薬剤師出身でした。当時の香辛料は薬として使われることが多く、その知識を買われて東洋へ派遣されたのです。

三年間、広州にとどめ置かれたピレス一行は、ようやく北京に至りましたが、明側はあくまで朝貢使節と見なします。鄭和の「南海遠征」以来、五〇カ国以上が明に朝貢していましたから、明には「対等外交」という概念がありませんでした。

そのうえ、先に入京していたマラッカ王国の使節がポルトガルの非道を訴えたため、皇帝はピレスとの面会を拒否。広州に戻ったピレスは投獄され、その後の消息がわからなくなってしまいます。

正規の国交が開かれぬまま、次々に来航したポルトガル商人は、倭寇と一緒になって密貿易にいそしみました。

同じころ、大内氏の勘合船が細川氏の勘合船を襲撃する寧波の乱（一五二三年）を起こし、また大内義隆が陶晴隆の下剋上（大寧寺の変）で滅ぼされたため、公式の日明貿易（勘合貿易）も断絶します。

このころから後期倭寇と呼ばれる武装密貿易集団が暗躍するようになり、その根拠地となったのが寧波沖、舟山群島の双嶼港でした。ここにポルトガル商人が参入し、東シナ海はカオス状況になっていきます。

王直《おうちょく》（王五峰《ごほう》）は、双嶼港を本拠地とする倭寇の首領です。塩を扱う商人でしたが倭寇に身を投じ、日本の五島列島との密貿易で莫大な利益をあげました。日本から密輸した主力商品は、例の石見銀です。

双嶼港にはすでにポルトガル商人が出入りしており、日本との新たなビジネスの可能性を探っていました。日本が戦国時代に突入し、武器の需要が高いという情報は、おそらく王直が伝えたのでしょう。

一五四三年、王直のジャンク船が日本へ向けて出港しました。ポルトガル人二人が同乗し、日本側の記録（『鉄炮記』）では「牟良叔舎《むらしゆくしや》」と「喜利志多佗孟太《きりしただもうた》」、ポルトガル側の記録ではフランシスコ・ゼイモトとアントニオ・ダモッタの二人とされます。フランシスコが牟良叔舎と表記されたわけですが、アントニオがなぜ喜利志多になったのかはよくわかりません。

ジャンク船は種子島に到達し、領主で十六歳の種子島時堯《ときたか》が初めて見る西洋人二人と面会しました。このとき通訳を務めたのが「大明儒生《じゆせい》五峰」、明の知識人である王五峰（王直）であったと『鉄炮記』は伝えます。

時堯はポルトガル人から鉄砲二丁を二〇〇〇両（数億円）という破格の値で買い上げました。一丁は手元に置いて、鍛冶職人である八板金兵衛《やいたきんべえ》に渡します。

金兵衛は鉄砲を分解して徹底的に調べ上げました。ネジのつくり方がわからず、娘の若狭《わかさ》をポルトガル人に嫁がせて、技術を学んだという伝説もありますが、二年後には国産第一号の鉄砲製造に成功します。

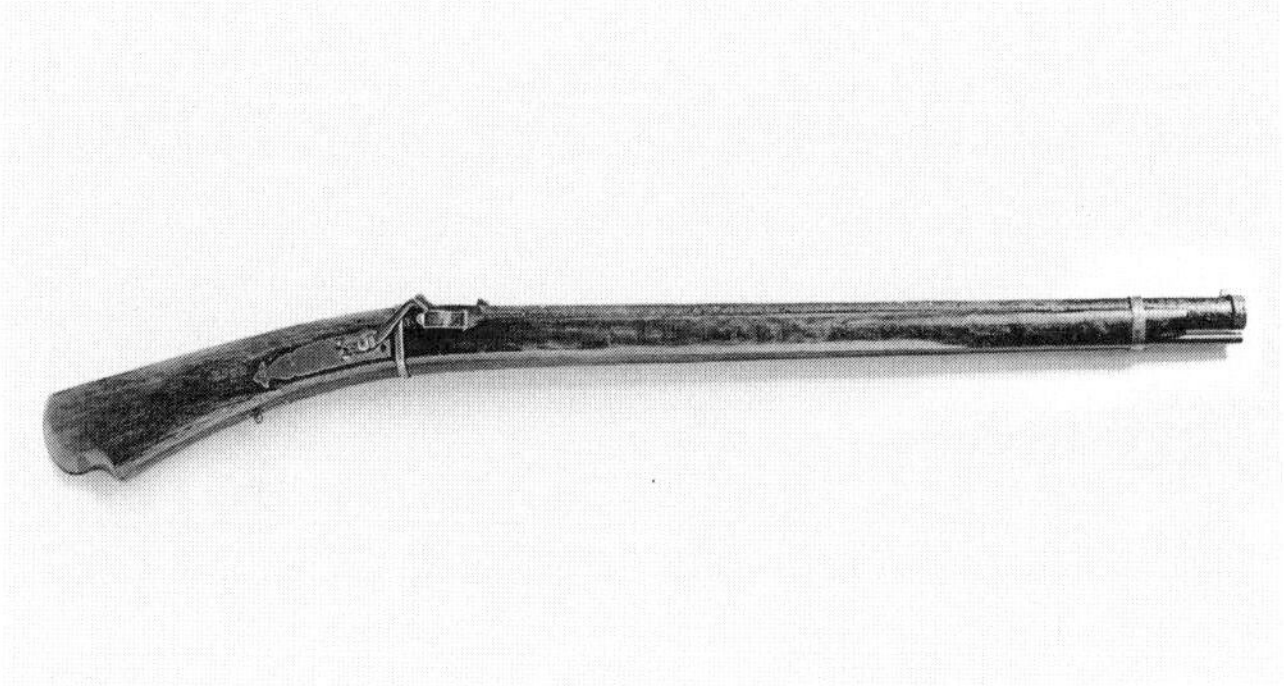

種子島に伝来した鉄砲（種子島氏蔵 種子島開発総合センター「鉄砲館」提供）

では、時堯が買い付けたもう一丁の鉄砲はどうなったのか?

噂を聞いて種子島にやってきた津田数長《かずなが》(津田監物《けんもつ》)という人物の手に渡ったのです。津田は紀州(和歌山県)の根来《ねごろ》寺の僧兵隊長で、根来の刀鍛冶である芝辻清右衛門《しばつじせいえもん》に預けて複製を命じました。その二年後、清右衛門は鉄砲のコピー生産に成功します。

清右衛門はのちに堺へ移り、根来と堺は日本における鉄砲製造の中心となりました。この結果、紀州には鉄砲を自在に操る地侍《じざむらい》の集団が出現します。彼らは根来衆《ねごろしゅう》とか雑賀《さいか》衆《しゅう》と呼ばれ、各地の大名に傭兵隊として仕えました。紀州には浄土真宗(一向宗《いっこうしゅう》)の門徒が多く、加賀の一向一揆、伊勢長島の一向一揆、大坂にあった浄土真宗の総本山・石山本願寺

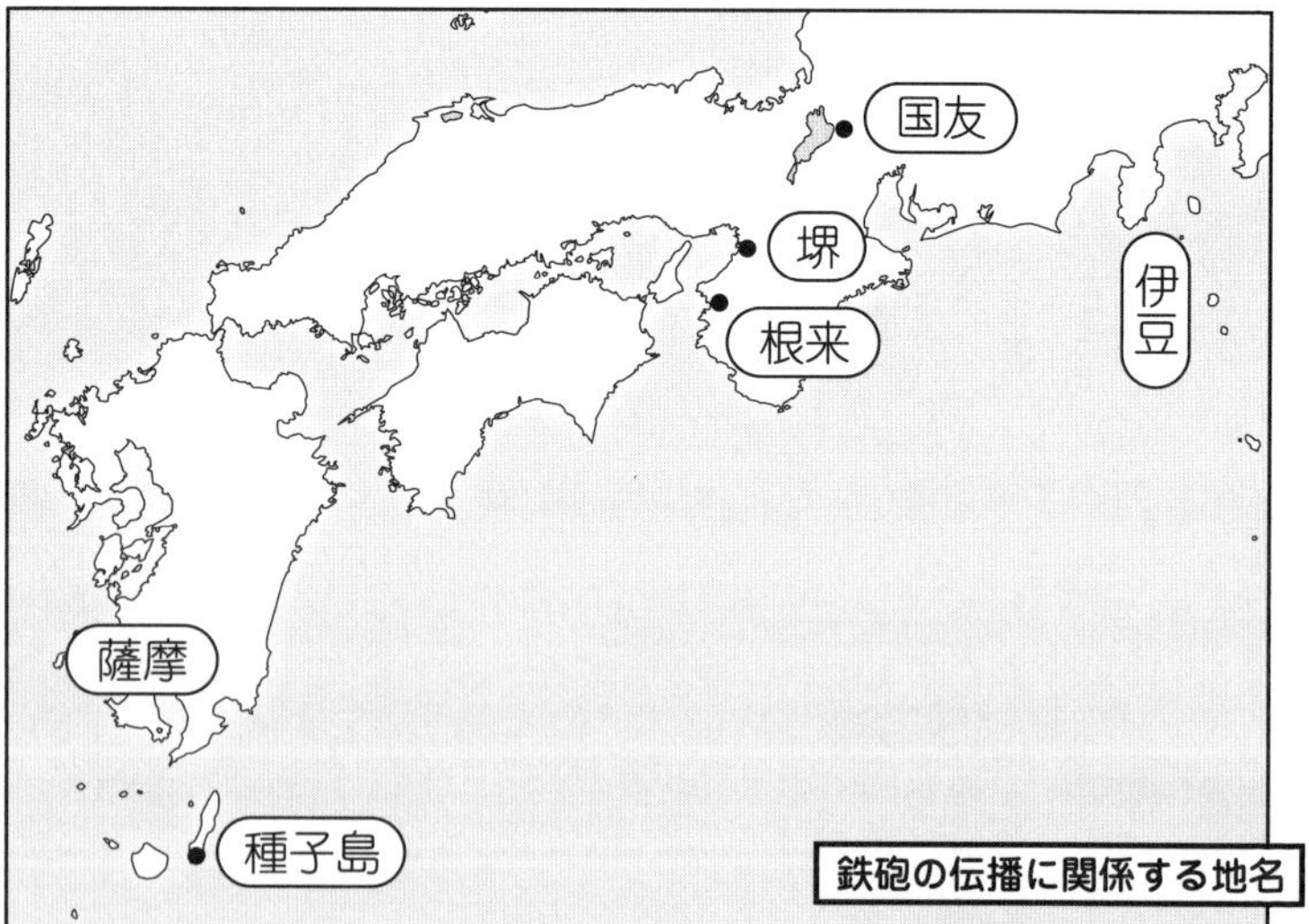

鉄砲の伝播に関係する地名

と信長との戦い（石山合戦《かっせん》）でも、大量の鉄砲が使われています。
鉄砲の産地としてはほかに近江国《おうみのくに》（滋賀県）、琵琶湖の東北の国友村《くにとも》が有名です。種子島で複製された鉄砲を、薩摩経由で献上された十三代将軍足利義晴が国産化を命じ、国友村の刀鍛冶たちがこれに成功したのが始まりです。織田信長から鉄砲の大量発注を受けたのがこの国友村で、天下統一に寄与しました。時系列で見ておきましょう。

種子島（一五四三年）→紀伊の根来寺（一五四四年）→堺
種子島（一五四三年）→薩摩→足利将軍家→近江の国友村（一五四四年）

驚くべき技術伝達の速さです。

火薬の原料＝硝石輸入の窓口となった堺

こうして鉄砲は国産化されましたが、弾《たま》を撃つには火薬が必要です。黒色火薬は宗代の中国人が発明し、硫黄＋木炭三割と、酸化剤の硝石《しょうせき》七割を調合してつくります。火山国で森林が多い日本は、硫黄と木炭は豊富ですが、硝石は輸入に頼らざるをえません。

日本よりやや遅れて明にも鉄砲・大砲が伝わりました。明は倭寇の強大化を恐れて硝石の対日輸出を禁じますが、ポルトガル商人が中国産やインド産の硝石を日本へ密輸しました。

コラム 火薬の原料・硝石

硝石は窒素化合物で、排泄物などの有機物をバクテリアが分解してできる。しかし水溶性なので、露天での採掘は難しい。下水がなかった時代、床下に捨てられた糞尿が土に染み込み、生成された硝石が地表で結晶化した。西欧諸国では硝石確保のため、採掘人に民家や家畜小屋の床下を掘り返す権利を与えた。

日本でも、合掌造《がっしょうづく》りで有名な加賀の五箇山《ごかやま》（富山県）で、屋根裏部屋でカイコを飼い、その糞を土と混ぜて床下で硝石を生産していた。鉄砲が量産されると国産では足りず、中国やインドからの輸入に依存するようになった。

硝石の輸入窓口である堺が、鉄砲の産地になったのはこういう理由です。信長はこの堺を攻略して硝石を安定的に入手する一方、ポルトガル商人に便宜をはかってカトリック教会の宣教師にも布教を許可しました。

一五七一（元亀二）年、信長を背後から脅かす甲斐《かい》（山梨県）の武田信玄は上洛を決意し、信長と結ぶ徳川家康の領国である三河《みかわ》（愛知県）方面に侵攻し、わずか三カ月で家康方の城塞を次々に攻め落としますが、信玄の突然の病死によって計画は頓挫します。

その後、織田・徳川軍は三〇〇〇丁の鉄砲を配備し、三河の長篠城《ながしのじょう》へ救援に向かいました。信玄の子である勝頼《かつより》は騎馬軍団の突撃を繰り返しますが、何重もの馬防柵と防塁に阻まれて敵本陣にたどり着けず、鉄砲の餌食になりました。武田軍の損害一万に対し、織田・徳川軍の損害は六〇人。これが長篠の戦い（一五七五年）です。実戦でも大々的に鉄砲が使用されるようになったのです。

九州の諸大名も硝石確保のためポルトガル商人を誘致し、布教を許可するのみならず、自らカトリックに改宗する者も現れました。大村純忠《すみただ》、大友宗麟《そうりん》（義鎮《よししげ》）、有馬《ありま》晴信、小西行長《ゆきなが》などのキリシタン大名です。

近畿地方の統一をめざす信長が硝石を直接輸入するには、堺の確保が不可欠でした。

大阪平野は当時もまだ湿地帯であり、のちに秀吉が大坂城を建てる上町台地には、浄土真宗（一向宗）の総本山である石山本願寺が城砦のようにそびえ、多くの僧兵を抱えていました。

石山本願寺は宗教センターであると同時に、瀬戸内海から京都方面に向かう水運の拠点でもありました。雑賀衆などの鉄砲集団には一向宗の門徒が多く、本願寺は硝石輸入の窓口である堺の商人とも結びついていました。

一五六八（永禄十二）年、室町幕府最後の将軍となる足利義昭を奉じて入京した信長は、堺を包囲し、矢銭《やぜに》（軍用金）の支払いを要求します。堺の自治を担ってきた大商人たち（会合衆《えごうしゅう》）は協議の結果、信長の要求を受け入れ、堺商人の今井宗久《そうきゅう》が信長の代官に任じられました。

こうして硝石を確保した信長は、大阪湾の水運を握るべく、石山本願寺の攻略に着手します。この石山合戦はじつに十年（一五七〇～八〇年）にも及び、信長を苦しめます。

本願寺の抵抗を支え続けたのが先の毛利氏であり、毛利氏が提供する米や軍需物資を輸送したのが、瀬戸内海賊の村上水軍でした。室町時代には勘合船の護衛も請け負った海賊衆で、戦国時代には自立して瀬戸内海の要所に関所を設け、通航税を取り立てました。和田竜氏のベストセラー小説『村上海賊の娘』（新潮社）は、彼らの生態を生き生きと描いています。

信長は伊勢志摩の九鬼《くき》水軍を動員しましたが、村上水軍が放つ焙烙《ほうろく》（焼夷弾）に苦しめられます。元寇のときに元軍が使用した「てつはう」と同じようなものでしょう。信長は、甲板をすべて鉄板で覆った全長二二メートルの鉄甲船七隻を建造し、ようやく村上水軍を制圧しました。こうして石山本願寺は落城し、その跡地には、秀吉の手で大坂城が建造されるのです。

ポルトガルの「勢力圏」とされていた日本

一五三四年、スペイン人貴族であるイグナティウス・ロヨラ、フランシスコ・ザビエルら七人が留学先のパリでイエズス会を結成しました。イエズス会はローマ教皇に絶対の忠誠を誓い、ドイツのマルティン・ルターが一五一七年に始めた宗教改革（プロテスタント）の運動に対抗して世界に宣教師を派遣し、カトリックの布教に努めました。

スペインのイサベル女王が派遣したコロンブス艦隊が新大陸に到達すると、スペイン・ポルトガルはカトリック国同士の紛争を避けるため、一四九四年、大西洋の真ん中に分界線を設定し、西側の新大陸をスペイン、東側のアフリカとアジアをポルトガルの勢力圏とすることで合意しました（トルデシリャス条約）。

両国はそれぞれの勢力圏（デマルカシオン）内の貿易を独占し、修道会に布教許可を与え、植民地を拡大することができる、とする定めです。

この結果、イエズス会のアジア布教はポルトガル政府の許可のもとで行なわれ、宣教師はポルトガル商船に便乗してアジアへ向かいます。

イエズス会創設者の一人であるザビエルは、自ら志願してポルトガル船に乗り、インド総督府が置かれたゴアに上陸。インドでの布教を経てマラッカ（現・マレーシア）に至ります。

ここで日本人アンジローと出会い、日本布教を決意しました。ザビエルは、のちに訪れる山口のことを「アマングチ」と書くなど、日本語の「ヤ」を「アン」と表記します。「アンジロー」は「ヤジロー（弥次郎）」だった可能性が高く、以下、そのように表記します。

ヤジローは鹿児島の出身。殺人罪で追われ、ポルトガル船に便乗してマラッカに逃亡していました。フロイス（後述）はこのヤジローについて「海賊だった」と伝えています。おそらく倭寇の一員だったのでしょう。

一五四九年（鉄砲伝来の六年後）、ザビエル一行はジャンク船（倭寇船）でマラッカを出航します。四カ月の航海ののち、ヤジローの案内で薩摩国（鹿児島県）に上陸しました。

薩摩の領主である島津《しまづ》貴久《たかひさ》は、ザビエル上陸と同年に起こった大隅の薩摩統一戦で、日本で初めて鉄砲を使った大名です。当然、ポルトガル人との南蛮貿易にも熱心であり、硝石の輸入に期待してザビエル一行を厚遇しました。しかし一神教であるキリスト教の宣教師は、仏教界との対立を招きます。九州での布教を断念したザビエルは、「日本国王」から布教許可を得るために京の都へ向かいます。

瀬戸内海を航行し、堺から上陸して入京したザビエルが見たものは、応仁の乱で荒廃したままの京の都でした。後奈良天皇、第十三代将軍足利義輝の謁見も、献上品がないために許されず、無駄足に終わります。

しかし帰途に立ち寄った山口で、天皇に献上するはずだったインド総督の親書、眼鏡と時計を大内義隆に渡して布教許可をもらい、五〇〇人を改宗させるという成果を得ました。

その後、たまたま大分に来航したポルトガル船に便乗して豊後国《ぶんごのくに》（大分県）へ移り、同地の大名である大友宗麟に厚遇されて布教を行ないました。宗麟は晩年にカトリックに改宗し、ザビエルのファーストネームを受け継いでフランシスコ（府蘭）と名乗ります。

ザビエルはイエズス会本部宛ての書簡で、日本について報告しています。

私には、日本人より優れた不信者国民（非キリスト教徒）はいないと思われる。日本人は、総じて良い素質をもち、悪意がなく、交わってすこぶる感じがよい。彼らの名誉心は特別強烈で、彼らにとっては名誉がすべてである。

かれらは盗みの悪を非常に憎んでいる。たいへん心の善い国民で、交わり学ぶことを好む。

私はこれほどまでに武器を尊重する国民に出会ったことがない。日本人は実に弓術に優れている。（中略）一番大きな闘争力をもっている者が、もっとも強い支配者になる。彼らは一人の国王をもっているが、もう一五〇年以上もその国王に臣従していない。

（『聖フランシスコ・ザビエル全書簡３』より所収）

インドや東南アジアを見聞してきたザビエルが見た日本人は、民度が高く、キリスト教を理解できるものの、きわめて戦闘的です。まだ鉄砲が普及しておらず、武器の輸出先として有望だということです。

日本布教を同僚の宣教師トーレスに託したザビエルは、最後の目的である中国布教を志し、広州に上陸しようとしますが、その直前に上川島《じょうせん》で病死しました。

その後、イエズス会本部はアジア布教の成果を確認するため、イタリア人の巡察使アレッサンドロ・ヴァリニャーノを派遣します。巡察使はイエズス会総会長の代理人として、絶大な権力をもっていました。

一五七九（天正七）年に日本に着いたヴァリニャーノに完成直後の安土城で接見した織田信長は、布教許可を快諾し、安土城下を描いた豪華な屛風絵を贈呈しました。

日本布教の可能性を見出したヴァリニャーノは日本人宣教師を育成する必要を悟り、信長の安土城下と、キリシタン大名である有馬晴信の城下の肥前有馬に小学校（セミナリオ／セミナー）を、大友宗麟の城下町である豊後（大分）に大学（コレジオ／カレッジ）を創設します。この段階で、すでに日本人信徒は一〇万人に達していました。

ヴァリニャーノは日本人信徒の少年をヨーロッパに派遣する計画を立て、有馬のセミナリオで学んでいた伊東マンショを正使とする十代前半の少年四人（伊東マンショ、千々石《ちぢわ》ミゲル、中浦ジュリアン、原マルチノ）を伴って離日します（天正遣欧少年使節団）。

ヴァリニャーノとゴアで別れた一行は、喜望峰経由でポルトガルのリスボンに上陸し、スペインの首都マドリードで国王フェリペ二世に謁見。地中海に出てイタリアに再上陸し、ローマで教皇グレゴリウス十三世と謁見（一五八五年）。この教皇が死去すると、次のシクストゥス五世の就任式に出席し、帰途につきました。一行の滞在中にヴェネツィアで描かれた伊東マンショの肖像画が、二〇一四年に発見されています。

ゴアで再びヴァリニャーノと合流し、八年の歳月を経て大任を果たした四人は、すでに二十歳を過ぎていました。すでに信長はこの世になく、後継者となっていた秀吉に京都の聚《じゅ》楽第《らくてい》で謁見した伊東マンショは教会音楽を奏でました。一行が持ち帰ったグーテンベルクの活版印刷機は肥前有馬、のちの天草のコレジオに運ばれ、『キリシタン版』の刊行に寄与しました。

しかしその秀吉は四年前、後述するように伴天連《バテレン》（宣教師）追放令を発していたのです。遣欧使節四人のうち若くして病死した伊東マンショを除き、一人は処刑、一人はマカオ追放、一人は棄教という過酷な運命をたどります。

硝石の輸入と引き換えにキリスト教の布教を認めるという基本方針を、なぜ秀吉が撤回したのか？　そこにはポルトガルの奴隷貿易の闇と、スペインの軍事侵攻の影がありました。

日本人奴隷貿易に加担したキリシタン大名たち

中世にカトリック諸国が、聖地エルサレムをイスラム教諸国から奪還することを目的に派遣した十字軍の遠征以来、地中海世界ではキリスト教徒とイスラム教徒の長い戦いが続き、海賊が横行していました。捕虜のうち、高貴な者は身代金を要求して実現すれば釈放し、身代金の取れない貧しい者は、そのまま奴隷として売却されます。『ドン・キホーテ』の作者であるミゲル・デ・セルバンテスも、スペイン海軍に従軍中にアルジェリア海賊の捕虜となり、教会に身請けされて釈放された経験があります。

西アフリカ沿岸を南下したポルトガル商人は、現地の国々に鉄砲を売りつけました。鉄砲で武装した沿岸諸国は内陸諸国との戦争を続け、大量の捕虜を獲得すると、ポルトガル商人に奴隷として売却しました。彼らの大半はアメリカ大陸へ輸出され、大農園で酷使されたのです。

白人が黒人狩りをしたのではなく、ベニン王国（現・ナイジェリア）、アシャンティ王国（現・ガーナ）など黒人国家が積極的に奴隷狩りを行ない、白人商人に売りつけて巨利を得たのです。

大西洋の奴隷貿易にはオランダ人、フランス人、イギリス人も従事し、アメリカ大陸へ運ばれた奴隷の総数は一二〇〇万人と推計されます。その多くは若年層でしたから、西アフリカ諸国は労働人口が激減して衰退し、十九世紀までにイギリスとフランスの植民地に転落していきました。

こうしてアフリカ沿岸で徴発された多くの黒人奴隷がポルトガル商船で連れてこられ、寧波沖の倭寇の根拠地で

狩野内膳「南蛮屏風」に描かれた黒人奴隷（神戸市立博物館蔵）

も働いていました。安土城でヴァリニャーノに接見した信長は、ヴァリニャーノの召使いであった黒人奴隷をもらいうけ、弥助《やすけ》と名づけています。信長旧臣の太田牛一《ぎゅういち》が記した『信長公記《しんちょうこうき》』には、こうあります。

切支丹《きりしたん》国より、黒坊主参り候。十人力《りき》の剛力《ごうりき》、牛のように黒き身体

弥助はモザンビーク出身の巨漢で、信長は彼を非常に気に入って従者に取り立てました。本能寺の変が起こると、弥助は主君である信長を守って奮戦しますが捕らわれます。明智光秀は彼の命を助け、京の南蛮寺（カトリック寺院、二六二ページの図を参照）に預けました。弥助のその後の消息は不明です。

ポルトガル人が編み出した奴隷貿易のシステムは、じつは日本でも稼働していました。彼らがもたらした鉄砲の普及は戦国大名同士の戦いを激化させ、キリシタン大名は捕虜をポルトガル商人に売却したのです。

教皇庁は「神の敵」すなわち異教徒の奴隷化を公認していたので、イエズス会宣教師も奴隷貿易を黙認しました。一五七一年には布教への悪影響を懸念したポルトガル王セバスティアン一世が日本人奴隷禁止の勅令を出しますが、守られませんでした。

肥前（佐賀県・長崎県）の領主である大村純忠は、ザビエルの同僚であるトーレス神父から洗礼を受け、日本初のキリシタン大名となりました。小さな漁村だった長崎にポルトガル船を誘致したのが、この人物です。

近隣の龍造寺氏が攻め込むと、純忠はポルトガル人に援軍を求めてこれを撃退し、長崎をカトリック教会に寄進します。甥の有馬晴信も熱心なキリシタン大名となり、遣欧少年使節を送り出します。

初めはポルトガル商人誘致のためでしたが、次第にキリスト教の信仰にのめり込んだ純忠は、領内の神社仏閣を破壊し、先祖の墓まで破壊してしまいました。

イエズス会はこれについて、どういう態度をとったのか？　イエズス会の日本準管区長ガスパル・コエリョが大村純忠に与えたアドバイスです。

殿（大村純忠）がデウス（引用者註：神）に感謝の奉仕を示し得るには、殿の諸領から、あらゆる偶像（引用者註：仏像）礼拝とか崇拝を根絶するに優るものはない。それゆえ殿はそのように努め、領内にはもはや一人の異教徒もいなくなるように全力を傾けるべきである。

（『完訳フロイス日本史10』）

こうして大村純忠は領民六万人を強制的に改宗させ、改宗を拒む者を「異教徒」として弾圧し、奴隷としてポルトガル人に売り払いました。純忠の行為は、西アフリカのベニン王国がやったことと大差ありません。臨終の床で涙を流し、ペットの小鳥を籠から逃してやったという心優しい純忠ですが、奴隷として海外に売り飛ばされた同胞のことには思いが至らなかったようです。

日本人奴隷は捕虜や誘拐された被害者のほか、年季奉行人＝「期限つき奉行人」というかたちでも輸出されました。アジア各地や中南米に残る裁判記録から、ポルトガル名やスペイン名を名乗る日本人奴隷が無数に存在したことを明らかにしたのが、東京外国語大学のルシオ・デ・ソウザ氏です（『大航海時代の日本人奴隷』岡美穂子氏との共著、中公叢書）。これらの事実に目を背けたまま、秀吉の禁教令を論じることはできないのです。

第11章

豊臣秀吉の伴天連追放令と朝鮮出兵

九州が「フィリピン化」した可能性

十六世紀はスペインの世紀と呼ばれます。

数百年続いたイスラム教徒との戦い（レコンキスタ：再征服／国土回復運動）に勝利したスペインのイサベル女王は、カトリックの布教とアジアの香辛料入手のため、ジェノヴァ人コロンブスの航海を支援します。

コロンブスは二カ月余の航海を経てカリブ海の島々へ到達し、スペインの国旗を立てました（一四九二年）。

その直後から始まった「異教徒」の先住民に対する容赦ない殺戮と奴隷化については、ドミニコ会の修道士ラス・カサスが、スペイン王カルロス一世に宛てた報告書（『インディアスの破壊に関する簡潔な報告』）に生々しく記されています。

実利中心だったポルトガルに対し、スペインの新大陸征服は、カトリックを世界へ広める「聖戦」として行なわれました。「異教徒の蛮族を救済する」という名目で続けられたのです。

鉄砲と大砲で武装したエルナン・コルテス、ピサロらスペイン人征服者たちが、石器の弓矢と槍しかもたないアステカ文明、インカ文明を滅ぼします。一五三三年、最後のインカ皇帝となったアタワルパをカトリックへ強制改宗させ、「魂の救済」を教会が約束してから処刑しています。

新大陸の先住民を奴隷化して採掘した莫大な量のアメリカ銀はスペインの財政を支え、新たな征服戦争を可能にしました。

南米を周回して太平洋を横断したフェルディナンド・マゼランの艦隊は、中国近海の島々に流れ着きました。マゼランは王太子フェリペの名にちなんで、その地をフィリピンと名づけます。スペイン人は「蛮族」フィリピン人にカトリック改宗を強制し、従わぬ者を殺害しました。マゼランを戦死させたラプ・ラプのような英雄も現れますが、弓矢しかなかったフィリピン諸島は、最終的にスペインの火力の前に屈したのです。

「フィリピン（スペイン語でフェリペナス）」にその名を刻んだスペイン王フェリペ二世は、母からポルトガル王位をも継承し、アフリカ沿岸からモルッカ諸島までの広大な植民地をも支配しました。

「わが領土に太陽の沈むことなし」という意味で、「太陽の沈まぬ国」を現出させたのです。

フィリピンではそれまでのイスラム教や土着宗教が根絶され、住民の多数はカトリックに改宗しました。フィリピン人はいまもホセ、アントニオ、ロドリゴ、マリアなどのスペイン名を名乗っています。スペイン人の来航以前とは、歴史が断絶しているのです。

フェリペ二世が次に狙ったのは、いまだスペインの支配下に入らないオスマン帝国、中国、日本でした。しかしオスマン帝国はヨーロッパに先駆けて大砲を配備した軍事大国。中国(明)も巨大な人口を擁し、征服は困難と思われました。

では、日本はどうか?

アステカを滅ぼしたコルテスは、インカ征服に向かうピサロにこうアドバイスしています。

「王を捕らえよ」

王が政教両権を握る統一国家だったアステカとインカは、鉄砲・大砲を配備したスペイン軍によって首都が陥落し、王が捕らわれたことであっけなく崩壊しました。

しかしイエズス会がもたらした情報は、日本がすでに鉄砲が普及した重武装の大国であり、しかも絶え間ない内戦で国内が乱れ、国王の権威が失墜している、というものでした。

とすれば、スペイン軍による日本の直接占領は困難です。しかし日本人の領主(大名)をカトリックに改宗させてスペイン国王に忠誠を誓わせ、スペインの尖兵として利用することは可能でしょう。イエズス会の働きかけにより、九州にキリシタン大名が出現したのは、この計画の一端でした。

織田信長の登場は、この計画を狂わせました。四分五裂していた日本を統一しようという強大な「王」が出現したのです。この尊大な人物が、石山本願寺や一向一揆、延暦寺などの仏教勢力（宣教師から見れば「異教徒」）との戦いを続け、火薬の原料である硝石を大量に必要としていることを知った巡察使ヴァリニャーノは、安土城で信長に謁見しました。

仏教嫌いの信長をカトリックに改宗させることができれば……。しかし信長はあらゆる宗教を超越し、それどころか彼自身を神と崇拝させようとしていたのです。

安土城は、熱田神宮の宮大工だった岡部又右衛門親子が設計に参画しました。戦国時代の城としては異例なことに防衛施設がほとんどなく、信長の政治権力を誇示するための象徴的な建築です。

天主（「天守」ではありません）は、宣教師から学んだと思われるキリスト教の聖堂（天主堂）にヒントを得たもので、吹き抜け構造や八角形の外観はルネサンス建築（たとえばフィレンツェのサンタ・マリア大聖堂）と共通します。

信長に案内されて安土城天主に登ったヴァリニャーノは、異様な光景を目にします。八角形の五層の襖《ふすま》絵には大日如来を中心とする諸仏が、方形の六層（最上階）には孔子、老子など中国の聖人が描かれ、その中心に信長が座す——神仏が「最高神」信長を礼拝するかたちになっていたのです。

城内に併設された摠見寺《そうけんじ》は日本仏教を統括すると同時に、信長を崇拝させる寺院でした。

神々の社には、通常、日本では神体《シンタイ》と称する石がある。それは神像の心と実体を意味するが、安土にはそれがなく、信長は、予自らが神体である、と言っていた。しかし矛盾しないように、すなわち彼への礼拝が他の偶像へのそれに劣ることがないように、ある人物が、それにふさわしい盆山《ボンサン》と称せられる一個の石を持参した際、彼は寺院の一番高所、すべての仏《ホトケ》の上に（中略）その石を収納するように命じた。

（『完訳フロイス日本史３』）

信長は、安土に登城する諸大名に摠見寺参拝を義務づけ、信長の誕生日には庶民にも、摠見寺を拝せば利益があるといいました。

信長よりやや遅れて一五六〇年に即位したインド・ムガル帝国の君主アクバル帝は、イスラム教・ヒンドゥー教・キリスト教を融合した「神聖宗教《ディーネ・イラーヒー》」を創設し、彼自身を神格化しました。信長がめざしたのも、これと同じようなものだったのでしょう。

ヴァリニャーノは安土城に感嘆しつつ、信長の危険性を察知しました。

その後、西日本に割拠する諸大名の攻略を決断した信長は、中国地方の雄である毛利家の攻略を秀吉に任せていましたが、援軍を求める秀吉の書状を見て安土城を出発、少数の護衛とともに京の本能寺に宿泊しました。信長に出兵を命じられ、近江坂本城を発した明智光秀の軍勢は途中、進路を変更して京に入り、本能寺を囲みます。

信長は抗戦むなしく自害し、本能寺は炎上しました。

この本能寺の変（一五八二年）について、宣教師フロイスは、「天罰」と見なしています。

本能寺の隣にはイエズス会が建てた南蛮寺（カトリック教会）があり、また光秀の娘の細川ガラシャはのちに受洗してキリシタンとなります。イエズス会と光秀とのあいだには、何らかの謀議が成立していた可能性もあるでしょう。

少なくとも、イエズス会が本能寺の変を歓迎したことは明らかです。

近年、発見された光秀から紀伊国の地侍集団である雑賀衆に宛てた書簡によれば、毛利氏にかくまわれている足利義昭を京都に戻し、室町幕府を再興するという計画でした。しかし信長の死を知った秀吉が毛利と和睦し、「中国大返し」に

錦絵に描かれた本能寺の様子　「大日本歴史錦繪」（国立国会図書館蔵）

よって光秀軍に襲いかかったため、室町幕府復興計画は頓挫し、山崎の戦い（一五八二年）で敗れた光秀は敗走途中、残党狩りの農民によって殺されます。

本能寺の変のあと、仮に明智光秀が室町幕府再興に成功していれば、中国・九州地方の群雄割拠が長く続いたでしょう。そのあいだにキリシタン大名がスペインと同盟を結び、九州が「フィリピン化」する可能性も十分にあったのではないでしょうか。

本能寺と南蛮寺の位置関係図

日本への軍事侵攻を働きかけたのは誰か

イエズス会が日本征服計画、さらにカトリック化した日本軍を使った中国征服計画を検討していたことについては、慶應義塾大学の高瀬弘一郎氏が『キリシタン時代の研究』（岩波書店）で明らかにしています。具体的事例を紹介しましょう。

日本への軍事侵攻をスペイン政府に働きかけていたのは、ガスパル・コエリョ。イエズス会初代日本準管区長です。彼はキリシタン大名の有馬氏を支援するため、マニラのイエズス会布教長アントニオ・セデーニョに軍事援助を求める書簡（一五八五年三月三日付）を送っています。

> 総督閣下に、兵隊・弾薬・大砲、及び兵隊のための必要な食糧、一、二年間食糧を買うためのかねを充分搭載した三、四艘のフラガータ船を、日本のこの地（引用者註：有馬）に派遣していただきたい。（中略）当地のキリスト教徒の領主の支援をえて、この海岸全体を支配し、服従しようとしない敵に脅威を与えることが出来るのは疑いない。
> （中略）
> 「もしも国王陛下の援助で日本六十六カ国凡てが改宗するに至れば、フェリペ国王は日本人のように好戦的で怜悧な兵隊をえて、一層容易にシナを征服することが出来るであろう。」
> （『キリシタン時代の研究』）

・ポルトガル商人と結ぶキリシタン大名が、日本人奴隷を輸出していたこと。

・イエズス会が、スペイン国王に日本派兵を要請していたこと。

こうした事実が日本史教科書では軽視、あるいは無視されてきたのはどうしてでしょうか。日本におけるキリシタン研究をリードしてきたのは、ラテン語の文献が読めるカトリック系の大学の研究者たちでした。

彼ら自身の多くがクリスチャンであり、キリスト教という「真理」をこの国にもたらした宣教師たちの苦難と殉教を称賛し、これを弾圧した秀吉や江戸幕府の圧制を糾弾する、という価値観に従って歴史を記述してきたからでしょう。

朝鮮出兵を行なった秀吉は、戦前の日本では「大陸雄飛の先駆者」として称賛されました。逆に敗戦後は「侵略者」として否定的に描かれます。戦前の歴史を全否定する歴史学者たちもまた、秀吉や徳川政権によるキリシタン弾圧を糾弾してきたのです。

こうしたイデオロギー的歴史観にとらわれない実証的な研究——たとえば高瀬弘一郎氏がラテン語の原文史料を紹介した結果、イエズス会の活動の隠された一面が少しずつ明らかになってきました。しかし高校の日本史教科書の記述には、こうした話はまだほとんど反映されていません。

「日本征服は不可能」と結論づけたスペイン

一五八七（天正十五）年、服属を拒否する島津義久を平定するために二〇万の大軍を率いて九州に遠征した豊臣秀吉は、長崎が教会領としてイエズス会に寄進され、日本人奴隷が輸出されていることを知ります。秀吉に側近（御伽衆《おとぎしゅう》）として使えた学者・大村由己《ゆうこ》はこう記しています。

> 伴天連《バテレン》ら（中略）種々様々の宝物を山と積み、いよいよ一宗繁昌の計賂をめぐらし、すでに後戸（五島）、平戸、長崎などにて、南蛮船付きごとに完備して（中略）日本人を数百、男女によらず、黒船へ買い取り、手足に鉄の鎖をつけ、舟底へ追入れ、地獄の呵責《かしゃく》にもすぐれ……（後略）
>
> （『九州御動座記』）

さらには博多滞在中の秀吉の目の前で、日本準管区長ガスパル・コエリョがポルトガル軍船に乗船して軍事的デモンストレーションを行ないました。小西行長らキリシタン大名は秀吉を刺激することを恐れて軍船の献上を求めますが、コエリョは応じません。

コエリョを長崎に呼び出して問責した秀吉は、翌日の六月十九日、伴天連追放令を発しました。この「バテレン」というのは、「神父」「宣教師」を意味するポルトガル語「パードレ（padre）」の音訳です。

一、日本は神国たるところ、キリシタン国より邪法を授け候儀《そうろうぎ》、はなはだ以《もっ》てしかるべからず候事《そうろうこと》。

一、其国郡の者を近づけ、門徒になし、神社仏閣を打破るの由、前代未聞に候。

一、伴天連儀、日本の地には置かせられまじく候間、今日より二十日の間に用意仕《つかまつ》り、帰国すべく候。

（『松浦文書』）

宣教師が日本人を信徒として神社仏閣の破壊を煽っているのは言語道断である。二十日以内に国外退去せよ、という命令です。

一、黒船の儀は商買の事に候間、各別に（許し）候。

一、自今《じこん》以後、仏法のさまたげを成さざる輩《ともがら》は、商人の儀は申すに及ばず、いずれにてもキリシタン国より往還苦しからず候。

（同右）

「黒船」はポルトガル商船のこと。今後も貿易を許可し、仏教を妨害しないものであれば西洋諸国との往来もかまわない、と付け加えています。この伴天連追放令の二日前、秀吉は日本人向けの「覚《おぼえ》」を発しています。これを読めば、秀吉の意図が明確になるでしょう。

・キリシタン入信は個人の自由（「その者の心次第となすべし」）。
・キリシタン大名が領民・家臣にキリシタンへの改宗を強制してはならない。
・大名の入信は許可制とする。
・中国、南蛮、朝鮮へ日本人を売ることを禁ず。人身売買の禁止。
・牛馬を食することを禁ず。

伴天連追放令を受け、追い詰められたイエズス会日本準管区長コエリョは、宣教師を有馬に集めて協議した結果、マニラ総督にスペイン軍の日本派兵を求めることを決議します。

そんな折に天正遣欧少年使節の帰国に伴って、巡察使ヴァリニャーノが再来日しました。前回の来日時、信長と会見して布教許可を得たヴァリニャーノでしたが、わずか数年のあいだに日本布教に暗雲が立ち込めているのを知ります。

この間、ヨーロッパ情勢も急展開していました。

当時スペイン領だったオランダの新教徒がフェリペ二世に対して反乱を起こし、イギリスのエリザベス一世がこれを軍事援助しました。伴天連追放令の前年の一五八八年、フェリペ二世がイギリス制圧のために派遣した一三〇隻の無敵艦隊(アルマダ・インヴィンシブル)は、ドーヴァー海峡で英海軍に迎撃され、壊滅します。この結果、オランダ反乱の鎮圧も不可能となり、「太陽の沈まぬ国」と呼ばれた広大な植民地は、オランダ・イギリス海軍によって次々に奪われていったのです。

こうした状況下で、極東の日本へ派兵するのは不可能です。フィリピンのスペイン軍は、先住民を制圧するためのわずかな兵力しかもたず、九州平定作戦に二〇万人を動員できた秀吉軍とは比較になりません。

ヴァリニャーノの結論は明快でした。

「日本征服は不可能である。これ以上、秀吉を刺激しないように、イエズス会は武装解除すべきだ」

イエズス会日本準管区はこの決定を承認し、軍需物資の調達は禁止され、保有する武器弾薬は売却されました。秀吉は布教を禁じただけで宣教師の追放は行なわず、イエズス会士は長崎に集まって息を潜めていたのです。

サン・フェリペ号事件と二六聖人の殉教

「アッシジの聖者」と呼ばれた聖フランチェスコは、十三世紀にイタリア中部の都市アッシジの富裕な商人の子として生まれました。神秘体験ののち、全財産を捨てて托鉢僧《たくはつ》となり、同志とともに托鉢修道会を立ち上げたのです。イエズス会結成の三世紀前のことで、カトリック修道会としては「老舗《しにせ》」でした。

ポルトガル王室がイエズス会に布教許可を与えたのに対抗して、フランシスコ会はスペイン王室から布教許可を受け、スペイン領となった新大陸とフィリピンで布教を行ないました。十八世紀にはフランシスコ会士がカリフォルニアへ到達し、伝道所を開きます。これがサンフランシスコ市の起源です。

秀吉の伴天連追放令で日本でのイエズス会の布教が禁じられたことは、フィリピンを拠点とするフランシスコ会にも伝わります。彼らはこれを日本での教勢拡大の好機と受け取り、宣教師の日本潜入を試みました。もちろん伴天連追放令違反ですから、日本布教は命がけです。

メキシコの銀をフィリピンに運んで中国の絹織物と交換する太平洋の貿易を、ガレオン貿易といいます。ガレオン船は大型の貨物船で、東の貿易風に乗ってフィリピンに至り、偏西風に乗って日本近海を通り、メキシコに戻ります。

マニラ港を出港したガレオン船のサン・フェリペ号は、日本近海で暴風にあい、航行不能となって土佐（高知県）に漂着しました。土佐の大名である長宗我部元親《ちょうそかべもとちか》は、不審船として乗組員を拘束し、秀吉に報告しました。

秀吉は五奉行（前田玄以《げんい》、浅野長政、石田三成、増田《ました》長盛、長束《なつか》正家）の一人である増田長盛を土佐に派遣して乗組員を尋問し、積荷の没収を通告します。水先案内人（航海長）フランシスコ・デ・オランディアはこれに憤り、世界地図を示してスペイン領土が広大であること、日本が小国であることを語ります。

「スペインはいかにかくも広大な領土をもつに至ったか?」という長盛の誘導尋問に対し、オランディアは「スペイン王はまず宣教師を遣わし、布教とともに征服事業を進める」と口を滑らせました。

長盛の報告を受けた秀吉は、京都・大坂に潜伏中だったフランシスコ会宣教師六人、日本人信徒二〇人を捕らえ、長崎に送って処刑しました（二六聖人の殉教）。その一方、サン・フェリペ号は修理を許され、乗員は翌年春にマニラに戻りました。マニラからはスペインの使節が日本へ派遣され、積荷の返還と二六聖人の遺体の引き渡しを求めましたが、秀吉に拒絶されています。

オランディアの証言は日本側の記録にはなく、長崎のイエズス会士が組織した調査委員会の証言として出てきます。フェリペ二世はたしかに日本征服を計画していましたが、無敵艦隊の壊滅で実現不可能になっていたのは、前述のとおりです。

殉教者はすべてスペイン系のフランシスコ会士と日本人信徒であり、イエズス会は一人の逮捕者も出していません。つまりこの事件は、日本布教を独占してきたイエズス会と、スペインの野心を疑う秀吉によってフレームアップされ、フランシスコ会弾圧に利用されたというのが真相だったようです。

秀吉以前にも明国征服計画は存在した

秀吉の朝鮮出兵（文禄の役〔一五九二〜九三年〕・慶長の役〔一五九七〜九八年〕／朝鮮では「壬辰《じんしん》・丁酉《ていゆう》の倭乱」）は、朝鮮征服が目的ではなく、明王朝の征服が目的でした。

これは日本史上の謎です。大陸の中華帝国を征服しようなどという壮大なプランをなぜ、秀吉は思い立ったのでしょうか。

スペインの新大陸征服は、レコンキスタ（再征服／国土回復運動）の延長として説明できます。八世紀にイスラム教徒が北アフリカから侵攻して以来、キリスト教徒とイスラム教徒との長期にわたる戦いがイベリア半島で断続的に行なわれ、キリスト教徒側はこれをレコンキスタと呼びました。イスラム教徒を半島から駆逐したスペイン人は、「対異教徒戦争」を新大陸に拡大し、アステカとインカを滅ぼしたのです。それを可能にした鉄砲と大砲の普及があるのはもちろんですが、世界にキリスト教（カトリック）を広めようという強烈な使命感を、彼らはもっていました。

『記紀』神話には「神功皇后の三韓征伐」神話がありますが（第3章を参照）、「中国征服」というプランは出てきません。あるいは戦国大名は「天下統一」を目標としましたが、「天下」とは近畿地方を中心とする日本列島のことであり、そこに朝鮮や中国は入っていません。

関東以西の日本列島を統一して諸大名を配下に従えた秀吉が、彼らをつなぎとめるために恩賞としての領土を与える必要があり、だから大陸に侵攻した、という合理的な説明や、老いた秀吉が世界征服の誇大妄想に陥ったということも理由の一つかもしれませんが、それだけでは、この軍事行動の意図を説明できません。

秀吉以前に誰かが中国征服のプランをもち、秀吉のときに機が熟したと考えれば、うまく説明がつくのではないでしょうか。

すでに信長が明国征服計画をもっていた、と宣教師フロイスは書き残しています。

信長は（中略）毛利を平定し、日本六十六ヵ国の絶対君主となった暁には、一大艦隊を編成してシナを武力で征服し、諸国を自らの子息たちに分ち与える考えであった。

（『完訳フロイス日本史3』）

この話は『信長公記』など日本側の史料にはなく、確認しようがないのですが、仮に信長が明征服を計画していたとすれば、そのプランは近畿地方を統一したばかりの信長自身が思いついたのか？　それとも誰かが入れ知恵をしたのでしょうか？
巡察使ヴァリニャーノは天正少年使節を引率してマカオに滞在中、スペイン領フィリピンのマニラ総督宛て書簡（一五八二年十二月十四日付）で、このように述べています。

東洋に於ける征服事業により（中略）主への奉仕及び多数の人々の改宗に役立つところ大である。（中略）それらの征服事業の内、最大のものの一つは、閣下のすぐ近くのこのシナを征服することである。尤もそれは着手すべき時宜と条件に適えばのことである。（中略）
日本は何らかの征服事業を企てる対象としては不向きである。（中略）国民は非常に勇敢で、しかも絶えず軍事訓練をつんでいるので、征服が可能な国土ではないからでである。しかしながら、シナに於いて陛下（引用者註：スペイン王フェリペ二世）が行いたいと思っていることのために、日本は時とともに、非常に益することになるであろう。

（『キリシタン時代の研究』）

スペインによる中国征服は容易でないが、日本兵を動員すれば可能である、とヴァリニャーノはいっているのです。翌年、マニラ司教フライ・ドミンゴ・デ・サラサールは、スペイン国王フェリペ二世宛て書簡（一五八三年六月十八日付）にこう記しました。

ここで陛下に断言出来ることは、もしも迅速に遠征を行うなら、シナ人がわれわれを待機し、われわれに対して備えをするのを待ってから事を起すよりも、はるかに少数の軍勢でこと足りよう、という点である。そしてこのことを一層容易に運ぶには、シナのすぐ近くにいる日本人がシナ人の仇敵であって、スペイン人がシナに攻め入る時には、すすんでこれに加わるであろう（中略）陛下がイエズス会総会長に命じて、この点日本人に対し、必ず在日イエズス会士の命令に従って行動を起すように、との指示を与えるよう、在日イエズス会修道士に指令を送らせることである。（同右）

「日本人がシナ人の仇敵であって」とは、倭寇以来の緊張関係を指すと思われます。キリシタン大名有馬氏を支援するため、スペイン軍艦の派遣を求める書簡をマニラに送ったガスパル・コエリョ日本準管区長は、書簡の最後でこう語っています。

もしも国王陛下の援助で日本六十六カ国凡てが改宗するに至れば、フェリペ国王は日本人のように好戦的で怜悧な兵隊をえて、一層容易にシナを征服することが出来るであろう。（同右）

ガスパル・コエリョの前任者でイエズス会日本布教長フランシスコ・カブラルは、マカオからスペイン国王フェリペ二世へ宛てた書簡（一五八四年六月二十五日付）に、こう記しました。

私の考えでは、この（引用者註：中国）征服事業を行うのに、最初は七〇〇〇乃至八〇〇〇、多くても一万人の軍勢と適当な規模の艦隊で充分であろう。（中略）日本に駐在しているイエズス会のパードレ（引用者註：神父）達が、容易に二〜三〇〇〇人の日本人キリスト教徒を送ることが出来るであろう。彼等は打続く戦争に従軍しているので、陸、海の戦闘に大変勇敢な兵隊であり、月に一エスクード半又は二エスクードの

給料で、嘻嘻としてこの征服事業に馳せ参じ、陛下に御奉公するであろう。（同右）

以上より、イエズス会が布教活動を妨害する中国（明）に対して軍事行動を起こすようにスペイン王フェリペ二世に進言し、改宗させた日本人をその尖兵として動員する計画をもっていたことは明らかだと思います。

安土城で信長に謁見したヴァリニャーノがこの計画をほのめかして反応を探った可能性があります。これらを前提にすれば、「信長が明国征服を計画していた」というフロイスの記述も無視できないでしょう。

信長が本能寺の変で斃《たお》れたため、側近だった秀吉が主君の計画を実行することになりました。しかしイエズス会の目論見に反し、キリスト教弾圧に転じた秀吉が、スペインよりも先に大陸へ進攻することになったのです。

朝鮮出兵中、マニラにも服属を求めた秀吉

秀吉の大陸出兵計画は、一五八五（天正十三）年以降の史料に出てきます。

農民出身の秀吉は、源氏の棟梁しか就任できない征夷大将軍になれず、元関白の近衛前久《さきひさ》（藤原氏）と義理の親子関係を結んで「近衛秀吉」となることで関白に就任し、さらに正親町《おおぎまち》天皇から「豊臣」姓を賜ります。

一五九〇（天正十八）年、小田原の北条氏を滅ぼして関東・東北を平定した秀吉は、関白職を甥の秀次《ひでつぐ》に譲って内政を任せ、自らは「太閤《たいこう》」と称して「唐入《から》り」（中国侵攻）の準備に専念します。前線基地として肥前国（佐賀県）に名護屋《なごや》城を建設し、諸大名に大船の建造と出兵を命じます。

大内氏の没落後、対朝鮮外交は対馬の大名である宗《そう》氏が担当していました。対馬は米を自給できず、朝鮮政府から毎年、下賜米を支給される代わりに倭寇禁圧を義務づけられていました。朝鮮側はこれを「対馬の朝貢」と見なしましたが、宗氏は実利をとったのです。

日朝が戦争状態になれば、この実利は失われます。朝鮮王自ら日本に入朝することを要求する秀吉の国書を預かった宗氏は困惑し、漢城（現・ソウル）に偽の日本国王使を派遣して秀吉の天下統一を報告、これを祝う通信使の派遣を求めますが、「国書が無礼」と拒絶されました。朝鮮は明を文明国と仰ぎ、明の皇帝を主君とする朱子学をイデオロギーとしていました。日本を「化外《けがい》の地」＝未開の地と見なし、相手にしなかったのです。

返答がないことに苛立った秀吉は、宗氏の当主である宗義智《そうよしとし》を派遣します。漢城で朝鮮国王に謁見した義智は、鉄砲と孔雀を献上してようやく通信使の派遣を約束させました。朝鮮に伝わったこの最初の鉄砲は死蔵され、朝鮮軍は弓矢で日本の鉄砲隊を迎え撃つことになります。

朝鮮王は日本に「通信使」を派遣したのですが、出兵に反対するキリシタン大名の小西行長は娘婿の宗義智と謀議して、彼らを「朝貢使節」と説明します。

一五九〇（天正十八）年十一月、聚楽第で朝鮮通信使を引見した秀吉は、勘違いしたまま愛児・鶴松を抱いて上機嫌で現れ、鶴松が使者の前で小便をもらすというハプニングも起こります。非礼を憤る朝鮮通信使は、秀吉に与えられた国書を見て、さらに驚愕します。

・秀吉は日輪（太陽）の子であり、大明国を征服する。
・朝鮮の朝貢を褒める。朝鮮軍は日本軍を先導せよ。

慌てて帰国した朝鮮通信使を待っていたのは、朝鮮政府内で年中行事化していた派閥抗争（党争）でした。戦争の危険を訴えた通信使正使の黄允吉《こういんきつ》の訴えは反対勢力によって黙殺され、明国への報告もなされませんでした。明は、すでに琉球経由で日本軍の戦争準備の情報を得ており、朝鮮が日本と内通しているのでは、と疑いました。

こうして朝鮮側は何の準備もないまま、鉄砲で武装した日本軍の上陸を迎えたのです。小西行長と宗義智は偽装工作を隠すため「朝鮮側が裏切った」と秀吉に報告して朝鮮出兵の先鋒役を志願し、徳川家康ら東国大名が率いる一〇万は、予備兵力として肥前名護屋に待機しました。日本軍の渡海には、九鬼水軍、村上水軍など海賊衆が動員されます（文禄の役）。

一五九二（文禄元）年四月半ばに釜山に上陸した日本軍に対し、朝鮮軍は初戦で大敗します。日本軍は破竹の勢いで北上を続け、四月末には漢城に達します。

漢城の守備隊は七〇〇〇人しかおらず、市中はパニック状態となりました。国王の宣祖《せんそ》は側近や宮女らとともに首都を脱出し、無政府状態となった漢城では暴動が起こり、日本軍の到達前に王宮である景福宮が焼け落ちます。

戦わずに逃げる国王一行を首都の民衆は見捨て、日本軍に協力する者が続出します。

都には焼失を免れた国王の他の宮殿があり、（中略）アゴスチイノ（小西行長）は（中略）兵士たちとともに城壁を乗り越えて入城した。（中略）老幼婦女子たちに対する日本側の安全保障態勢には見るべきものがあったと言われる。（彼ら《ママ》）はなんの恐怖も不安も感じずに、自ら進んで親切に誠意をもって兵士らに食物を配布し、手真似でなにか必要なものはないかと訊ねる有様で、日本人の方が面喰らっていた。（『完訳フロイス日本史5』）

朝鮮通信使の副使として秀吉に面会している金誠一《きんせいいち》は『鶴峯集』で、「倭奴《わど》幾ばくもなし、半ばは叛民《はんみん》、極めて寒心すべし」（日本兵の数はそう多くなく、大半は反乱民だった。ぞっとした）と記しています。

初戦の勝利に気をよくした秀吉は、甥の関白である秀次宛ての書簡（一五九二年）で「唐入り」の具体的プランを示しました。その一部をご紹介します。

・後陽成天皇を北京へ遷し、北京周辺の一〇カ国を献上する。
・豊臣秀次を「大唐関白」に任ずる。
・後陽成天皇の第一皇子、良仁《ながひと》親王を日本天皇に擁立する。
・側近の宇喜多秀家を「日本関白」あるいは朝鮮の総督とする。

しかし朝鮮に出征した毛利輝元は、言語の通じぬ朝鮮の領土をどれほど与えられても迷惑、漢城は衛生状態が悪く、ハエが多くて健康を害する。食料も不足しているので飢饉が広がっている、と側近に書き送っています。その後の動きを見ましょう。

五月　開城《ケソン》陥落。

六月　宣祖が明との国境の義州《ウイジュ》へ到達、明に援軍を要請。

七月　平壌陥落。加藤清正軍が、朝鮮の王子二人を捕縛。
　　明軍が平壌に到達するが、小西行長軍がこれを撃退。

　陸上では日本軍が圧勝していますが、海上では朝鮮軍が善戦しています。これは長年の倭寇との戦いで経験を積んだためで、李舜臣《りしゅんしん》将軍は日本から釜山への補給路を断つ作戦を指揮しました。朝鮮側ではこの戦争における唯一の英雄として賞賛されますが、日本側が輸送船に大砲を積むようになると、戦果はあがらなくなります。

　加藤清正軍は明への侵入経路を探るため、満洲に越境してオランカイ（女真）と交戦し、「オランカイは米もとれず、統治者がいなくて伊賀者（忍者）のようであり、ここから明国へ攻め入るのは困難」と秀吉に報告します。このころ女真族を統一しつつあったヌルハチが、のちに清朝（後金《こうきん》）の建国者となります。

一五九三（天正二十）年、明軍は大砲（フランキ砲、次章参照）を投入して小西行長軍から平壌を奪回。宇喜多秀家軍がソウル近郊の碧蹄館《へきていかん》の戦いで明軍に勝利するなど、明軍と日本軍との全面戦争となります。日本軍に協力した朝鮮の民衆は「叛徒」として明軍により討伐され、多くの犠牲を出しました。やがて食料不足から両軍ともに戦闘続行が困難となり、和平交渉に入ります。

四月、明の李如松《りじょしょう》と日本の小西行長、加藤清正のあいだで合意が成立し、日本軍は釜山まで撤退しました。五月、明の使節と肥前名護屋城で会見した秀吉は、和平条件を提示します。

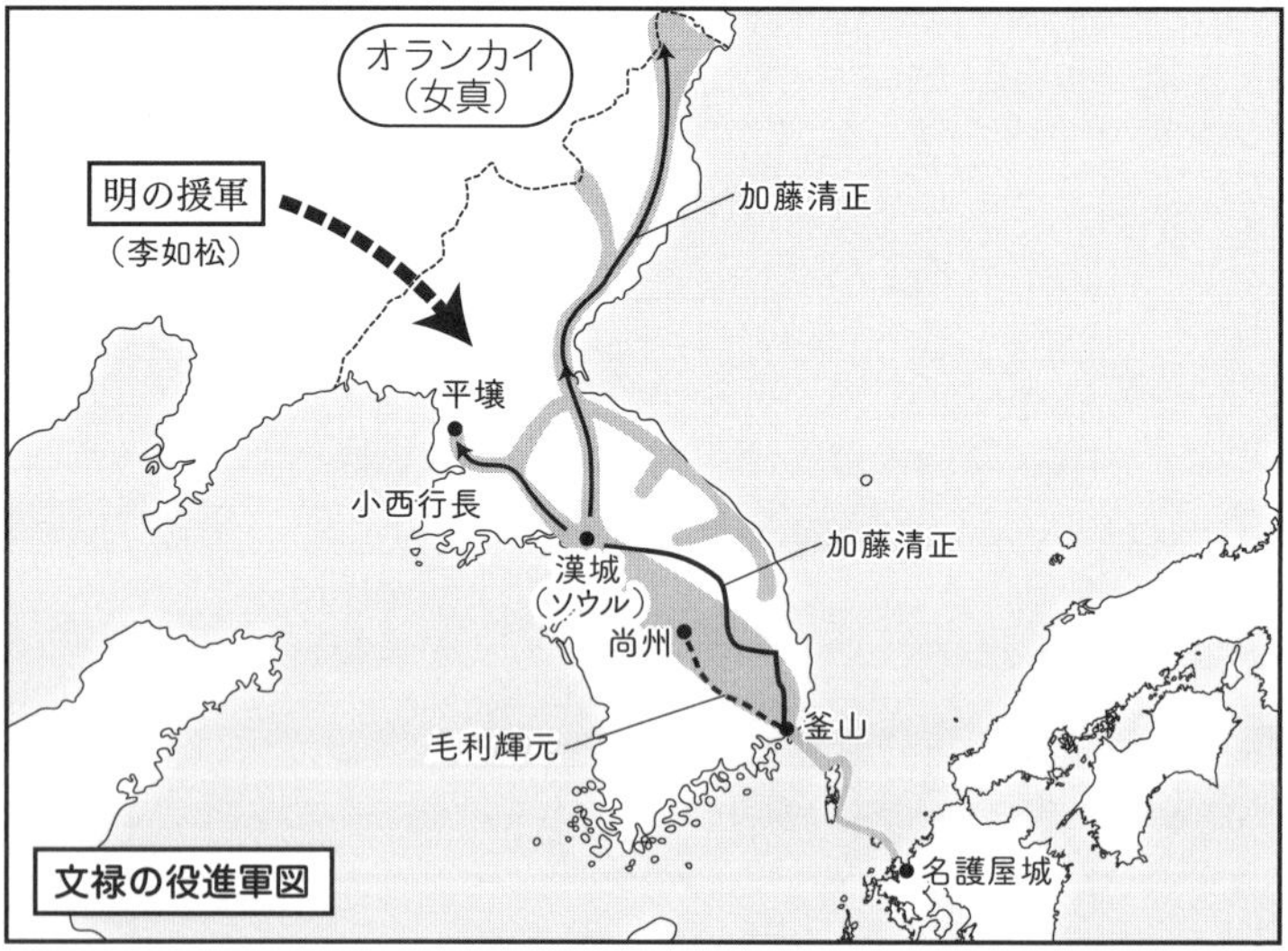

文禄の役進軍図

・明の万暦《ばんれき》帝の皇女を後陽成天皇の妃として嫁がせ、勘合貿易を復活する。
・朝鮮南部の四道を日本に割譲する。
・朝鮮の二王子は返還するが、今後、朝鮮王子を人質として日本に送る。

こんな条件を明の皇帝がのむはずがない、と判断した李如松と小西行長は謀議のうえ、「関白降表」、つまり秀吉の降伏文書を偽造し、行長の側近を日本使節として北京へ送ります。

明からの返答はこうでした。

・秀吉を日本国王として冊封し、金印を与える。
・勘合貿易は認めない。

明からの冊封使が日本に到着します。「冊封」とは、もちろん臣下にすることです。激怒した秀吉は冊封使を追い返し、ただちに再出兵を命じました。報告を受けた明の政府は、秀吉の国書を偽造した李如松を処刑します。

一五九七（慶長二）年、日本軍一四万が再び朝鮮に進攻します（慶長の役）。今回は内陸部への深入りを避け、全羅道《ぜんらどう》・慶尚道《けいしょうどう》の沿岸部に築城して占領を強化するという方針でした。明軍はこれらの「倭城」を攻撃しますが、いずれも失敗します。

しかし一五九八（慶長三）年、伏見城で秀吉が死去。遺児・秀頼は幼少のため、五大老（徳川家康・前田利家・宇喜多秀家・上杉景勝・毛利輝元）が協議のうえ、秀吉の死を隠したまま朝鮮からの撤収を命じます。

倭、朝鮮を乱して七年、数十万の将兵を失い、数百万の兵糧を浪費したが中朝（明と朝鮮）と属国に勝算なく、関白死して災い終息す。

（『明史』朝鮮伝）

朝鮮出兵だけではありません。ちょうど文禄の役の渦中の一五九四（文禄三）年、秀吉はスペイン領フィリピンのマニラに長崎商人の原田孫七郎を派遣し、総督ゴメス・ペレス・ダスマリーニャスに書簡を送り、服属と朝貢を要求しています。

余は日本全國及び朝鮮國を征服せり。余が部下の將の多數はマニラに至り、その地を領すべき許可を與へられん事を請へり。（中略）支那に渡りたる後は呂宋（引用者註：ルソこは容易に吾が到達し得る範囲内にあり。願はくは互に永久に亙りて親善の関係を保たん。カステイラ王（西班牙王、引用者註：スペイン王フェリペ二世）に書を送り、余が旨を知らしむべし。遠隔の地なるの故を以てカステイラ王をして、余が言を軽んぜしむる事勿れ。

（『西班牙古文書を通じて見たる日本と比律賓』奈良静馬著、大日本雄弁会講談社）

これに対してマニラ総督は、フランシスコ会宣教師ゴンザロ・ガルシアらを肥前の名護屋城に派遣し、メキシコ産の馬などを秀吉に献上して歓心を買い、「われらはスペイン王に服属するものであるが、日本とは対等な外交関係を築き、通商を望む」と訴えます。

アメリカ大陸やフィリピンで暴虐の限りを尽くしたスペインが、日本に対してはこの態度です。無敵艦隊をその六年前に失って自信喪失し、また二〇万の大軍を朝鮮に送り込んだ秀吉の実力を見たからでしょう。

軍事大国日本の台頭は、イエズス会とスペイン王室によるアジア征服計画を挫折させました。十七世紀に入ると新教国オランダ・イギリスが東アジアに来航し、日本では新たな統治者となった徳川家がこれと対峙します。

次章では「鎖国」の世界史的意味について考えます。

第12章

「鎖国」を成立させた幕府の圧倒的な軍事力

徳川幕府の誕生とオランダの台頭

一五九八（慶長三）年、秀吉が幼少の秀頼を残して没すると、豊臣家の体制を維持したい側近の五奉行筆頭・石田三成と、政権奪取を画策する徳川家康との権力闘争が表面化し、関ヶ原の戦い（一六〇〇年）で家康が勝利します。

敗軍の将となった三成は斬首され、大坂城の秀頼は一大名に格下げされます。征夷大将軍を拝命した家康は、江戸に幕府を開きます。

キリシタン大名のうち、大友宗麟の息子の義統《よしむね》（吉統）はすでに棄教し、朝鮮出兵で先鋒を務めた小西行長は、関ヶ原の戦いに敗れて斬首されました。有馬晴信も疑獄事件（後述）に連座して斬首されます。キリスト教は自殺を罪とするので、晴信は切腹を拒否したのです。彼らの領地は家康の側近たちに与えられました。

この間、ヨーロッパでも新旧の勢力交代が起こりました。

カトリック教会の守護者、太陽の沈まぬ国といわれたスペインの衰退と、新教徒（プロテスタント）のオランダ・イギリスの勃興、両者のあいだで行なわれた泥沼の宗教戦争の時代が到来したのです。

オランダの国土は、ライン川河口の三角州に生まれた海抜ゼロメートル地帯です。数百年かけて堤防を築き、干拓を続けたオランダ人は勤労を美徳とし、「禁欲的な生活を送ることが魂の救済につながる」というジャン・カルヴァンの教えを受け入れ、海運業でも成功しました。ところがオランダを領地として相続したスペイン王フェリペ二世は、厳格なカトリック教徒でした。

「教皇権を認めぬカルヴァン派は異端であり、火刑に処す」

フェリペ二世はスペインの法をオランダにも適用します。宗教裁判所が設置され、カルヴァン派市民が処刑されていきました。追い詰められたオランダ人がスペインの圧政に対して立ち上がったのが、オランダ独立戦争（一五六八〜一六四八年）です。

アジア貿易の窓口だったアントワープはスペイン軍の手に落ち、富裕商人は異端者として処刑され、財産を没収されました。カトリック教徒の商人まで「死人に口なし」とばかりに殺され、異端者とされました。虐殺を逃れた人々は北方のアムステルダムへ流れ、オラニエ公ウィレム（現オランダ王室の祖）を指導者として、ゲリラ戦を展開します。

スペインの圧迫を受けていたイギリスのエリザベス一世は、オランダ独立軍を公然と支援します。スペイン王フェリペ二世はイギリス征服を決意し、無敵艦隊《アルマダ》と名づけた一三〇隻の大艦隊を派遣しますが、一五八八年、ドーヴァー海峡でイギリス艦隊に夜襲を受け、壊滅的打撃を受けます（アルマダ海戦）。このときイギリス艦隊の指揮をとったのは、スペイン植民地を荒らしまわっていた海賊（私掠船《しりやくせん》）のボスであるフランシス・ドレークでした。

スペイン艦隊の脅威から解放されたイギリス人は西のアメリカ大陸へ向かい、エリザベス女王（処女王）の名を冠したヴァージニア植民地を建設します。これがアメリカ合衆国の母体となる一三植民地の始まりです。

その一方、オランダ人は香辛料を求めてアジアへ向かいました。アムステルダムのオランダ東インド会社（一六〇三年設立）が大規模な商船隊を組織し、スペインの属領となっていたポルトガルの貿易拠点を次々に奪います。イギリス東インド会社（一六〇〇年設立）もこれと競合しますが、アジアの海ではオランダの勢力が圧倒的でした。

関ヶ原の戦いの直前、オランダ船リーフデ号が豊後（大分県）の臼杵《うすき》に漂着します。世界周航をめざす五隻のオランダ艦隊は大西洋から南米大陸を周回して太平洋を横断中に四散し、リーフデ号だけが日本にたどり着いたのです。一〇〇人以上いた乗組員のうち、生き残ったのが二〇人あまり。家康の命により大砲などの武器は接収され、航海長ウィリアム・アダムズと、航海士ヤン・ヨーステンが大坂城まで護送されました。

長崎にいたイエズス会宣教師たちは家康に進言します。

「オランダ人、イギリス人は海賊である、処刑すべきだ」

しかし大坂城でアダムズとヨーステンを尋問した家康は、彼らを外交顧問として採用します。イギリス人のアダムズは、十二年前のアルマダ海戦でフランシス・ドレークの配下として従軍したベテラン航海士でした。

スペインの暴虐に関する彼らの報告は、スペインの世界支配に協力してきたイエズス会宣教師の口からは聞けない話でした。日本の政策担当者が、初めて客観的な世界情勢を知った瞬間といえるでしょう。

家康は二人に武士の身分と江戸の屋敷を与え、アダムズは三浦按針《あんじん》、ヤン・ヨーステンは耶楊子《やようす》（八重洲《やえす》）と名乗りました。家康から朱印状（貿易許可証）を発給されたアダムズは東南アジア諸国との貿易に従事し、日本人妻とのあいだに生まれた息子ジョゼフが跡を継ぎました。東京駅東口の「八重洲」という地名は、ヤン・ヨーステンの屋敷跡に由来しています。

大砲の進化が世界の歴史を変えた

関ヶ原の戦いで勝利した徳川家康は、豊臣家の所領二二〇万石の大半を没収して東軍（徳川家康側の軍）の諸大名に分配しました。天下人になるはずだった豊臣秀吉の遺児の秀頼は、大坂を中心とする六五万石の大名に転落し、取り潰された西軍諸大名の家臣は、浪人（失業武士）となりました。

一六一一（慶長十六）年、後《ご》水尾《みずのお》天皇の即位式を名目に上洛した六十九歳の家康は、大坂城にいる十七歳の秀頼に京都二条城での会見を申し入れます。

秀頼の母の淀殿は家康を大坂城に呼びつけようとしますが、加藤清正らのとりなしで二条城での会見は対等なかたちで行なわれました。巨漢の秀頼は祖父のように歳の離れた家康に礼儀を尽くし、家康をうならせます。

「秀頼は、賢き者なり」

両家の和解がなごやかに演出された裏で、豊臣家は反徳川の浪人を集めつつあり、家康は大坂城攻略のための大砲や大量の硝石を、オランダとイギリスに発注していたのです。

日本への大砲の伝来は、戦国時代にポルトガル人がもたらしたフランキ（仏狼機）砲が最初です。キリシタン大名の大友宗麟がゴアから二門購入し、臼杵城に配備しました。圧倒的な

仏狼機砲（靖国神社遊就館蔵）

火力で敵国を崩壊させるという意味で宗麟はこれを「国崩し」と名づけ、島津氏との戦いで使用しました。

フランキ砲は比較的小型なので軍艦に装備でき、毛利（村上）水軍と信長（九鬼）水軍との海戦でも双方が使用しています。明もポルトガル人からフランキ砲を購入し、秀吉の朝鮮出兵では小西行長が籠城する平壌を砲撃しています。

フランキ砲は青銅製で、砲身の後部から砲弾を装塡する後装式です。砲身上部に大きく開いた穴に、砲弾を入れたカートリッジをはめ込みます。射出時に燃焼ガスがカートリッジの隙間から漏れるため、射出速度が遅く、暴発の危険も多い不完全な代物でした。

大友宗麟が臼杵城に設置した「国崩し」は、射程がわずか数百メートルでしたが、轟音が鳴り響き、島津軍を恐怖させせました。

コラム 大砲の世界史

大砲は、黒色火薬とともに中国・南宋で発明された。砲身に竹筒を使う使い捨ての突火槍《とっかそう》が最初で、南宋を滅ぼしたモンゴルは金属製の砲身を備えた最初の大砲・

火銃《かじゅう》に改良した。日本遠征で鎌倉武士を驚愕させた「てつはう」は、鉄製や陶製のカプセルに火薬と金属片や石を詰めた一種の手榴弾であり、大砲ではなかった。

イスラム世界で大砲は大型化され、オスマン軍によるコンスタンティノープル（現・イスタンブール）攻略戦（一四五三年）や、英仏の百年戦争（一三三九～一四五三年）で大きな役割を果たした。ポルトガルとスペインは軍艦装備用の小型の大砲（カノン砲）を量産し、アジア諸国はこれを逆輸入した。西方世界で大砲が発達したのは、石造りの城塞や城壁を攻める必要からである。木造建築の日本では、火矢《ひや》を放って燃やしてしまうほうが手っ取り早い。

フランキ砲の欠点であるガス漏れや暴発を防ぐため、ヨーロッパではカートリッジを使わない砲身一体型の大砲が普及しました。火薬と砲弾を前から入れる前装式大砲です。一発撃つごとに砲内を洗浄する必要があるため連射は不可能ですが、飛距離は大幅に伸びました。攻城戦で巨石を撃ち込むずんぐりした固定式の臼砲《きゅうほう》が開発され、小型化が進んで近接海戦で敵の軍艦を砲撃するカノン砲、飛距離を伸ばしたカルバリン砲が開発されました。素材は青銅が多く、教会の鐘をつくる技術が応用されました。

アルマダの海戦は、スペインのフェリペ二世が送り込んだ無敵艦隊をイギリスのエリザベス一世が撃滅し、スペイン没落の端緒となった海戦です。

軍艦の数で圧倒するスペイン艦隊は従来の近接戦法、すなわち砲撃で敵艦にダメージを与え、乗り込んで制圧する戦法を想定し、短射程のカノン砲を多数配備していました。

対するイギリス艦隊は、長射程のカルバリン砲を装備し、スペイン艦隊の射程距離外から砲撃を加えて圧勝しました。

カルバリンとはラテン語で蛇（コブラ）を意味し、三メートルを超す長い砲身からそう呼ばれたのです。

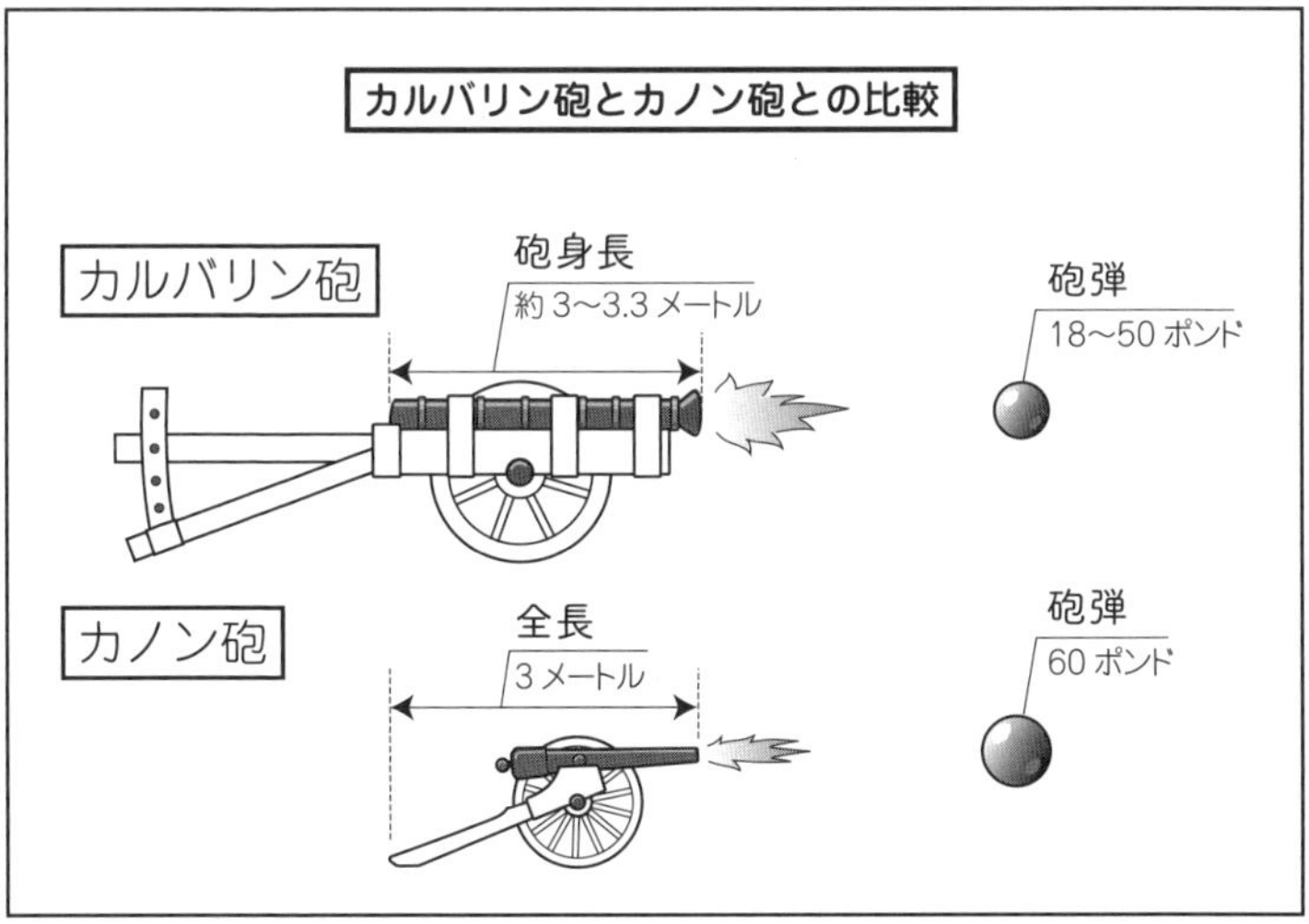

『図解火砲』（水野大樹著、新紀元社）より作図

日本史上初の大砲撃戦だった大坂の陣

かつて信長は十五代将軍足利義昭に温情をかけ、京からの追放にとどめました。その結果、義昭は毛利氏、本願寺、武田氏など反信長勢力に擁立され、信長を苦しめました。家康は征夷大将軍の位を息子の秀忠に世襲させたばかり。秀吉の息子の秀頼が関白に就任し、反徳川勢力を糾合する可能性もありました。豊臣家が存続するかぎり徳川家の安泰はない、と家康は考えたのでしょう。

一六一四（慶長十九）年七月二十六日、方広寺《ほうこう》鐘銘《しょうめい》事件が起こります。

京都方広寺は秀吉が創建したものの、地震で倒壊。家康の勧めによって秀頼が再建させた大仏殿です。その鐘に刻まれた「国家安康　君臣豊楽」という銘文が、「家康」の二文字を分割して呪詛《じゅそ》し、豊臣家の安泰を祈願したものだと家康がクレームをつけたのです。

これを口実として家康は、秀頼が絶対に受け入れられない最後通牒を発しました。

・秀頼が大坂城から退去すること。

大坂冬の陣図

1614(慶長19)年12月

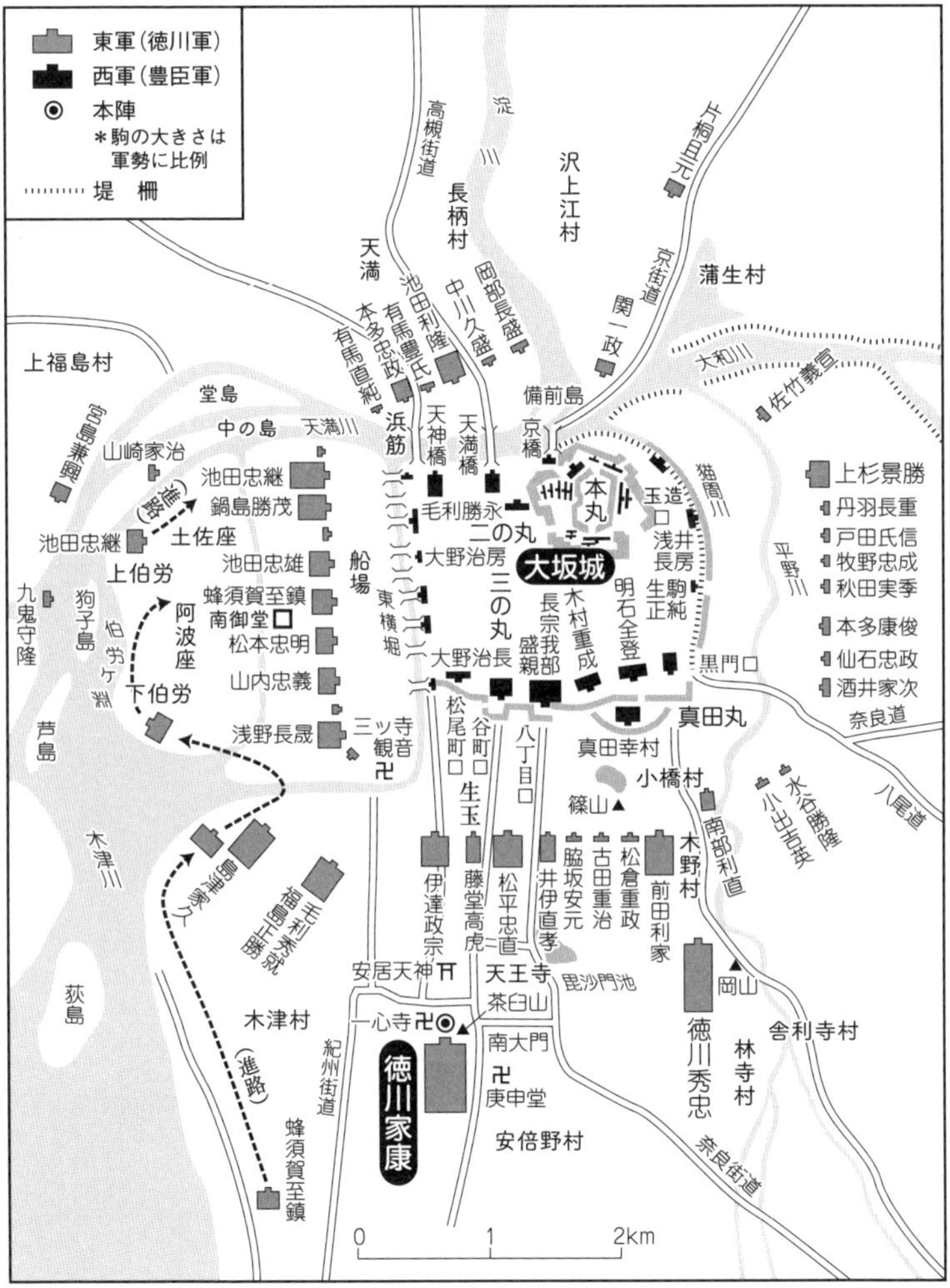

『日本大百科全書(ニッポニカ)』(小学館)より作成

・秀頼が家康に臣下の礼をとること。
・大坂城に集結した浪人一〇万人を追放すること。

大坂城は信長が攻略した石山本願寺の跡地に秀吉が築いた、当時日本最大級の城でした。一キロメートル四方の内堀、二キロメートル四方の外堀に囲まれ、漆黒の天守がそびえていました。諸大名を動員し、二〇万の大軍で大坂城を包囲した家康は、この二重の堀に阻まれました。

外堀の一角には真田信繁（幸村）が築いた城塞・真田丸があり、包囲軍を挑発しておびき寄せては鉄砲隊が連射を加え、大損害を与えます。

秀頼の母である淀殿にとって、大坂の陣は三度目の包囲戦でした。

信長の妹であるお市の方と、近江の大名である浅井長政のあいだの三姉妹の長女として、小谷《おだに》城で生まれた淀殿（幼名お茶々）。父の浅井長政は信長に反逆し、小谷城を包囲されて自害しました。落城の直前、母と三姉妹は脱出を許され、信長に保護されます。母のお市は信長側近の柴田勝家に嫁ぎ、三姉妹も母とともに越前福井の北ノ庄《きたのしょう》城へ移ります。

本能寺の変のあと、信長の後継者の地位をめぐる勝家と秀吉の対立は、秀吉軍による北ノ庄城包囲、勝家とお市の自害で終わりました。三姉妹は再び助けられ、淀殿は母の仇である秀吉の側室になったのです。

皮肉なことに淀殿が産んだ待望の男子である秀頼が豊臣家の後継者となり、彼女は「天下人の母」としての権勢と、難攻不落の大坂城を手に入れました。そこに今度は「謀反人」家康が襲いかかったのです。

「この大坂城は家康には落とせぬ。要求には屈するな」

母である淀殿の意向に秀頼は従います。

大坂冬の陣を前にして、家康はオランダ製のカノン砲一二門に加え、長距離砲であるイギリス製カルバリン砲四門、セーカー砲一門をイギリス東インド会社から買いつけました。

台車は近江国友の鉄砲鍛冶につくらせ、また堺の鉄砲鍛冶である芝辻《しばつじ》利右衛門《りえもん》に命じて、カルバリン砲をモデルに砲身三メートルの大砲をつくらせました。東京の靖国神社の遊就館《ゆうしゅうかん》にフランキ砲と並んで展示されているのが、この芝辻砲で、国産大砲の第一号といわれています。このほか

芝辻砲（靖国神社遊就館）

に、携帯用の「抱え大筒《おおづつ》」三〇〇丁が集められました。

大坂城本丸は城地全体の北寄りにあり、淀川をはじめとする川に守られていました。家康は備前島と呼ばれる淀川中州に砲台を設置しました。ここから本丸まで約七〇〇メートルです。

「天守を狙え！」

家康は命じます。日本史上空前の大砲撃戦が始まりました。家康軍は十二月以降、昼夜を問わず数時間おきに兵士に鬨《とき》の声をあげさせ、一斉砲撃を加えました。豊臣方もカノン砲をもっていましたが、四キロ南に陣取る家康本陣の茶臼山《ちゃうすやま》には届きません。

その一方、備前島の家康軍砲兵陣地からは、到着したばかりのカルバリン砲と芝辻砲（有効射程距離一八〇〇メートル）が撃ち込まれました。

ただし当時の大砲は鉄球を飛ばすだけ。爆発しないので直撃させなければ損害を与えられません。冬を迎えても大坂城

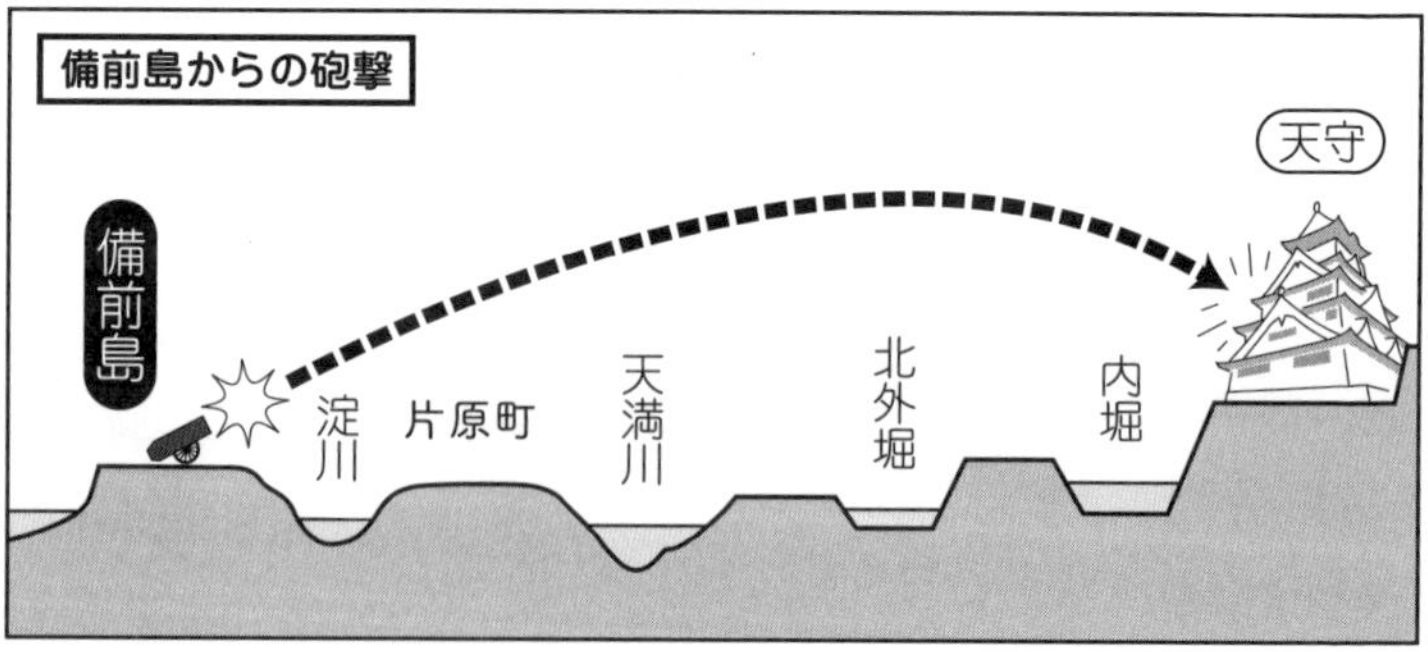

は陥落せず、淀殿は家康からの和睦提案を拒否しつづけます。

十二月十六日。決定的な事件が起こりました。家康軍の砲弾一発が大坂城の天守を直撃し、もう一発が淀殿の居室である千畳敷を直撃して、淀殿の侍女数人が即死したのです。

「このままではみな、殺される……」

その二日後、淀殿は和睦に応じました。秀頼の大坂城退去には応じず、

・大坂城の外堀を埋め立てる。
・浪人を解雇する。

の二点のみを受け入れたのです。

家康もこれを受け入れ、すぐさま外堀の埋め立てを命じました。

「ついでに内堀も埋めてしまえ!」

結局、家康の計略により、大坂城は二重の堀を失っ

「大坂の陣図絵巻」(杉浦家蔵 大阪城天守閣提供)

て無防備にされたのです。豊臣方は再び浪人を集めますが、もはや手遅れ。翌一六一五（慶長二十）年の大坂夏の陣で大坂城はあっという間に落城し、淀殿と秀頼は自害しました。

結果的に、大坂城を落としたのは大砲の力でした。

欧州諸国では、大砲が本格導入されたイタリア戦争（一四九四～一五五九年、イタリア支配をめぐるフランスと神聖ローマ帝国の戦争）やオランダ独立戦争を機に、城郭建築が一変します。石の壁に守られた垂直に立ちあがる城が過去の遺物となり、砲弾を吸収するため、土を盛った分厚い城壁がつくられていくようになります。また、包囲軍に対する同時攻撃を可能にするために、稜線を複雑に曲げて星形のように見える稜堡《りょうほ》式城郭がつくられるようになったのです。

復元されたブルタング要塞（16世紀末オランダ）（Alamy/アフロ）

この稜堡式城郭は幕末になるまで日本に入ってきませんでした。旧幕臣の榎本武揚《たけあき》が戊辰《ぼしん》戦争で立てこもった箱館（函館）の五稜郭《ごりょうかく》は、その一つです。

大坂落城の直後、家康は一国一城令を出し、城の建設自体を制限しました。また、徳川幕府のもとで二百五十年の平和が続いた結果、城は軍事施設でなく政庁として機能するようになったのです。

大坂城にあった大友氏のフランキ砲「国崩し」は幕府に接収され、幕末に北方防衛のため蝦夷地へ送られましたが、ロシア軍に奪われました。現在、サンクトペテルブルクの軍事博物館に展示されているフランキ砲には、大友宗麟の洗礼名「ドン・フランシスコ」を意味する「DF」の刻印があります。

海賊停止令と朱印船貿易の真実

「元和偃武《げんなえんぶ》」――「元和」は年号、「偃武」は「武器を収める」。大坂の陣により、戦国の世が最終的に終わったことを意味する言葉です。

古代ローマでは、時の神を祀るヤヌス神殿の扉を戦時には開き、平時には閉じるという習慣がありました。エジプトの女王クレオパトラを滅ぼして地中海世界を平定した初代皇帝アウグストゥス（オクタウィアヌス）は、二百年以上開いたままだったこの扉を自らの手で閉じ、平和（パクス）の訪れを宣言しました（紀元前二七年）。「パクス・ロマーナ（ローマによる平和）」が実現したのは、ローマ軍が圧倒的な軍事力をもち、これに対抗しうる勢力が壊滅したからです。

「元和偃武」とは、古代ローマ風にいえば「パクス・トクガワーナ」の到来であり、それを可能にしたのが徳川の軍事力、とくに火力でした。

豊臣家を滅ぼし、唯一の天下人となった徳川家は、一国一城令、武家諸法度などを次々に発して江戸幕府の体制（幕藩体制）を固める一方、諸大名が西欧人との交易で強力な火器や硝石を手に入れることを恐れました。そのためには貿易を一元化し、徳川家の強力な管理下に置くことが必要でした。これがいわゆる「鎖国」の最大の動機です。

倭寇の禁圧は明朝が室町幕府に求めてきたことですが、それを可能にする絶対権力を握ったのが秀吉でした。

伴天連追放令の翌年（一五八八年）、秀吉は刀狩令と海賊停止《ちょうじ》令を発しました。前者は農民に刀（脇差・弓・槍・鉄砲）の所持を禁じる法令として有名ですが、後者は海賊衆に対し、これまで警固料（通航税）を徴収してきた独立武装集団としての存在を許さず、

・豊臣家に仕える。
・他の大名に仕える。
・武器を放棄し、農民になる。

という三者択一を迫るものでした。

もはや豊臣政権に抗しうる海賊衆は存在せず、ここに日本海賊の歴史は終わります。

明との貿易再開交渉が朝鮮出兵で頓挫すると、秀吉は海外へ渡航する商人に許可証（朱印状）を発給し、貿易の統制に乗り出しました。

家康もこれを踏襲し、一六〇四（慶長九）年に朱印船を制度化します。堺や博多の商人のほか、九州の諸大名や日本在留の外国商人にも朱印状は発給されました。

渡航先はオランダ領台湾、スペイン領ルソン（フィリ

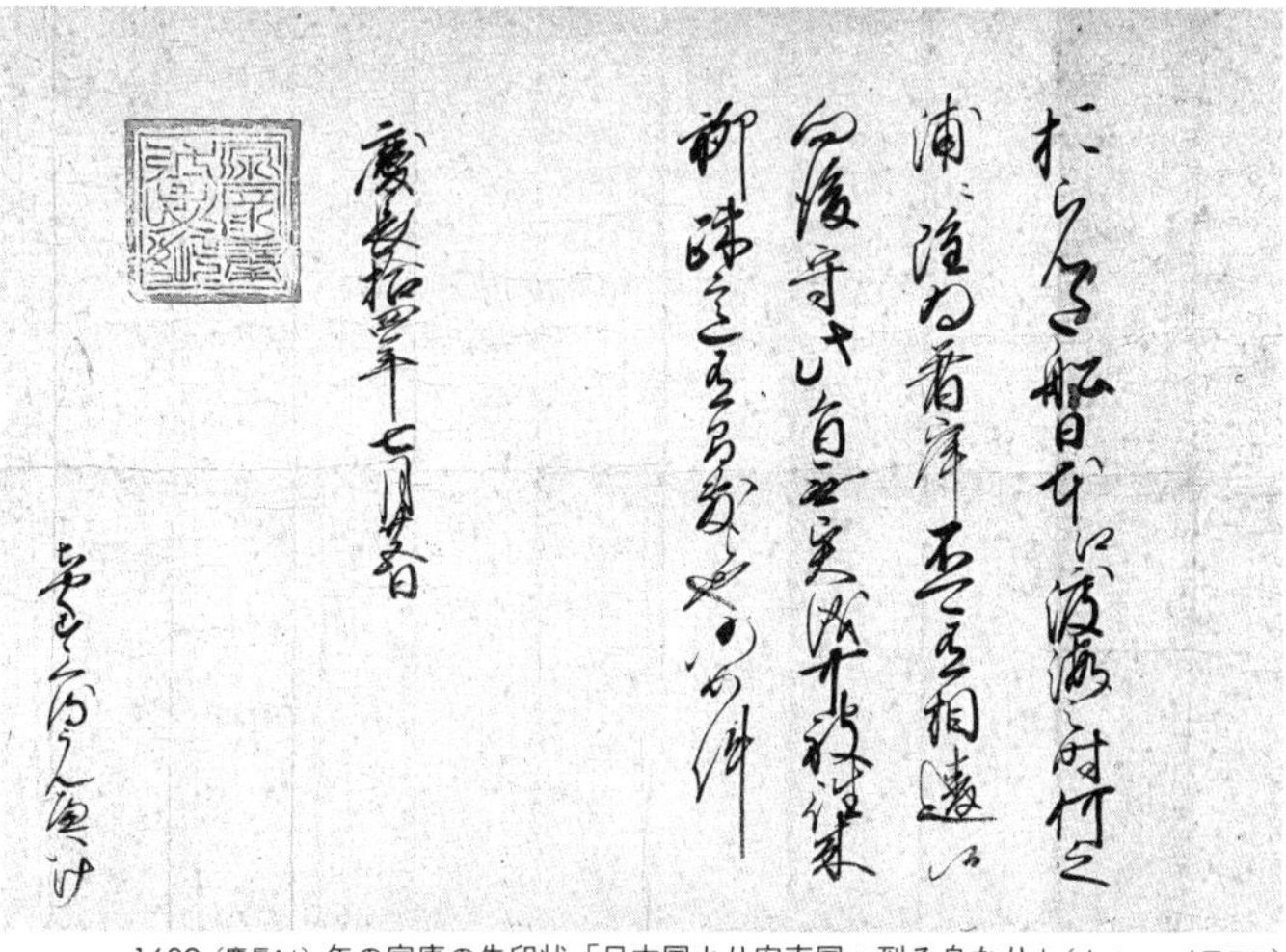
1609（慶長14）年の家康の朱印状「日本国より安南国へ到る舟なり」（akg-images/アフロ）

ピン）、ベトナム北部の安南王国、中部の広南王国、シャム（タイ）のアユタヤ朝、ポルトガルとオランダが争奪するマラッカにまでに及びました。

元和偃武のあとは武器の需要が激減したため、ダブついている日本製の刀剣や鉄砲を海外へ輸出し、東南アジア産の香木などを輸入しました。秀吉の出兵で明との国交断絶が続いたため、東南アジアの港で中国船と出会貿易を行なうことも、朱印船貿易の大きな目的でした。

スペインのガレオン船は貿易風を利用してメキシコのアカプルコ港からフィリピンのマニラ港へ来航し、中国産の絹織物を積んでメキシコへ帰るアカプルコ貿易を続けていました。帰途は日本近海を通ることを知った家康は、マニラ総督ペドロ・ボラボ・デ・アクーニャに書簡を送り、通商関係の樹立を求めます。

一六〇六（慶長十一）年、スペイン船が江戸湾入り口の浦賀に入港し、翌年には洋式帆船の按針丸（サン・ブエナ・ヴェントゥーラ号）一二〇トンが三浦按針（ウィリアム・アダムズ）の指導により伊東（静岡県伊東市）で建造されました。京のキリシタン商人田中勝介《しょうすけ》、前年に房総沖で遭難した前マニラ臨時総督ロドリゴ・デ・ビベロら二三人がこれに乗船して太平洋を渡り、アカプル

支倉常長（仙台市博物館蔵）

コに入港しました。布教許可を求めるスペイン側と折り合いがつかず、通商に関する条約は結べぬまま、田中勝介は返答使セバスティアン・ビスカイノと帰国します。

これが公式記録に残る日本人初の太平洋横断ですが、じつはそれまでに多くの日本人奴隷が、スペイン船で中南米にすでに渡っていたのです。

一六一三（慶長十八）年には、仙台藩主の伊達政宗が、これも国産のサン・ファン・バウティスタ号五〇〇トンで支倉常長《はせくらつねなが》を正使とする慶長遣欧使節団一八〇人（使節の一行は六八人）を石巻から出航させます。アカプルコに着いた一行はスペイン船に乗り換えて欧州へ至り、マドリードでスペイン国王フェリペ三世に、ローマでは教皇パウロ五世に謁見します。

スペイン側は彼らを歓待したものの、布教許可の問題とスペインのガレオン貿易船との競合問題から、通商許可はもらえないままに帰国しました。

日本人傭兵が東南アジア史を動かす

武器に加えてもう一つ、十七世紀日本からの「輸出品」となったものがあります。「傭兵」です。

秀吉の天下統一と関ヶ原の戦いで主君を失った武士たちは、流浪の身となりました。いわゆる「浪人」です。

また、秀吉の刀狩令後も兵農分離は徹底せず、たとえば農民も鳥獣駆除のための鉄砲を所持することを認められていました。

腕に自信がある者は、大きな戦《いくさ》があれば戦場に駆けつけ、傭兵として戦うことで臨時収入を得たのです。大坂の陣で豊臣方に加勢した一〇万人の「浪人」のなかにも、こうした人たちが多数、含まれていました。

日本人の海外展開
（16～17世紀）

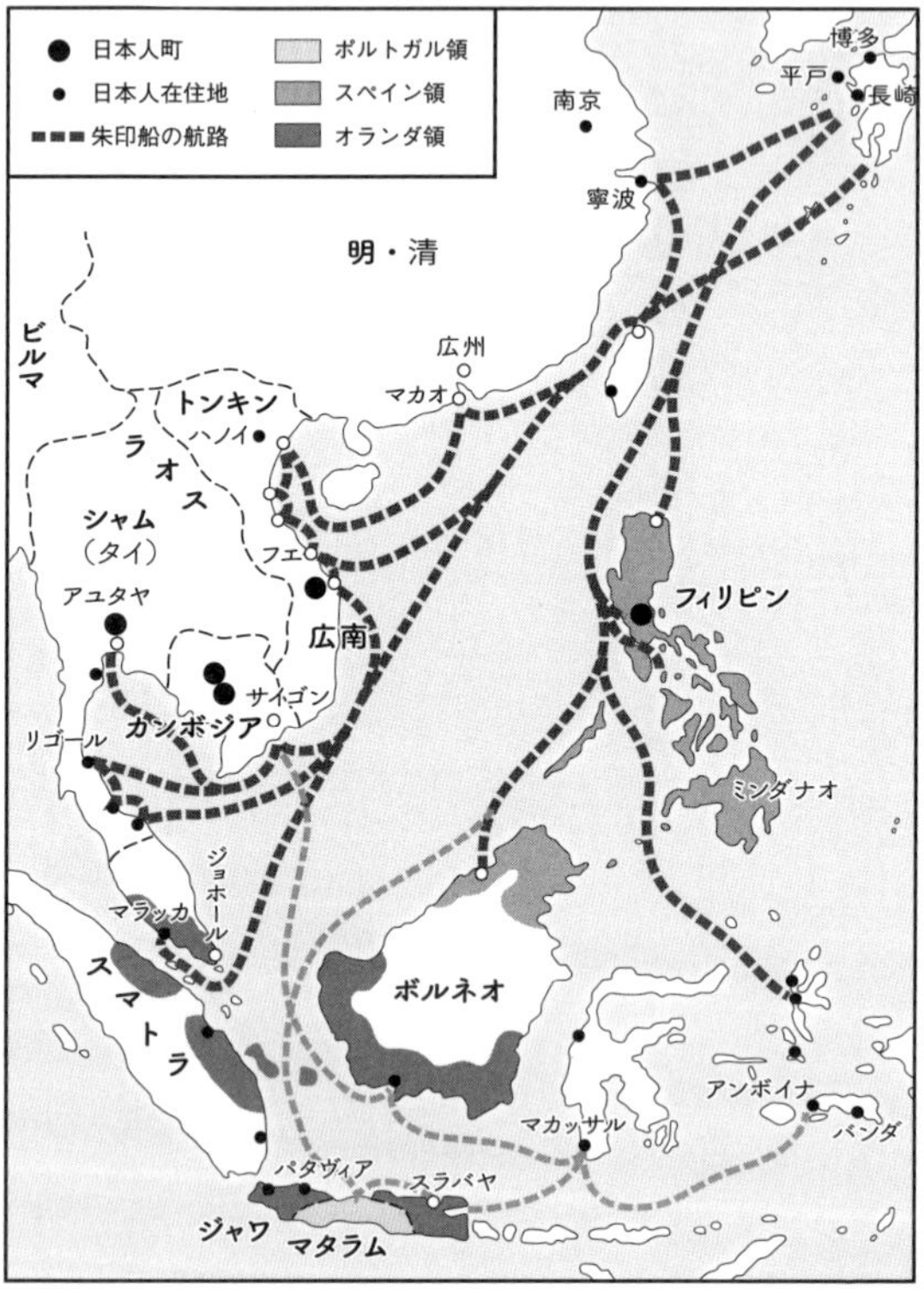

元和偃武は、彼らから就労機会を奪いました。しかし、海外ではいつもどこかで戦があるし、朱印船に乗れば海外渡航は簡単でした。

戦いに慣れ、最新の鉄砲をもつ日本人武装集団が、東南アジア諸国に流出したことは、現地の政治状況をも一変させます。

ルソン（フィリピン）はスペイン植民地であり、これに対抗するオランダはジャワ・スマトラに植民地を広げ、モルッカ諸島（アンボイナ島）からイギリス人を排除し、マラッカ海峡からはポルトガル人を排除し、香辛料貿易を独占しました。

インドシナ半島では、台頭するシャム（タイ）のアユタヤ朝が東のカンボジア王国、西のビルマ王国と抗争を続けていました。ベトナムは南北に分かれ、ハノイの安南王国（鄭《チン》氏）とフエの広南王国（阮《グエン》氏）が覇を争っていました。

スペイン領ルソンのマニラ総督は、秀吉の入貢要求以来、日本に対する警戒心を高めていました。彼が一五九九年に国王に宛てた報告を見てみましょう。

征韓役に従事せし日本兵数十万人は、いまや無為にして貧困である。中には黄金に対する欲望のため、かねがね彼らが垂涎《すいぜん》している、本島（ルソン島）に侵入せんと企てる者もある。

（『南洋日本町の研究』岩生成一著、岩波書店）

マニラにはスペイン人との交易目的で渡来した中国人がチャイナタウンを建設し、一五〇〇人以上の日本人も在住していました。一六〇三年に中国人一五〇〇人が暴動を起こすと、総督は日本人傭兵四〇〇人を使ってこれを鎮圧します。ところが、今度は日本人が統制不能になり、総督を悩ませます。

一六〇八年、マニラ総督アクーニャが日本人の追放を命ずると、彼らは毎年のように暴動を起こしました。アクーニャが日本側にこの件を報告して取り締まりを求めると、将軍の秀忠はこう返答しました。

近年、その国に至る日本人の悪逆をなす輩《やから》は、呂宋《ルソン》法度《はっと》の如く、成敗《せいばい》いたさるべし

日本政府は関知しない。現地日本人は、スペインの法で裁いてくれ、という意味です。

平戸に商館を開いたオランダ東インド会社は、日本製の武器と日本人傭兵を積極的に輸入していました。植民地拡大に軍備増強をはかるオランダ側の需要と、元和偃武による日本側の武器・兵士の供給過剰が、うまくマッチングしたわけです。

一六一五年末から翌年二月まで、わずか三か月に出港した三隻の船の積荷目録だけで、日本製の鉄炮一二〇・日本刀二二三・槍五七、鉄丸など銃弾一一万斤、火薬用の硫黄八二五〇斤・硝石二二二五斤などが、平戸からシャム・バンタンに積み出されていた。（中略）一六一二年（慶長十七）、オランダ船のブラウエル司令官が平戸に入港し（中略）バンタンの総督にこう報告した。

①我々はいま良く訓練された日本人を使っている。その給与は低く、安い食費で養われている。

②総督の指令通り、三百人もの日本人を送るには、多くの食糧がいる。だからとりあえず六十八人を送る。（中略）

③家康は必要なだけ日本人を海外に送ることに同意した。日本人傭兵はいつでも手に入る。

（『新版雑兵たちの戦場』藤木久志著、朝日選書）

国内に浪人がうろうろしていれば、再び反徳川勢力に結集する危険があり、彼らを海外に放逐してしまうことは、治安維持の観点からも有益である、幕府はそう判断したのでしょう。

実際、一六五一（慶安四）年には、浪人の丸橋忠也《まるばしちゅうや》らによる江戸幕府転覆計画が露見しています（慶安事件）。

オランダとイギリスの東インド会社の植民活動が、日本人傭兵と日本製の武器に依存していたことは、東京大学史料編纂所の加藤栄一教授の研究（『幕藩体制の形成と外国貿易』校倉書房）が明らかにしました。その概略を紹介します。

一六二一（元和七）年、平戸を母港とする英蘭連合艦隊が編制され、東シナ海と南シナ海でスペイン船、ポルトガル船に対する合同作戦を展開しました。

翌二二年、英蘭連合艦隊は日本行きのポルトガル船に隠れていたスペイン人宣教師を捕縛して幕府に引き渡すとともに、幕府に対して援軍を要請します。

「スペイン領マニラとポルトガルの拠点マカオを滅ぼすため、二〇〇〇から三〇〇〇人の日本兵を提供されたし」

英・蘭・日連合軍によって、スペイン・ポルトガルを南シナ海海域から排除しようという計画です。将軍の秀忠はこれを拒絶、七月二十七日の通達で、人身売買、武器輸出、海賊行為の厳禁を定めました。人身売買と海賊行為の禁止は秀吉の禁令を踏襲したものですが、武器輸出の禁止は今回が初めてです。

平戸藩主の松浦《まつら》隆信は、オランダ商館長レオナルド・カムプス、イギリス商館長リチャード・コックスを呼んで秀忠の通達を手渡しました。松浦氏は元寇で活躍した海賊である松浦党出身の戦国大名です。秀吉に忠誠を誓い、江戸時代には六万三〇〇〇石の平戸藩主として幕末まで存続しました。

平戸商館長のカムプスは、バタヴィア（現・インドネシアのジャカルタ）のオランダ東インド会社総督ヤン・ピーテルスゾーン・クーンに報告しています。

「鉄砲・刀剣・槍・弓・大砲等や一切の兵糧《ひょうろう》・軍需品を、国外に持ち出してはならない」

バタヴィア総督クーンは禁令に衝撃を受け、日本商館に通達を出します。

・日本人傭兵なしに東南アジアで戦争はできない。将軍から再び許可を得られるよう、あらゆる手段を尽くせ。

・日本から城塞や艦船で必要とする軍需品の供給がなければ、戦況に深刻な影響が出る。日本貿易が制限されないよう、将軍に請願を重ねよ。

オランダからの請願もむなしく、秀忠の禁令は貫徹されます。松浦氏によって平戸での外国船臨検が強化され、多くの武器が没収されました。

しかしすでに無数の日本人傭兵が東南アジア全域に渡っていたことは先にも述べたとおり

で、彼らの「活躍」の例として、アンボイナ事件(一六二三年)を紹介しましょう。

ニューギニアの西、現在のインドネシアにあるモルッカ諸島は、ここでしかとれない香辛料の丁子《ちょうじ》(クローブ)の産地として、欧州諸国に知れわたっていました。

オランダとイギリスは、欧州ではプロテスタント同盟を組んでスペインと戦っていましたが、香辛料利権をめぐっては両国の東インド会社は対立関係にありました。先に進出していたポルトガル人を一五九九年に排除したオランダ人がアンボイナ島に砦を築き(一六〇五年)、次いで一六一五年にイギリス人も同島に上陸して商館を設置、双方ともに日本人傭兵を引き連れており、にらみ合いが続きました。

一六二三年のある夜、オランダ要塞を下見し、情報を集めていた日本人傭兵の七蔵を捕らえて拷問にかけ、イギリス側の襲撃計画を自白させたオランダ側は、イギリス商館を急襲して商館長タワーソンら三十余人を捕らえて拷問、襲撃計画を自白させ、イギリス人一〇人、日本人九人らを処刑しました。しかし、じつはオランダ側も日本人傭兵を雇っており、実際には日本人同士が戦っているのです。

当時はオランダが世界貿易の五〇%を握る経済大国であり、弱小国家だったイギリスは、オランダを恐れて東南アジアから撤収し、インド貿易に専念します。この事件の影響で平戸のイギリス商館も閉鎖され、オランダが対日貿易を独占することになります。

ジャワ島のバタヴィアに駐在するオランダ東インド会社総督のヤン・ピーテルスゾーン・クーンは、「バンダの虐殺者」の異名もとります。アンボイナ事件の二年前の一六二一年、イギリス人と交易を行なっていたナツメグの産地インドネシアのバンダ島を襲撃して住民を皆殺しにするという事件を起こしたためですが、このバンダ遠征にも多数の日本人傭兵が参加していました。

もう一つ、シャム（タイ）における日本人傭兵の事例を紹介しておきましょう。

その都アユタヤには、一五〇〇人ほどの日本人が定住する日本町があり、その多くは傭兵で、ほかに商人や追放されたキリシタン、奴隷などが住んでいました。

ビルマ軍を撃退し、ムエタイ（キックボクシング）の創設者という伝承もあるシャム中興の祖二十一代ナレースワン大王（一五五五〜一六〇五年）の時代、アユタヤ朝は隆盛を極めました。

堺の二十四代ソンタム王（一五九〇〜一六二八年）は隣国ビルマとの戦いに際し、動員したポルトガル人傭兵隊が、ビルマ軍ポルトガル人傭兵隊との同士討ちを嫌って戦力にならなかったため、日本人傭兵隊を組織します。

アユタヤ朝の基本法である『三印法典』では、日本人義勇兵局（クロム・アーサーイープン）という官庁が制度化され、その長官には日本人・津田又左衛門が任命され、官位制度の第三位という厚遇が与えられていました。又左衛門は朱印船貿易で財を成した肥前の商人で、シャム王女を娶《めと》っています。

　一六二一年、ソンタム王の使節が来日しました。一行は江戸城を表敬訪問し、「隣国カンボジア軍のなかに日本兵がいるから、取り締まってもらいたい」と幕府に要請します。これに対し秀忠は、「貴国の法により自由に成敗されたし」と回答しました。マニラ総督の要請に対する回答と同じです。

　シャムの日本人傭兵として有名な山田長政は、駿河の駕籠《かご》かきの出身といわれ、オランダ領台湾を経て、一六一二年ごろにタイへ渡ってきました。

　長政はソンタム国王に仕える日本人傭兵隊に入隊して頭角を現し、スペイン艦隊の侵攻を撃退した功績で傭兵隊長に昇格します。

　一六二八年、ソンタム王が没すると、王位継承をめぐって宮廷は二分されます。息子のチェーター王（十五歳）を長政は支えましたが、野心家の王族シー

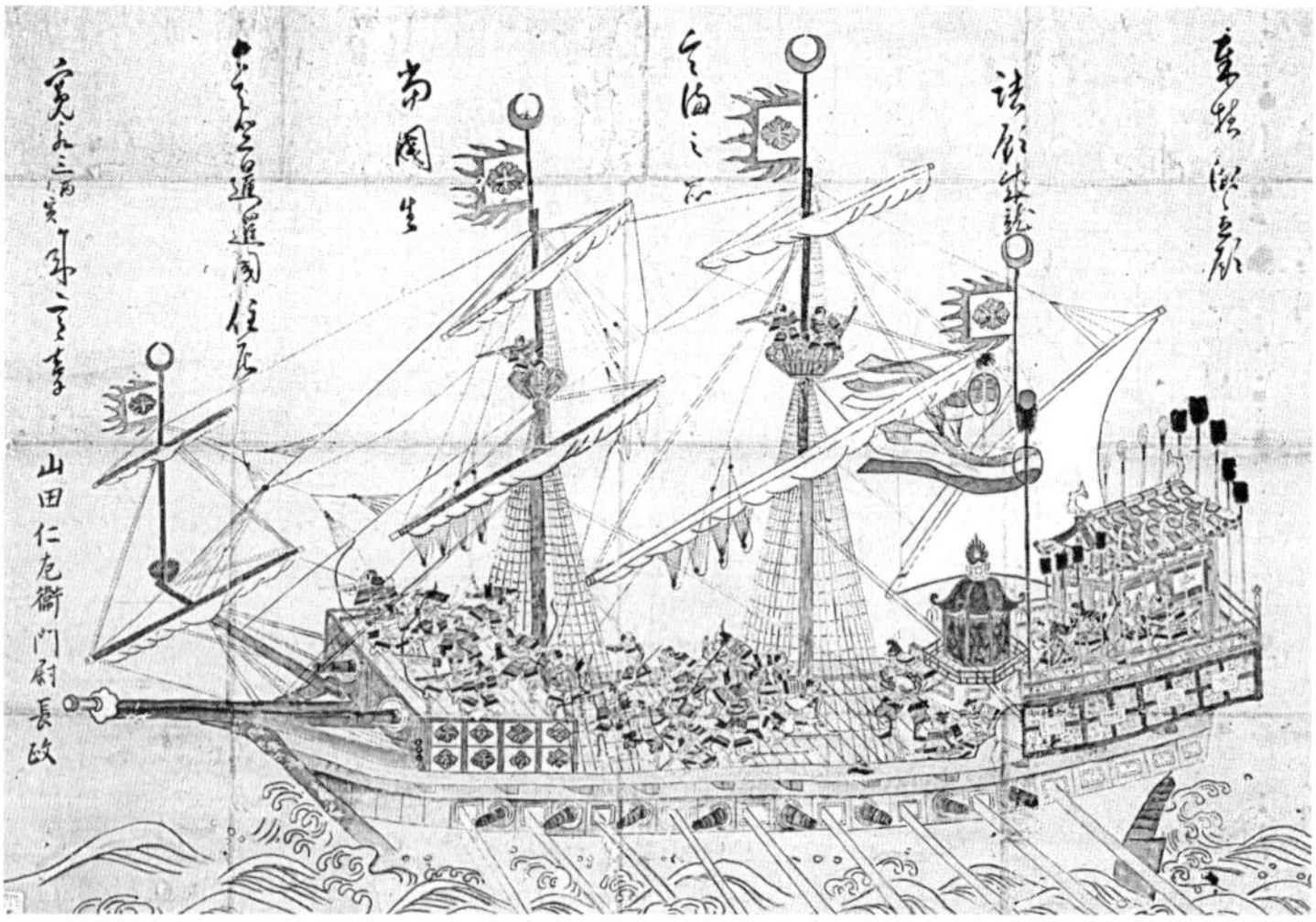

山田長政奉納の「戦艦図」（静岡浅間神社）

ウォーラウォンがチェーター王を殺害し、王位を簒奪します。

アユタヤではソンタム王のもとで貿易を独占していた日本人に反発する華僑が、シーウォーラウォンのクーデターを歓迎し、長政はこれに抵抗したために傭兵隊長を解任され、リゴール太守（知事）に左遷されます。リゴールはマレーシア北部にあったムスリム国家のパタニ王国と国境を接し、その防衛のためという名目で長政は派遣されましたが、パタニ軍との戦闘で足を負傷し、毒薬入りの膏薬《こうやく》を塗られて殺されました（一六三〇年）。シーウォーラウォンの密命によるもの、とオランダ側の資料は記録しています。同年、アユタヤの日本町はシーウォーラウォンによって焼き払われ、歴史を終えました。

なぜ島原の乱にポルトガルは不介入だったか

以上に見てきたように、大坂の陣のあと一六二〇年代にかけて、日本人傭兵が東南アジア諸国で大きな役割を果たし、イギリス、オランダ、スペイン、ポルトガルの覇権争いにも彼らが動員されていました。これらの動きに日本国内の反徳川浪人勢力が結びつくとき、容易ならざる事態になるであろうと、秀忠の幕閣は危惧したのでしょう。一六二二（元和八）年の秀忠の禁教令はこれに対する緊急措置であり、これが「鎖国令」に発展していくのです。

伊東マンショをローマに派遣したキリシタン大名の有馬晴信は、関ヶ原の戦いで東軍に属したために生き残り、家康の朱印状を交付されて朱印船貿易に従事していました。

一六〇八（慶長十三）年、晴信の朱印船がマカオ市民とトラブルになり、マカオのポルトガル人総司令官《カピタン・モール》アンドレ・ペソアが鎮圧にあたり、日本人六〇人が殺されるという事件が起こりました。

一六一〇（慶長十五）年、家康の許可を得た晴信は、たまたま長崎に入港していたアンドレ・ペソアを捕縛すべくポルトガル船を攻撃し、ペソアはこれに抵抗して火薬庫に火を放ち、船を爆沈させて自殺しました。この事件で家康はポルトガル人を信用しなくなり、先に登場したイギリス人ウィリアム・アダムズを重用することになります。

その一方、晴信は事件の「功績」を梃子《てこ》として、龍造寺氏に奪われた旧領回復を家康に訴えます。このとき斡旋を請け負ったのが、家康側近の本多正純の重臣でキリシタンの岡本大八でしたが、大八は晴信に対して六〇〇〇両の大金を賄賂として要求します。

晴信はこれに応じましたが、いつまで待っても返答がないために正純に直談判したところ、詐欺行為が発覚しました。結局、両名ともに有罪判決を受け、大八は火あぶりの刑となり、キリシタンの晴信は切腹ができないので斬首となって、領地は没収されてしまいます。

この岡本大八事件（一六一二年）を通じて、幕閣にも多くのキリシタンがいることが明らかになり、将軍・秀忠は禁教令を発布します（一六一二〜一三年）。

有馬晴信の子の直純は棄教のうえ、日向延岡《ひゅうがのべおか》に領地替えとなり、島原はしばらく天領（幕府直轄領）となりました。棄教を拒否した高山右近《うこん》はマニラに亡命し、直後に病死しています。

一六二〇（元和六）年には、日本へ向かう朱印船が台湾近海でオランダ・イギリス艦隊に拿捕され、潜伏していた二人のスペイン人宣教師（ドミニコ会士とアウグスティノ会士）が長崎奉行に引き渡されます。二年に及ぶ取り調べの結果、日本人船主の平山常陳《じょうちん》と宣教師二人が火あぶりの刑となり、船員一二人が斬首されました。

この事件を機に、国内に潜伏していた宣教師とこれをかくまっていた日本人信徒、合わせて五五人が長崎で公開処刑されたのです（元和の大殉教）。

翌年、三代将軍となった家光は長崎貿易の統制を強めていきます。一六三〇年代、幕府は長崎奉行が赴任するときに通達を出しました。これらがのちに「鎖国令」と呼ばれるものです。

第一次鎖国令（一六三三年）

・朱印状に加え、老中発給の奉書をもつ奉書船以外の海外渡航を禁止。

・海外に五年以上居住する日本人の帰国を禁止。

第二次鎖国令（一六三四年）

・第一次鎖国令の再通達。

第三次鎖国令（一六三五年）

・すべての日本人の海外渡航と帰国を全面的に禁止。

・外国船（中国船・オランダ船）の入港を長崎だけに制限。

第四次鎖国令（一六三六年）

・貿易に従事しないポルトガル人とその妻子（日本人との混血児含む）二八七人をマカオへ追放、残りのポルトガル人を長崎出島に移す。

第五次鎖国令（一六三九年）

・島原の乱を受け、ポルトガル船の入港を禁止。

そうした幕府の危惧は、島原の乱（一六三七～三八年）で具現化しました。キリシタン大名の有馬晴信の旧領島原は、雲仙普賢《ふげん》岳の火山灰が積もった不毛の地です。加えて一六三〇～四〇年代には、小氷期と呼ばれる世界的な寒冷化が起こりました。ロンドンではテムズ川が凍り、ロシアではステンカ・ラージンの反乱、中国では明朝を崩壊させた李自成の農民反乱が起こりました。そうしたなかで、島原の乱が起こったのです。

有馬晴信の処刑後、有馬家は日向延岡に転封《てんぽう》となり、新たな領主として大和五条藩から入封したのが、松倉氏でした。この松倉重政・勝家の親子が、農民の実情を無視した圧政を敷いたのが、島原の乱の原因です。

父の重政は三代将軍家光に謁見の際、キリシタン取り締まりの甘さを問責されてから発奮します。キリシタン狩りと検地を行ない、四万三〇〇〇石の収益しかないのに一〇万石と虚偽申告して江戸城の普請など土木事業を請け負ったほか、島原城を新築して武器を集め、キリシタンの本拠地と見なしたルソン島の攻略作戦まで家光に進言しています。幕府の歓心を買うため、汲々《きゅうきゅう》としていたのです。

これらの負担をすべて農民に転嫁した結果、天候不順も重なって農村は荒廃します。キリシタンのみならず、税を納められない農民に対しても、雲仙の熱湯を浴びせる、蓑《みの》を体に巻きつけて火をつけるなどの拷問を加えました。一六三〇（寛永七）年に二代藩主となった松倉勝家も父に劣らないサディストで、年貢を納められない村の庄屋の身重の妻を水牢に入れ、水攻めにするなどの拷問を行なったのです。

一六三七（寛永十四）年、暴政に耐えかねた有馬・小西の旧臣である浪人や土豪たち――その多くはキリシタン――が挙兵し、対岸の天草諸島でも呼応して三万七〇〇〇人が加わる大一揆となりました。

平戸のオランダ商館長ニコラス・クーケバッケルは、本国に正確な報告を送っています。


有馬の君主（晴信の子・直純）は、陛下（将軍・秀忠）の命にて、他国へ移封せられたが、彼は僅かに若干の臣下を伴い行《ゆ》いた。これに反して新たに有馬に封ぜられたる新領主（松倉重政）は、ほとんど悉《ことごと》くその旧家臣を率いてきた。これがために先領主の旧家臣らは、その歳入を奪われ、非常に困窮して、何れも百姓となった。この百姓は、ただ名のみで、その実は、武器の使用に熟練した兵士であった。（『平戸オランダ商館の日記』岩波書店）

一揆軍は天草四郎（本名：益田四郎）という十代半ばの少年を、名目的な指導者として祭り上げました。四郎の父も小西行長の旧臣ですが、土着して農民になっていました。

反乱軍三万七〇〇〇は、廃城となっていた島原の原城に立て籠もり、スペイン・ポルトガルからの援軍に期待します。

幕府は一二万の大軍で原城を包囲する一方、オランダ東インド会社に軍艦の派遣を要請します。オランダはこれに応えて軍艦二隻を派遣して原城に艦砲射撃を加え、また艦砲五門を幕府に提供するなど原城攻略に全面協力します。長崎のオランダ商館長クーケバッケルは、日蘭同盟軍によるマニラ攻略を長崎奉行に進言したくらい、やる気満々でした。
オランダ船の艦砲は威力が小さかったものの、一揆側に深刻な心理的ダメージを与えました。彼らが期待したポルトガル船は現れず、「異端者」のオランダ船が現れて幕府側についたからです。幕府軍を率いる松平伊豆守信綱、通称「知恵伊豆」の計略です。

なぜスペイン・ポルトガルは島原のキリシタンに援軍を送らず、見殺しにしたのか？

じつは、ポルトガル本国でスペインに対する独立運動が起こっていたからです。スペイン王フェリペ二世がポルトガル王位を兼ねた一五八〇年以来、両国の首都はマドリードに置かれ、ポルトガル政府要職もスペイン人が独占し、ポルトガル人は冷遇されてきました。

島原の乱が起こった一六三七年、スペインに対するポルトガル人の蜂起が始まり、一六四〇年にジョアン四世がポルトガルの独立を宣言します。反スペイン陣営のオランダ・イギリスから独立承認と援軍を得る見返りに、ポルトガルはインドのボンベイをイギリスに、モルッカ諸島をオランダに割譲しました。スペインがポルトガル独立を承認するのはその三十年後です。

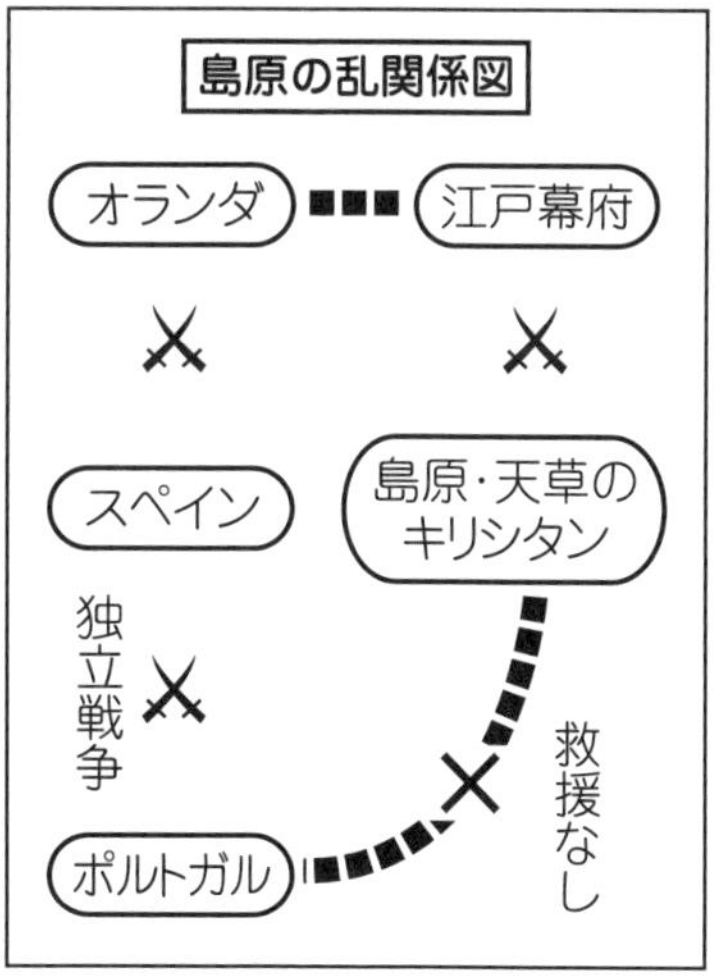

ポルトガルにとっては隣の大国スペインとの全面戦争を意味し、スペインにとっては旧ポルトガル植民地を失うことを意味しました。両国ともに、地球の反対側で起こった島原の乱に派兵するゆとりなど、なかったのです。

そうした国際情勢は、オランダ商館を通じて幕閣には伝わっていました。しかし、一揆勢はこれを知る由もなく、兵糧攻めにされた島原城は籠城三カ月、翌三八年二月についに食糧が尽きて陥落、一揆勢は全滅しました。天草四郎以下、首謀者は斬首され、その首級は長崎出島のポルトガル商館前にさらされたのです。

キリシタン弾圧で辣腕を振るった宗門奉行の井上筑後守政重——遠藤周作の小説『沈黙』で主人公を苦しめるイノウエ様——は、オランダ商館長に対し、「私は長崎にいるポルトガル人カピテン二人、及び今年来るポルトガル人全部を十字架にかけたい。そうすれば多年の間彼らのために罪もなしに死んだ多数の人々の数だけ集め、数えることが出来るだろう」(『平戸オランダ商館の日記』)と心情を吐露しています。

島原領主の松倉勝家は、圧政が反乱を引き起こした責任を問われて幕府に捕縛され、武士としての名誉である切腹も許されず、罪人として斬首されました。弟は会津藩に預けられたものの自殺し、松倉本家は断絶します。

島原の乱の平定後、家光は老中を集めて今後の外交方針を決定する会議を開きました。平戸のオランダ商館長で日本語に通じたフランソワ・カロンが召喚され、オランダ船がポルトガルに代わって中国製品を長崎に輸入できること、マニラのスペイン軍の通商妨害を排除する軍事力をオランダがもっていることを証言します。

これを受けて幕府は、先に見た第五次「鎖国令」を発しました（一六三九年）。

自今以後、ガレオタ（外国船）渡海の儀、これを停止《ちょうじ》せられおわんぬ。この上もし差し渡るにおいては、その船を破却し、並《ならび》に乗り来る者は速かに斬罪に処せらるべきの旨、仰せ出さる所なり。

『平戸オランダ商館の日記』はこう伝えます。

幕府の特使・太田備中守《びっちゅうのかみ》が約七〇〇人の貴族・召使・兵士と共に長崎に到着、投獄していたポルトガル商館長らに以下のごとく通達した。

1 禁令にもかかわらず、貴国によりたえず宣教師が運ばれてきた。

2 宣教師は彼らの目的を果たすため、貴国の援助を受けてきた。

3 このため日本人臣下がその義務を怠り、多くの人々が死ぬこととなった。

よって貴下らは皆、死に値し、皇帝（将軍）は貴下を裁き、死刑にするところだが、慈悲により命を与え、次のように命令した。「貴下は退去し、二度と日本に来ないように。貴下がこの禁令を犯すなら、今それに相応しいことが、貴下に行われるだろう。

（「寛永17年（1640）ポルトガル使節団長崎受難事件」より）

秋風が吹きはじめると、最後のポルトガル船二隻がマカオに向けて長崎を出港し、鉄砲伝来に始まってから一世紀に及んだポルトガルの日本貿易が断絶しました。

しかし、ポルトガルはあきらめませんでした。その後に起こったポルトガルと日本との紛争について、長崎大学の松竹秀雄氏の研究（「寛永17年（1640）ポルトガル使節団長崎受難事件」「徳川時代の長崎警備と正保4年（1647）のポルトガル使節船事件」長崎大学学術研究成果リポジトリ）をもとに紹介しましょう。

日本銀の流入が途絶したマカオのポルトガル商人は恐慌状態となりました。このままではマカオは荒廃し、オランダに占領されてしまうと恐れたのです。万が一の可能性にすがって、貿易再開を求める特使を日本へ派遣することにしました。

翌年春、使節団は長崎に入港します。そして長崎奉行宛ての嘆願書を提示し、「宣教師を送ったのはマニラのスペイン人であり、マカオは貿易のみ求める」と言上しました。

嘆願書が江戸へ回送されて幕府の判断をあおぐあいだ、ポルトガル人一行は出島に幽閉されました。やがて幕府の特使が長崎に到着し、正装して出迎えた一行に通達しました。

「死罪をもって日本へ来ることを禁じられたのに、この禁令を犯した貴下らには、最も惨めな死しかありえない」

一行七四人は投獄され、翌日、キリシタンでない黒人と先住民の船員一三人を除く六一人が次々に首をはねられ、並べられました。押収された金品は船に積まれ、沖合で火をかけられました。生き残った一三人はこれらすべてを見せられ、証人として別の小船でマカオへ送り返されます。

日本人通訳は生存者にこう語ったと、マカオ側の史料は伝えます。

「使節団であろうと商人であろうと、太陽が地球を照らす限りキリシタンは日本を避けるだろう。たとえフィリップ王（フェリペ4世）自身がやって来ても頭を落とす。（中略）嵐などでキリシタンの船が日本のどの港に辿りついたとしても、船員は全員処刑され、船は焼かれる」

長崎のこの悲劇は、マカオを通じてポルトガル本国へ伝えられました。

ポルトガル王として独立を宣言したばかりのジョアン四世はそれでもあきらめず、自身の即位報告を名目に、日本との通商再開を求める国王特使ゴンサロ・デ・シケイラ・デ・ソイザの長崎派遣を決定します。

喜望峰経由で日本へ向かうポルトガル船二隻はオランダによって監視され、その動向は幕府に通報されていました。家光の幕閣は対応を協議し、迎撃態勢を整えます。

一六四七（天保四）年、大砲二〇門を装備し、二〇〇人が乗船するポルトガル船二隻が長崎に入港し、錨《いかり》を下ろします。長崎奉行は武装解除を要求しますが、国王使節であることを理由に拒否。

この間、九州の諸大名が動員した兵力が続々と長崎に集結し、その数四万八〇〇〇人、軍船九〇〇隻に達します。長崎港の出口には一〇〇隻の船を縄で結びつけ、数カ所に大砲を備えた封鎖線が突貫工事で建設されました。袋のねずみとなったポルトガル船は戦闘を回避するため、「新国王の即位を知らせるための親善使節であり、通商は求めない」と通告します。

これを受け、幕府特使の井上筑後守政重が来着して、家光の上意を伝えました。

「御禁制を犯して渡来すといえども国王嗣《し》位の謝使たるを以てその罪を宥《なだ》めらるる」

ポルトガル船には水・食料・燃料が与えられ、長崎港封鎖は解除されます。特使ソイザは、長崎上陸も、国書の進呈も許されぬまま、幕府の退去命令に従ったのです。

ポルトガル人が去った出島には、平戸からオランダ商館が移され、細々と貿易を続けました。東南アジアでは暴虐の限りを尽くしたオランダ人が、長崎に来るとおとなしくなり、オランダ商館長は毎年、江戸まで出向いて将軍のご機嫌をうかがい、幕府に国際情勢に関する報告書（阿蘭陀《おらんだ》風説書《ふうせつがき》）を提出していたのです。日本征服は不可能であり、貿易による利益を確保したほうが得策と判断したからでしょう。

「鎖国」という重武装中立のシステム

「踏み絵」に象徴される徹底的なキリシタン弾圧が行なわれたのはなぜか。欧州諸国でオランダだけが長崎・出島での貿易を許されたのはなぜか。当時の国際的関係がわからなければ、その本質は理解できません。

「神の前の平等を説くキリスト教は、江戸幕府の身分制度を揺るがしたために弾圧された」などという説明が的を射ないことは、これまでの議論からも明らかでしょう。カトリック教会は厳格な身分制を組織原理としていましたし、カトリックを否定して宗教改革を始めたルターもドイツ農民戦争に際して、「世俗の秩序は神が定めたもの」「狂犬のごとき農民どもを打ち殺せ」と領主側を鼓舞しています。

ヨーロッパのキリスト教国で封建的身分制度が撤廃されるのは、フランス革命（一七八九年）以後のことです。

サン・フェリペ号の乗組員が「スペインは布教を征服の道具に使う」といったことは事実であり、キリシタン大名がその尖兵となる可能性がありました。島原の乱の発生により、スペイン・ポルトガルによる軍事介入の可能性を実感した幕府は、それまでの「教経分離」政策――布教は禁じるが貿易は許す、という秀吉以来の対外政策を一変させ、オランダを除くキリスト教国との貿易と日本人の対外渡航を禁じる政策に転じました。

のちに「鎖国」と呼ばれるこの政策は、外国船の襲来時にはいつでも大軍を動員できる圧倒的な軍事力が背景にあることで、可能となったのです。

「鎖国」時代の日本は、重武装中立国家でした。幕府の中枢では、オランダ人から得た情報で、フランス革命も、ナポレオン戦争も、アヘン戦争も知っていましたし、ペリーが来ることも事前に知っていたのです。

オランダ語の書物の翻訳（蘭学）は、西洋の科学技術を日本に伝えました。東南アジア諸国のように西欧諸国に飲み込まれるのでもなく、中国・朝鮮のように西欧文明を拒絶するのでもない。オランダ人がもたらす情報のなかで有益なものを選別し、ゆっくり消化していくことができたという点で、「鎖国」は絶妙なシステムだったと思います。